U0117465

陳福成著

陳福成著作全編

第七冊　國家安全論壇

文史哲出版社印行

國家圖書館出版品預行編目資料

陳福成著作全編 / 陳福成著. -- 初版. --臺北市：文史哲，民 104.08
頁： 公分
ISBN 978-986-314-266-9（全套：平裝）

848.6 104013035

陳福成著作全編

第七冊 國家安全論壇

著 者：陳 福 成
出 版 者：文 史 哲 出 版 社
http://www.lapen.com.tw
登記證字號：行政院新聞局版臺業字五三三七號
發 行 人：彭 正 雄
發 行 所：文 史 哲 出 版 社
印 刷 者：文 史 哲 出 版 社
臺北市羅斯福路一段七十二巷四號
郵政劃撥帳號：一六一八〇一七五
電話886-2-23511028 · 傳真886-2-23965656

全 80 冊定價新臺幣 36,800 元

二〇一五年（民一〇四）八月初版

ISBN 978-986-314-266-9 08981

陳福成著作全編總目

壹、兩岸關係

①決戰閏八月
②防衛大台灣
③解開兩岸十大弔詭
④大陸政策與兩岸關係

貳、國家安全

⑤國家安全與情治機關的弔詭
⑥國家安全與戰略關係
⑦國家安全論壇。

參、中國學四部曲

⑧中國歷代戰爭新詮
⑨中國近代黨派發展研究新詮
⑩中國政治思想新詮
⑪中國四大兵法家新詮：孫子、吳起、孫臏、孔明

肆、歷史、人類、文化、宗教、會黨

⑫神劍與屠刀
⑬中國神譜
⑭天帝教的中華文化意涵
⑮奴婢妾匪到革命家之路：復興廣播電台謝雪紅訪講錄
⑯洪門、青幫與哥老會研究

伍、詩〈現代詩、傳統詩〉、文學

⑰幻夢花開一江山
⑱赤縣行腳・神州心旅
⑲「外公」與「外婆」的詩
⑳尋找一座山
㉑春秋記實
㉒性情世界
㉓春秋詩選
㉔八方風雲性情世界
㉕古晟的誕生
㉖把腳印典藏在雲端
㉗從魯迅文學醫人魂救國魂說起
㉘六十後詩雜記詩集

陸、現代詩（詩人、詩社）研究

㉙三月詩會研究
㉚我們的春秋大業：三月詩會二十年別集
㉛中國當代平民詩人王學忠
㉜讀詩稗記
㉝嚴謹與浪漫之間
㉞一信詩學研究：解剖一隻九頭詩鵠
㉟囚徒
㊱胡爾泰現代詩臆說
㊲王學忠籲天詩錄

柒、春秋典型人物研究、遊記

㊳山西芮城劉焦智「鳳梅人」報研究
㊴在「鳳梅人」小橋上

總序：陳福成的一部文史哲政兵千秋事業

陳福成先生，祖籍四川成都，一九五二年出生在台灣省台中縣。筆名古晟、藍天、司馬千、鄉下人等，皈依法名：本肇居士。一生除軍職外，以絕大多數時間投入寫作，範圍包括詩歌、小說、政治（兩岸關係、國際關係）、歷史、文化、宗教、哲學、兵學（國防、軍事、戰爭、兵法），及教育部審定之大學、專科（三專、五專）、高中（職）等各級學校國防通識（軍訓課本）十二冊。以上總計近百部著作，目前尚未出版者尚約二十部。

我的戶籍資料上寫著祖籍四川成都，小時候也在軍眷長大，初中畢業（民57年6月），投考陸軍官校預備班十三期，三年後（民60）直升陸軍官校正期班四十四期，民國六十四年八月畢業，隨即分發野戰部隊服役，到民國八十三年四月轉台灣大學軍訓教官。到民國八十八年二月，我以台大夜間部（兼文學院）主任教官退休（伍），進入全職寫作高峰期。

我年青時代也曾好奇問老爸：「我們家到底有沒有家譜？」

他說：「當然有。」他肯定說，停一下又說：「三十八年逃命都來不及了，現在有個鬼啦！」

兩岸開放前他老人家就走了，開放後經很多連繫和尋找，真的連鬼都沒有了，茫茫無垠的「四川北門」，早已人事全非了。

但我的母系家譜卻很清楚，母親陳蕊是台中縣龍井鄉人。她的先祖其實來台不算太久，按家譜記載，到我陳福成才不過第五代，大陸原籍福建省泉州府同安縣六都施盤鄉馬巷。

第一代祖陳添丁、妣黃媽名申氏。從原籍移居台灣島台中州大甲郡龍井庄龍目井字水裡社三十六番地，移台時間不詳。陳添丁生於清道光二十年（庚子，一八四〇年）六月十二日，卒於民國四年（一九一五年），葬於水裡社共同墓地，坐北向南，他有二個兒子，長子昌，次子標。

第二代祖陳昌（我外曾祖父），生於清同治五年（丙寅，一八六六年）九月十四日，卒於民國廿六年（昭和十二年）四月二十二日，葬在水裡社共同墓地，坐東南向西北。陳昌娶蔡匏，育有四子，長子平、次子豬、三子波、四子萬芳。

第三代祖陳平（我外祖父），生於清光緒十七年（辛卯，一八九一年）九月二十五日，卒於（年略記）二月十三日。陳平娶彭宜（我外祖母），生光緒二十二年（丙申，一八九六年）六月十二日，卒於民國五十六年十二月十六日。他們育有一子五女，長子陳火，長女陳變、次女陳燕、三女陳蕊、四女陳品、五女陳鶯。

以上到我母親陳蕊是第四代，到筆者陳福成是第五代，與我同是第五代的表兄弟姊妹共三十二人，目前大約半數仍在就職中，半數已退休。

寫作是我一輩子的興趣，一個職業軍人怎會變成以寫作為一生志業，在我的幾本著作都詳述（如《迷航記》、《台大教官興衰錄》、《五十不惑》等」。我從軍校大學時代開始寫，從台大主任教官退休後，全力排除無謂應酬，更全力全心的寫（不含為教育部編著的大學、高中職《國防通識》十餘冊）。我把《陳福成著作全編》略為分類暨編目如下：

壹、兩岸關係

①《決戰閏八月》②《防衛大台灣》③《解開兩岸十大弔詭》④《大陸政策與兩岸關係》。

貳、國家安全

⑤《國家安全與情治機關的弔詭》⑥《國家安全與戰略關係》⑦《國家安全論壇》。

參、中國學四部曲

⑧《中國歷代戰爭新詮》⑨《中國近代黨派發展研究新詮》⑩《中國政治思想新詮》⑪《中國四大兵法家新詮：孫子、吳起、孫臏、孔明》。

肆、歷史、人類、文化、宗教、會黨

⑫《神劍與屠刀》⑬《中國神譜》⑭《天帝教的中華文化意涵》⑮《奴婢妾匪到革命家之路：復興廣播電台謝雪紅訪講錄》⑯《洪門、青幫與哥老會研究》。

伍、詩〈現代詩、傳統詩〉、文學

⑰《幻夢花開一江山》⑱《赤縣行腳・神州心旅》⑲《「外公」與「外婆」的詩》、⑳《尋找一座山》㉑《春秋記實》㉒《性情世界》㉓《春秋詩選》㉔《八方風雲性情世界》㉕《古晟的誕生》㉖《把腳印典藏在雲端》㉗《從魯迅文學醫人魂救國魂說起》㉘《60後詩雜記詩集》。

陸、現代詩（詩人、詩社）研究

㉙《三月詩會研究》㉚《我們的春秋大業：三月詩會二十年別集》㉛《中國當代平民詩人王學忠》㉜《讀詩稗記》㉝《嚴謹與浪漫之間》㉞《一信詩學研究：解剖一隻九頭詩鵠》㉟《囚徒》㊱《胡爾泰現代詩臆說》㊲王學忠籲天詩錄。

柒、春秋典型人物研究、遊記

㊳《山西芮城劉焦智「鳳梅人」報研究》㊴《在「鳳梅人」小橋上》㊵《我所知道的孫大公》㊶《孫大公思想主張手稿》㊷《金秋六人行》㊸《漸凍勇士陳宏》。

捌、小說、翻譯小說

㊹《迷情・奇謀・輪迴》㊺《愛倫坡恐怖推理小說》。

玖、散文、論文、雜記、詩遊記、人生小品

㊻《一個軍校生的台大閒情》㊼《古道・秋風・瘦筆》㊽《頓悟學習》㊾《春秋正義》㊿《公主與王子的夢幻》51《洄游的鮭魚》52《男人和女人的情話真話》53《台灣邊陲之美》54《最自在的彩霞》55《梁又平事件後》。

拾、回憶錄體

56《五十不惑》57《我的革命檔案》58《台大教官興衰錄》59《迷航記》60《最後一代書寫的身影》61《我這輩子幹了什麼好事》62《那些年我們是這樣寫情書的》63《那些年我們是這樣談戀愛的》64《台灣大學退休人員聯誼會第九屆理事長記實》。

拾壹、兵學、戰爭

65《孫子實戰經驗研究》66《第四波戰爭開山鼻祖賓拉登》。

拾貳、政治研究

⑰《政治學方法論概說》⑱《西洋政治思想概述》⑲《中國全民民主統一會北京行》⑳《尋找理想國：中國式民主政治研究要綱》。

拾參、中國命運、喚醒國魂

㉑《大浩劫後：日本 311 天譴說》、《日本問題的終極處理》㉒《台大逸仙學會》。

拾肆、地方誌、地區研究

㉓《台北公館台大地區考古．導覽》㉔《台中開發史》㉕《台北的前世今生》㉖《台北公館地區開發史》。

拾伍、其他

㉗《英文單字研究》㉘《與君賞玩天地寬》（別人評論）㉙《非常傳銷學》㉚《新領導與管理實務》。

我這樣的分類並非很確定，如《謝雪紅訪講錄》，是人物誌，但也是政治，更是歷史，說的更白，是兩岸永恆不變又難分難解的「本質性」問題。

以上這些作品大約可以概括在「中國學」範圍，如我在每本書扉頁所述，以「生長在台灣的中國人為榮」，以創作、鑽研「中國學」，貢獻所能和所學為自我實現的途徑，以宣揚中國春秋大義、中華文化和促進中國和平統一為今生志業，直到生命結束。我這樣的人生，似乎滿懷「文天祥、岳飛式的血性」。

抗戰時期，胡宗南將軍曾主持陸軍官校第七分校（在王曲），校中有兩幅對聯，一是「升官發財請走別路、貪生怕死莫入此門」，二是「鐵肩擔主義、血手寫文章」。前聯原在廣州黃埔，後聯乃胡將軍胸懷，「鐵肩擔主義」我沒機會，但「血手寫文章」的

「血性」俱在我各類著作詩文中。

人生無常，我到六十三歲之年，以對自己人生進行「總清算」的心態出版這套書。

回首前塵，我的人生大致分成兩個「生死」階段，第一個階段是「理想走向毀滅」，年齡從十五歲進軍校到四十三歲，離開野戰部隊前往台灣大學任職中校教官。第二個階段是「毀滅到救贖」，四十三歲以後的寫作人生。

「理想到毀滅」，我的人生全面瓦解、變質，險些遭到軍法審判，就算軍法不判我，我也幾乎要「自我毀滅」；而「毀滅到救贖」是到台大才得到的「新生命」，我積極寫作是從台大開始的，我常說「台大是我啟蒙的道場」有原因的。均可見《五十不惑》、《迷航記》等書。

我從年青立志要當一個「偉大的軍人」，為國家復興、統一做出貢獻，為中華民族的繁榮綿延盡個人最大之力，卻才起步就「死」在起跑點上，這是個人的悲劇和不智，正好也給讀者一個警示。人生絕不能在起跑點就走入「死巷」，切記！切記！讀者以我為鑑！在軍人以外的文學、史政有這套書的出版，也算是對國家民族社會有點貢獻，對自己的人生有了交待，這致少也算「起死回生」了！

順要一說的，我全部的著作都放棄個人著作權，成為兩岸中國人的共同文化財，而台北的文史哲出版有優先使用權和發行權。

這套書能順利出版，最大的功臣是我老友，文史哲出版社負責人彭正雄先生和他的夥伴們。彭先生對中華文化的傳播，對兩岸文化交流都有崇高的使命感，向他和夥伴致上最高謝意。

台北公館蟾蜍山萬盛草堂主人　陳福成　誌於二〇一四年五月榮獲第五十五屆中國文藝獎章文學創作獎前夕

序：給全國上軍訓國防通識的教官、同學和研究國家安全的學者們

這本書專為全國高中、高職和大學院校，凡有修習軍訓和國防通識課程的教官與同學們而出版。

本書以國家安全為核心思惟，區分三篇，共有十六篇論文，都先後在學術期刊或會議發表。

第一篇：國家安全策略：民族主義論壇。自古以來安全問題都不能和民族主義脫鉤，甚至民族主義是國家安全的「源頭」，台灣的安全或藍綠之爭不是如此嗎？所以，講安全得從「源頭」起。

第二篇：國家安全論壇。有兩篇為國家安全基本論述，訪鈕先鍾教授的兩篇文章，是宏觀全面的國家安全論述，並為紀念他老人家對國家的貢獻。另三篇是從不同角度，解析或觀察國家安全問題。

第三篇：戰爭文選。為對戰爭理念的體認。

感謝陳梅燕小姐把她的作品一併納入本書出版，對全國教官和修課的同學們，
亦有功焉。

目錄

CONTENTS

國家安全策略：民族主義論壇

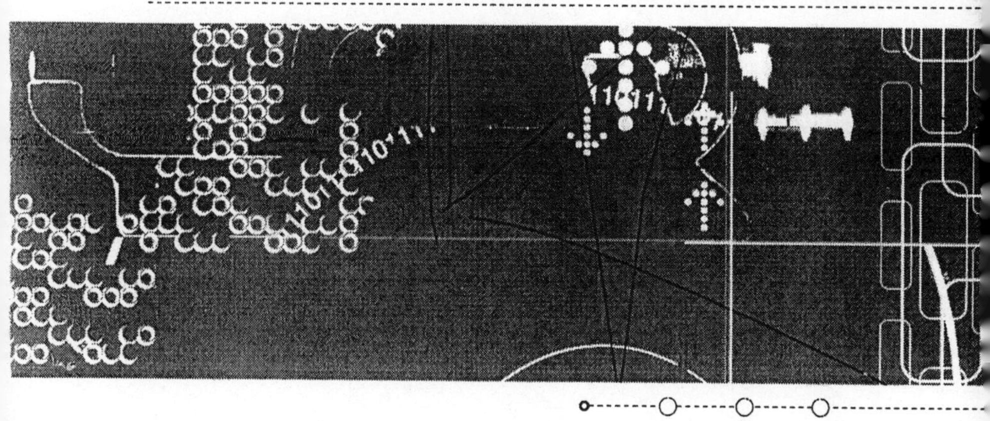

國家安全與世界安全的源頭
戰爭與和平的源頭
都在這裡，民族主義

民族主義在中國的發展

壹、前言

本文係以歷史研究法為經，從個別歷史事實的因果關聯去「重建過去」（The reconstruction of the past），了解事實，敘述事實，梳理出前因後果，並以比較分析為緯，研究兩岸民族主義百年來的發展經過；而置重點於民族主義的意義及問題釐清、從民族主義發展觀其功能、中共如何利用民族主義、少數民族的民族主義是否造成中國的分裂、台灣如何應付中共民族主義攻勢等要項。

特別是在李登輝提出「兩岸是特殊的國與國關係」後，引發中共強烈不滿，政府快速再以「一個民族兩個國家」（Two states in one nation）為新的註解，向中共及國際爭取支持。當兩岸關係緊張時，又回到民族的本題上，吾人研究這個題目更顯得有意義。

貳、民族主義的界定及問題釐清

看近代戰爭或國家興衰存亡，幾乎都會和民族主義扯上一些關係，甚至由民族主義來主導全盤局勢，到底民族主義有甚麼能耐？在 **A Dictionary of Modern Politics** 的解釋，民族主義（**Nationalism**）是人們的一種政治信仰，他們居住在同一自然社區（**Natural Community**）中，也生活在相同政治體系內。❶民族主義雖然是一種真情而普遍的政治信仰，但當國家遭受外力干政處境下，甚至受到外國壓迫時，就往往成為政治領袖用來控制或團結人民的重要工具。領導者愛用民族主義的原因，是因為它可以凝聚國家的團結力，並將範圍內的成員，區分出「敵」、「我」、「內」、「外」，以利政策的澈底執行。這樣的解釋，似乎不夠明確，也不易叫人信服。

民族主義之所以語意曖昧不清，乃在民族（Nation）與國家（State）在概念上沒有明確區分，且常互用。但這個問題以孫中山先生說的最簡明清楚：「民族是由天然力造成的，國家是用武力造成的。」這些天然力有血統、生活、語言、宗教、風俗習慣等。❷當代政治學者深入研究構成民族的各種主、客觀因素，民族可以說是由血統、生活、語言、宗教、風俗、歷史、地理、意志、國家等九種因素所形成的政治系統。❸這九種要素在民族形成過程中，扮演的角色輕重各有不同，難以等量齊觀。例如宗教對猶太民族的形成有無比重要性，但對中華民族的形成便不是重要因素。確實，構成民族的每一要素都是頗複雜的，例如當我們稱「比利時」（Belgium），我們明確的知道這個民族，但經過漫長歷史演變，卻又分歧成說法語的華隆人（Wallon）和說荷蘭語的法蘭米西人（Flemish）兩個族群。當代政治學 Lucian W Pye 研究中華民族就認為血緣關係很重要，他的名著 Asian Power and Politics 提到，所有受儒家文化影響的現代民族主義地區（中國、日本、韓國、越南），都有一種生物學基礎上的傾向，具有強烈的國籍（Citizenship）排他性（Exclusiveness），這些地區對血統的意識高於權力，這是很明顯的生物性傳承。[4]

民族主義就是根據前述各種民族構成的要素，主張所有人都應歸屬於一個並且只能屬於一個民族，也是身份和忠誠的焦點。身為民族的一份子，要為民族利益與發展做出貢獻，由此便產生了排他性，所以儘管我們可以舉出許多名家為民族主義下定義，但可以確定沒有那一個定義是普遍性的。連 國父都說「民族主義就是國族主義，在中國是適當的，在外國便不適當。」[5]即然只適用中國不適用外國，就不是普遍性定義，故本文不再舉各家定義，而把民族主義暫時界定：對一個民族的忠誠與奉獻，尤其是指一種民族意識的感覺，並提倡該民族的文化與權益，如政治或經濟獨立，以建立民族國家的過程。這個定義可歸納出三個要點：

第一、它是指建立民族國家的理論，強調原則上每一個民族應有屬於自己的國家。這個

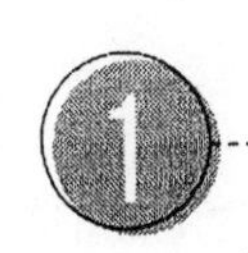

國家必須是獨立的，在國際上有獨立的政治地位。例如中華民族組成「中國」這個國家，是主權獨立的國家。

第二、是忠於民族國家的一種意識，強調民族每一個成員要認同自己的民族，忠於自己國家，為保衛民族國家的生存、發展、光榮或利益，必要時犧牲奉獻也在所不惜。反之，背叛國家民族，便是「漢奸」，便是背叛者。

第三、對一個民族國家的忠誠與奉獻，就會相對的對一民族國家造成排斥；確保自己國家安全，又常對別的國家造成不安全。一旦雙方不爽發動戰爭，大家又都不安全了。回顧看看歷史，不就如此嗎？所以，民族主義若無限上綱，也是很不安全的。

其中最不安全的地方，就是被無限擴張成為「種族主義」，所謂的「白人至上主義」是此種實例之一。蓋達組織領導人賓拉登在年青時到美國旅遊，因受白人嚴重歧視，甚至被當成「一隻動物」對待，賓拉登深切體認到阿拉伯世界必須武裝自己才能抵抗英美勢力的入侵，阿拉伯才不會成為「次殖民地」，從此以「聖戰」凝結民族主義，成為他一生之職志。

參、從民族主義演進發展觀其功能

民族主義的情操古已有之，史前世界中就有民族主義者，荷馬（Homer）和舊約聖經作者所描寫的部落人民均奉獻於民族主義，原始的部落主義（Tribalism）可以說是「小規模的民族主義」（Small-scale nationalism）。❻但現代民族主義的種子則到法國大革命才播下的，拿破崙時代的法學家接受了「世襲國家」（Patrimonial State）的觀念，將「民族」代替了「國王」，因此國土（Country）不再是國王的世襲財產，而成了民族的財產，因而產生現代意義的民族主義。法國的革命者有意傳播自由主義（Liberalism），可是由於錯誤而創造了民族主義（Nationalism）❼，「自由平等博愛」的革命宗旨，受到普奧聯軍干涉，凝結出的「雅各賓民族主義」（Jacobin Nationalism），舉國掀起愛國熱潮，民族主義由擁護王權，轉變成保衛國土，共拒強敵。

十九世紀乃成為民族主義狂飆的年代，概可分成兩大流派。首先是高舉「自由民族主義」（Liberial Nationalism）大旗者，義大利統一是這個理念的體現，代表人物如馬志尼（G. Mazzini），在意大利自由主義就是民族主義，因而完成民族國家統一。其次是闡揚「統合民族主義」（Integral Nationalism）者，它體現在德國的統一，俾士麥和黑格爾都是重要人物，強調民族至上，國家是人民理性的最高表現。由於德、義建國成功，民族主義風起雲湧，十九世紀號稱「民族主義的世紀」。

二十世紀的民族主義更滲入反帝、反殖民、仇外和左傾的濃烈色彩，成為各民族追求民族自決（National Self-Determination）的泛民族主義（Pan-Nationalism）時代。首先是歐戰尾聲前夕，美國總統威爾遜（Thomas Woodrow Wilson）所提出的「十四點」和平計畫，正是民族自決的具體提示，舉其重點：

㈠公正調整所有殖民地人民要求。

㈡沿著可辨識的民族界線，調整義大利國界。

㈢給予奧匈帝國內的民族以自治發展的機會。

㈣給予鄂圖曼帝國的土耳其部分有明確的主權。

㈤重建波蘭、比利時、法國。

但這些列強的承諾，從一九一九年巴黎和會到第二次世界大戰結束大多沒有實現，亞非各民族只得自求解放，紛紛脫離殖民母國爭取民族國家的建立。在中國也乘著這波民族自決的浪潮，尋求解決我國的民族問題，對外是中國民族自求解放，消除外國侵略壓迫；對內是中國境內各民族一律平等，反對帝國主義及共產主義。國父就說：「歐洲大戰停止後，美國總統威爾遜鑑於世界潮流，大倡民族自決，這民族自決，就是本黨的民族主義。」❽

第二次大戰時一九四一年八月十四日，英美兩國再度提出「大西洋憲章」（Atlantic Charter），宣言中包含威爾遜的民族自決原則，明確表態英美兩國不求擴張領土，樂見各民族都能回復其被剝奪的主權權利和自治，促進各民族之平等與合作，侵略國家放棄武力並裁軍。

大西洋憲章是一九四五年聯合國憲章中有關民族自決規定的張本。後者第一條規定聯合國宗旨為：「發展國際間以尊重民族平等權利及自決原則為根據之友好關係，並採取其他適當辦法，以增強普遍和平。」「促進國際合作，以解決國際間屬於經濟、社會、文化、及人類福利性質之國際問題，且不分種族、性別、語文或宗教，增進並激勵對於全體人類之人權及基本自由之尊重。」

時序進入二十世紀尾聲，全球各地泛民族主義熱潮不減，泛歐洲民族主義運動有了成果──歐洲共同體於一九九二年正式成立。東歐變局與蘇聯解體，除經濟和意識形態外，民族主義即是決定性力量，其他如兩德統一、北愛爾蘭民族主義運動、加拿大魁北克獨立運動、當前俄羅斯民族問題等，無非各民族在追求那份「歸屬感」或「認同感」。

以上簡述民族主義的演進發展，從這些歷史事實中發現民族主義的工具性功能很高，也就是說在國家領導階層的眼中，民族主義是一把「很好用的工具」，可用之團結全民，可用之分裂國家，可使小國變強，大國亦因之趨弱，真是神奇之極。難怪學者把民族主義區分各類，有人道的、自由的、統合的、擴張的、分離的、霸權的等各種民族主義。本文依其工具性功能的特質試提拙見如下參考。

一、民族主義是大戰略工具

大戰略通常權衡國際情勢，預判可能之發展，尋找對國家最有利之環境，確保國家安全

及利益。[9]民族主義是國際政治變動主要因素，現代民族主義或新興民族主義（Modern or new nationalism）宣告了十九世紀歐洲帝國主義的沒落，繼之而起的是亞、非、中東及中南美等新興國家，也由民族主義而得以和若干強權平起平坐。冷戰結束，蘇聯境內各少數民族之民族主義蓬勃興起，又証明從列寧、史達林以降所要建構的「蘇維埃民族」只是一個神話。[10]終於導致共產陣營的解體、分裂、質變、重組成一些民族國家。冷靜的觀看，英美、賓拉登或阿拉伯世界，都在利用民族主義。而各方目的，不外追求安全（含各種利益、尊嚴等）。

新興民族主義飆漲的結果，即可能造成國際間區域衝突或緊張，如印度與巴基斯坦、加拿大與魁北克、伊拉克與庫德族等。而自由化民族主義在國際上將會是一個建設性力量，把許多自由化民族主義的國家結合起來，走向一個和平有序較大型的國際社會（Larger international community），如歐洲共同體的形成。現在及可預見的未來，民族主義仍是國際大戰略的重要工具，一股影響國際安全的主控性政治動力。[11]

二、民族主義是民族國家和國家戰略的工具

從民族主義的歷史發展看出，民族主義的目標是發展出民族國家（Nation-state），近代意大利、德國及中山先生所領導的中國統一運動都是明證，所以 Lucian W. Pye 認為政治發展就是民族國家的運作。[12]民族國家建構完成，為凝聚「政、軍、經、心」四大國力，政治領

袖亦偏愛用民族主義。[13]原來要使政治文化（Political Culture）可以運作、具體化，政治文化需要執行的工具，民族主義便是這把工具。有了這把工具，人們才能把無定形的（Amorphous）政治文化轉換成具體的指引，以為政治行動的準則。[14]

目前全世界能稱單一民族國家（Mono-National State）者，僅韓國一個，其餘大多是複合民族國家（Multi-National State）。無論那一種，民族國家是人類的終極共同體（Terminal Community）。民族主義依然會是民族國家和國家戰略的重要「法寶」——最好用的工具。

民族主義雖然是大戰略和國家戰略的重要工具，但因國際政治學者奉主權秩序為圭臬，此導源於一六四八年後產生的衛斯法理體系（Westphalian System）僅將獨立的主權國家（Sovereign State）和民族國家視為國際社會的主角，再者主流社會科學裡民族和國家沒有分別。結果，國際關係（Inter"nation"al）所討論的不是民族間關係，而是主權國家間關係，國際政治學者至今不認真看待民族主義，除了是主權論述的必然，也是一項預謀，是站在維護國家中心的立場出發的。[15]雖然如此，民族主義還是唯一能振奮人心，動員群眾的人性化意識形態。我們檢視中山先生的民族主義、中共的愛國主義、台灣的公民民族主義，都讓我們愈來愈喜歡這把寶劍——民族主義。

民族主義即然是大戰略和國家戰略的工具，當然更是國家整合和國家安全的工具。中國自古以來的安全問題，源頭都在民族主義，尤其國家在衰弱時期，更賴民族主義來壯大或後興，或進行統一運動。在中國，失去民族主義，表示國家全不安全，或更可能導致「亡國滅種」。

肆、中共的民族主義：愛國主義

「民族」和「國家」都是共產主義所欲消滅的對象，但中共經常讓外界誤以為是國家與民族的保衛者，那是因為中共很能善用民族主義（加上包裝又稱「愛國主義」）。使得歷次國共鬥爭，中共都佔了上風。概述如下。

一、用民族主義聯盟知識份子與農民

據經驗研究，民族主義是革命聯盟的黏著劑和革命運動的推進器，也只有用民族主義能把中產階級知識份子和農民連結起來，共同發動革命，毛澤東把共產黨運動移到農村，是歷史上這類革命運動的第一次。[16]

知識份子和農民是完全相互衝突的兩種團體。他們一個住在農村，是落後、文盲、固守傳統文化、孤陋寡聞的；一個住在都市，是中上階級、受過教育、西化的知識份子。農民的要求是具體的，是財富的重新分配；知識份子要求正好相反，是抽象的，亦是無止境的。這

樣的差異，原應是革命聯盟的障礙。但民族主義使知識份子和農民立場轉為一致，因為知識份子開出的社會和經濟條件，給予農民具體的革命動機。於是，革命成為可能，而且成功。

二、企圖用愛國主義維護政權的合法性

今天中共高喊「愛國主義」，到底本質和企圖如何？據學者研究中共愛國主義的歷史軌跡，可分三階段。首先是抗日時期依據「八一宣言」所建立的「抗日民族統一戰線」；第二階段是在取得政權後為維護國家生存發展；第三階段是文革後毛澤東將民族主義透過愛國主義帶入第三世界，傾向國際主義的道路。⑰在一九八〇年鄧小平大倡愛國主義，目的在提高民族自尊心和自信心，以建設有「中國特色的社會主義國家」。

當共產陣營逐一瓦解時，中共再度面臨政權存亡的危機，不得不再搬出愛國主義，企圖為共產政權找到合法性基礎。但把愛國主義當成長期運動，流露中共的焦慮，因為不知道要用何種意識形態才能使政經社會秩序不致於失控。換言之，愛國主義的形而下功能，也在期望保住社會安全和國家（中華人民共和國）安全。一九九四年九月經中共中央批准，由中宣部擬定「愛國主義教育實施綱要」於焉產生，愛國教育如火如荼的展開，可惜民族認同和自信心還是欠缺。但隨著共產主義「非共化」和「社會主義化」，加上改革開放後的富強，不僅增強統治的合理性，也增加民族認同和自信心。

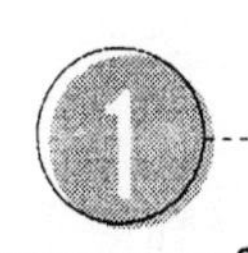

三、愛國主義圍繞著「台灣問題」轉

中共取得政權後，為解決「台灣問題」還是使出民族主義的法寶：愛國主義。從最早台灣發生「二二八事件」後，一九五三年三月台灣民主自治同盟宣稱「發揚台灣人民二二八起義的愛國主義精神，為勝利完成一九五三年的三大任務而奮鬥。⑱一九八五年五月透過台灣同胞聯誼會發表「高舉愛國主義旗幟，實現祖國和平統一」專題，並呼應「一國兩制」。⑲一九九五年新春，北京拋出「江八點」對台新政策，也是繞著愛國主義轉：

> 中華民族兒女共同創造的五千年燦爛文化，始終是維繫全體中國人的精神紐帶，也是實現和平統一的一個重要基礎。
>
> 兩千一百萬台灣同胞，不論是台灣省籍還是其他省籍，都是中國人，都是骨肉同胞、手足兄弟……呼籲所有中國人團結起來，高舉愛國主義的偉大旗幟，堅持統一，反對分裂，全力推動兩岸關係發展，促進祖國統一大業的完成。⑳

中共利用民族主義出神入化，換一套彩裝又變成愛國主義，可以用來反美、反西方以爭取國際政治上的主動地位，獲取所要利益，抵銷西方「人權」問題的干擾，又能拿來解決「台灣問題」。這麼說中共能任意把民族主義玩弄於掌股之間囉！非也！最近中國大陸為抗議北約轟炸南斯拉夫中共使館事件，爆發了大規模反美群眾運動，許多報導解讀成民族主義浪潮取代了民主，並徹底否定十年前的「六四」，這其實是很大的懷疑。最直接的「證據」是檢驗、觀察或搜求群眾運動的內情和經過，看是不是由政府或黨在後面操縱。古今中外一切自發性的群眾運動，都是針對政府而來；反之，群眾運動專以擁護政府或執政黨為目的者，就一定是被操縱（政府或黨）的結果。[21]抗議北約誤炸的群眾運動，雖由中共指導、控制，但難如中共所料，因為並非民族主義取代了民主，更未否定「六四」，可見中共對民族主義也不能操控自如，受限與顧慮還是很多。

四、武力犯台：為民族主義還是國家安全？

民國八十三年後，中共不滿我國的務實外交，多次在台海地區進行大規模軍事演習，揚言武力犯台。中共為何急欲完成「一國兩制」，不惜發動戰爭，根本原因到底是國家安全還是民族主義？向來有兩條路線的思考。

首先是基於國家安全考量者，如美國哥倫比亞大學教授 **Andrew Nathan** 在 **China's Goals in the Taiwan Strait** 專文中，他從西方國際政治學中的現實主義觀點，認為真正動機是國家安全，而民族主義只是藉口。照 **Nathan** 的分析，中國是被不友善的國家包圍，內有少數民族鬧獨立

的危機，若台灣問題不強硬表態，後果堪濾。**Nathan** 所說的國家安全是以領土安全為主，可見中共自己雖不能佔領台灣，也決不讓別國染指，只好用飛彈警告台獨，並恐嚇美國不得支持台灣的分離主義。㉒從最近中共與美國領導人的對話中，似已有這方面共識，美國仍支持一個中國政策，反對任何形式的台獨分離主義。

另一個相對思考認為國家安全是西方概念，近代中國歷史上壓根沒有這種概念。自鴉片戰爭以迄一九七九年的懲越戰爭，沒有一次是為國家安全（領土安全）而戰，所以台海危機只能用民族主義來理解。**Chih-yu Shih** 在 **National Security is a Western Concern** 專文中持如是看法。按 **Shin** 的分析中共對台政策，只是反應民族團結的市場需求，所謂「國家安全」、「台灣戰略價值」都不過說說而已。台灣對中共真有安全顧慮嗎？

兩個觀點都有一些道理，難以完全認同或推翻。惟在提出「兩國論」後，執政高層馬上用「一個民族兩個國家」（**Two states in one nation**）回應中共及美國的評論，可見民族主義還是可以用來做兩岸的「滅火劑」。真是兩岸之「戰」也民族主義，「和」也民族主義。但民族主義何等清高，中共任意操弄真是險象環生。此外，筆者也認為中國歷史上的「大一統」信念，更是導致武力犯台（即武力統一）的原因，台灣如果獨立，中國的武力征伐便成為合法。所以，中華民族主義才是安全的源頭，只要兩岸都有中華民族主義的共識，安全問題自然消失。例如，二〇〇六年「倒扁」運動中，獨派主席游錫堃稱他不是中國人，不是中華民族的一員，便會陷台灣於不安全的危險狀態中，這種情境很明確。

伍、少數民族主義是否造成中國的分裂？

前述當今各國大多屬複合民族國家，因而一國之內就有多數民族和少數民族的問題。民族主義發展到二十世紀末葉，已經超越了「民族建國」範疇，朝兩個新方向發展，其一是國家再分裂的現象，是謂「少數民族主義」（Mini-Nationalism）的興起；其二是國與國之間，或民族與民族之間呈現整合現象，是謂「大民族主義」（Macro-Nationalism）。中國的問題屬於前者。

中國是否分裂已經不是新話題！疆獨、藏獨和台獨也都歷史悠久，許多觀察研究者都認為在鄧後時代，中國的某些地方必定發生一些民族衝突，會給中國大陸各地的民族分離和獨立運動增加新的刺激；因為少數民族主義甚囂塵上及蘇聯解體的啟示，成為分離運動的新契機。中國之分裂必將是地區的亂源，也將是國際安全的一大威脅，各國學者投以高度關注。日本宮崎正弘在他的新著「中國廣東軍叛亂！」一書中，描述「廣東共和國」和「東北共和國」即將誕生，美、日先後給予承認，中國進入大分裂時代。[23]另在「中國大分裂」一書中，依據中國歷史分多於合的事實及目前政經秩序之可能失控，預測在三至五十年內中國將分裂

成十六個地區。㉔以上這些說法好像太過新奇，不過中國目前確實存在幾個「結構性亂源」。㉕

一、左右矛盾，此路不通：政治搞一黨主政與毛澤東思想意識型態，經濟向右轉勢必走向以市場為導向的社會型態。當人們吃飽了肚子，有了錢，下一步就要自由與民主，到底給或不給？所謂「中國式社會主義」，須要全中國人民更進一步去檢驗、認定。

二、共產體制式微不靈：加上強人領導也日漸無力，各種制度尚未形成，目前大陸只有一個「亂」字可以形容。㉖如何領導這部世界最大的「有生機器」，真是危機重重。貧富懸殊太大，九億農民如何使他富起來，真是大問題。

三、失控與盲動，不像社會轉型：社會秩序出現失控現象，鄉村盲流，城市盲動，就像一個將要解體或結束的朝代，不像是轉型中的社會，更像是一個將要「變天」的社會。要把十三億人民的中國，讓她安定，有序的進步，實在是廿一世紀中國人最大的考驗。

這三點不僅使「泛民族主義」整合更加困難，更成少數民族主義發展高漲的良機，所以是造成分裂的「結構性亂源」。以上三種危機的解套方法，唯繁榮、富強、統一和民主而已。

勉強統合成一個大國，可能成為奴役小國的暴君，沒有抗衡的世界正如欠缺制約的權力同樣可怕。但各民族都要獨立造成四分五裂，打不完的內戰，豈是人民之福。建立一個聯邦制國家，讓各民族在大家庭中都有平等權力，由各民族自行決定發展計畫，讓民主政治制度成為各民族互相制約，共同遵守的法律，如此有大國的自豪，又有個別地區性的民族尊嚴，分離主義的「市場需求」必將愈來愈少。

中國因為歷史文化關係，自古以來我們必須維持成為一個統一的國家，因此維持「中華民族主義」是必須的，是一種生存發展的必須。但並不鼓勵地方或少數民族主義，各大小民族只維持其「民族意識」則是必要的。如此，也是為國家整合的完整性、統一性，避免國家導致四分五裂。

陸、台灣如何應付中共民族主義攻勢：代結論

擴張性、霸權性及分離性的民族主義充滿危險，是共知的歷史事實。李登輝的「台灣的主張」也提到，民族主義源自對霸權主義的過度解釋，是極端危險的想法。[27] 政治多元論（Political pluralism）的政治思想家 Harold J. Laski 也認為民族主義應揚棄其猖狂部份，保留其正義及顧全共同利益，民族主義所根據的民族精神則不可廢。[28] 所以溫和、自由的民族主義才是我們圖發展的寶貝，按此原則提出下列四點為本文結論。

一、中共對台灣問題的解決雖屢打「民族主義牌」，愛國主義也用的純熟有效。所幸並未激化民族主義，試觀近年大陸大型群眾運動，十年前「六四」是訴求政治民主化及反貪污

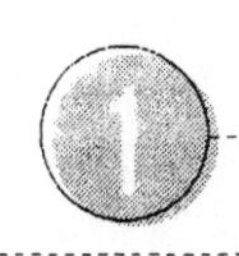

特權，它有愛國精神，但非基於民族主義。㉙致於北約誤炸中共使館引起的群眾運動，更非民族主義運動，只是中共用來換取西方利益的籌碼。解決兩岸問題要先設法使民族主義「降溫」，回到常溫狀態，才能和平理性解決問題。

二、用「民主牌」對抗中共的「民族主義牌」。勿論中國近百年、「六四」民運或現在的台灣，追求的都是民主，現代文明國家都用「民主」取代「民族主義」，運用民主機制避免民族主義激化。用民主對抗中共的民族主義（或愛國主義），也符合「和平演變」的大戰略和國家戰略格局，更符合國家安全的原則。若兩岸能從民主中找到「共同點」，這無異是最「理想」的狀態，因為中共試圖建構合於中華文化的「中國式民主政治」，若能成功將是世界民主的另一種「典範」。反之，台灣實驗「美式民主」，幾可用「失敗」形容，表示中國人要有不同於西方的「民主」制度。

三、打「民主牌」並不表示我們不要民族主義了，一個無民族主義的國家和一個擴張性民族主義的國家，都同樣的不安全，同樣滋生出許多威脅國家安全因素。西方國家（特別是美國）很希望台灣成為公民民族主義的基地，目前台灣的民主政治發展陷於困境，民族主義很有發展空間。原因是中華文化和炎黃血緣，這是民族主義最有力道的內函，使台灣二千三百萬同胞仍是中華民族的成員。兩岸既然是一家人，「應付」起來就方便多了。

四、居於國家安全的理由，台灣公民民族主義應與中華民族主義妥協，找到生存、發展、安全的平衡點。所「一個民族兩個國家」的解釋，應把重點放在「一個民族」才更合乎國家生存、發展與安全原則。而既然是同一個中華民族，那麼「兩個國家」就應該是暫時的，兩岸人民必須共同解決統一問題，才是我國民族主義的完成。

在中國，統獨問題不解決，永遠沒有安全可言，所以統一是解決安全唯一的途徑。試問，若不統一，安全問題便永遠懸著，永遠成為威脅安全因素的惡夢。回到中華民族，回到母親的身邊最安全。

註譯

❶ David Robertson, A Dictionary of Modern Politics (England, London: Staples printers Rochester Limited, 1985), pp.225-226.

❷ 中國國民黨中央委員會黨史委員會，國父全集，第一冊（台北：中國國民黨中央委員會黨史委員會，民國七十七年三月一日），頁三。

❸ 馬起華，政治學原理，下冊（台北：大中國圖書公司，民國七十四年五月），頁一〇四一～一〇四五。

❹ Lucian W. Pye, Asain Power and Politics (USA: Harvard College, 1985), pp.61-63.

❺同❷，民族主義，第一講，頁二。

❻楊逢泰、邵宗海、洪泉湖，族群問題與族群關係（台北：幼獅文化事業公司，民國八十四年三月），頁四一～四二。

❼楊逢泰，現代西洋外交史（台北：三民書局，民國八十二年九月），頁三～四。

❽同❷，頁四一〇。

❾陳福成，防衛大台灣（台北：金台灣出版公司，一九九五年十一月一日），頁一三二。

❿前蘇聯竟內有多達一二〇餘個民族，惟無產階級專政的目標就是要消滅民族主義，所以蘇聯的民族政策就是要消滅各少數民族主義，整合成一個單純的「蘇維埃民族」。一九七七年蘇聯憲法序文就有所謂「蘇聯社會已產生人類新興之歷史共同體——蘇維埃人。」可惜，經半世紀的民族大融合，「蘇維埃民族」依然只是虛構，終免不了瓦解。這給國際上一些強力主張「民族大融合」者重要的警示及參考經驗。

⓫孔令晟，大戰略通論（台北：好聯出版社，民國八十四年十月三十一日），頁二八四。

⓭Lucian W. Pye, Aspects of Political Development（台北：虹橋書店，民國七十二年六月十六日），頁三七。

⓭同❶，頁二二五。

⓮李錫錕，政治意識型態擴散之研究（台北：中央研究院三民主義研究所叢刊（19），民國

七十六年一月），頁一～四。

⓯石之瑜，「二十一世紀民族主義與全球化潮流的本土臨摹」（台北：台灣大學跨世紀台灣的文化發展國際學術研討會，一九九八年十月二十二、二十三日），頁一～八。

⓰：Samuel P. Huntington，轉變中社會的政治秩序（Political Order in Changing Countries），江炳倫、張世賢、陳鴻瑜譯（台北：黎明文化事業出版公司，民國七十四年十二月），頁三〇六～三一二。

⓱虞義輝，「從民族主義的歷史發展看中共的愛國主義」，復興崗學報，第六十期（民國八十六年六月），頁三二七～三四五。

⓲人民日報，一九五三年三月一日，北平版。

⓳陳木松，二二八真相探討（台北：博遠出版公司，民國七十九年二月），頁一九七。

⓴張濤、金千里等，江八點的迷惑（台北：瑞興圖書公司，民國八十四年三月），頁四～八。

㉑余英時，「民族主義取代了民主嗎？」，聯合報，民國八十八年六月三日。

㉒同⓯，頁二一～二二。

㉓宮崎正弘，中國廣東軍叛亂！（日本東京：二見書房，一九九五年六月二十五日），第六、七章、終章。

㉔宮崎正弘，中國大分裂（日本：ネスュ文藝春秋；台北，鑽石人生出版社，一九九五年），

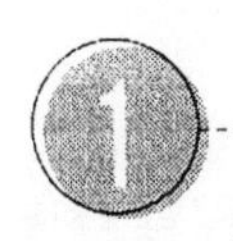

第五章。

㉕陳福成，防衛大台灣（台北：金台灣出版公司，一九九五年十一月一日），第二章。

㉖內人於八十八年七月間到大陸北京地區參觀訪問，親眼目睹政經社會現狀，回來後只用一個「亂」字形容，不僅亂，而且處處危機，訪客不敢落單獨行，否則被搶、被殺的機會太大了。還有一台灣大學的十九人旅遊團到大陸桂林，四人因「落單」，被劫持，最後交錢換人。但往好處想，或許是專制社會轉型中的亂，有學者認為是民運邁入組黨階段。見陳力生，「大陸民主運動邁進組黨階段」，中國大陸研究，民國八十七年九月。

㉗李登輝，台灣的主張（台北：遠流出版公司，一九九九年六月十一日），頁五七。

㉘杭立武、陳少廷，拉斯基政治多元論（台北：台灣商務印書館，民國七十六年九月），頁九六。

㉙金耀基，「民主、民族主義與中國現代化」，聯合報，民國八十八年六月四日。

民族主義在大陸的異化❶

壹、前言

共產黨是不講民族主義的，他們甚至是要終結民族主義，他們只講國際主義。但中共建政過程中也經常高舉民族主義旗幟，以號召民族團結。至今在他們的憲法中已把「民族解放」視為國家施政的重大目標去追求，為維護少數民族利益也在憲法中規定民族自治地方（自治區、自治州、自治縣、民族鄉）。❷不論對內對外都讓人覺得中共是民族主義者。

更詭譎的，共產主義者原是要消滅國家的，但有時候他們也比任何人更熱愛國家，他們發現民族和國家之間，存在著一種「神秘的關係與力量」，故也大唱愛國主義。至今愛國主義已經和共產主義、國際主義平起平坐，憲法如此規定「國家提倡愛祖國、愛人民、愛勞動、愛社會主義的公德，在人民中進行愛國主義、集體主義和國際主義、共產主義的教育。」❸暫且勿論中共憲法是否是一部「語戲憲法」（Semantic Constitution），「這樣寫、這樣說、這樣做」，似乎讓外界覺得共產黨人放棄共產主義、國際主義，而回歸到民族主義；惟觀其

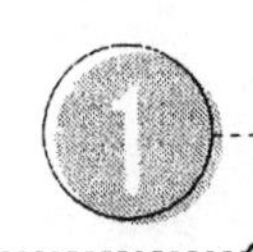

理論言行，又覺得中共並非民族主義者，而是一種「共產主義式的民族主義」。

仔細疏理這些煩亂如麻的關係，可以說民族主義在大陸不斷產生異化（Alienation），包括中共所謂民族主義為何？

愛國主義的形成及發展，民族主義與愛國主義的關係，中共如何運用愛國主義？為本文研究重點。

貳、中共所謂的民族主義本旨為何？

共產主義者即然崇尚國際主義，極欲消滅民族主義，則其大倡民族主義必有詐，非深入析論難窺其究。這要從原始共產主義中的民族主義說起，進而闡述中共民族主義之本義。

一、原始共產主義中的民族主義

在社會科學領域中研究共產主義，沒有所謂「原始不原始」的區分，此處指的是馬恩共產主義。在他們的理論中，把社會階層曾用二分法區隔成「資產階級」和「無產階級」兩者，民族主義代表資產階級的利益，是要被消滅的對象；國際主義代表無產階級的利益，是最後必然勝利的一方。最基本的理由是在共產黨宣言中說的「資產階級，由於開始了世界市場，使一切國家的生產和消費都成為世界性了。」❹照馬克思之意，「民族只是一種基尼的標記（基尼是英國的金幣名，值二十一先令），基尼是在資產階級手裡。無產階級只是產業工人，這些人不要民族主義，而要國際主義，他參加發起的第一國際，本名即為「國際勞動者協會」（Association International des Travilleurs）。

以馬克思繼承者自命的列寧（V.I.Lenin）也認為，資產階級的民族主義和無產階級的國際主義，這是兩個不可調和——互相敵視的。❺之後的史大林、毛澤東等人，都以為民族主義只為資產階級利益戰鬥，不顧無產階級死活；而國際主義才是無產階級的最愛，共產黨又自命代表無產階級專政，消滅民族主義乃成為共產主義者的天職與目標。

二、中共民族主義之本義

共產主義者通常在理論和實踐上，或只在現狀中追求「矛盾中的統一」。在現行憲法說，中華人民共和國是全國各族人民共同締造的統一的多民族國家，在維護民族團結的鬥爭中，要反對大民族主義，主要是大漢族主義，也要反對地方民族主義。❻早在一九五三年毛澤東在「批判大漢族主義」講話中也說，「許多黨員和幹部中存在著嚴重的大漢族主義思想，即地主階級和資產階級在民族關係上表現出來的反動思想，即國民黨思想，必須立刻著手改正這一方面的錯誤。」❼毛澤東把大漢族主義、地主階級、資產階級、國民黨等都拉上等號，

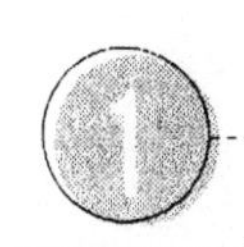

顯然只為鬥爭上的方便。

實際如何呢？毛澤東和鄧小平在理論及實踐上差異不大，惟鄧小平做的明顯果斷，他任西南局第一書記時，針對西藏問題提出看法，他說：「擺在你們面前的路只有兩條：一條是擁護祖國，跟共產黨走；另一條是背叛祖國，反對共產黨。前者是光明大道，後者是死路一條。」[8]看近年中共處理新疆、西藏等少數民族問題，就是很明顯的大漢族主義之體現。學術界的研究也認為中共的民族主義，在本質上是漢族主義的延伸，武力鎮壓只是強化國家認同的手段。[9]勿論民族主義或漢族主義，都已成中共維持政權的法寶，民國八十七年五月北京大學一百週年校慶，中央研究院院長李遠哲應邀演講，直言不諱的說，「社會主義制度中鼓動人心的，並非社會主義的理想，而是民族主義。」[10]按筆者拙見，中共官方僅以民族主義的籍口，執行大漢族主義的政策，而民間則充滿著民族主義的熱潮。民族主義已從敵人變成朋友。

三、中共對民族主義的利用與需要

從國共鬥爭史看來，共產黨的目的通常都用民族主義運動來達成，這方面史大林比較有彈性，因為民族主義和共產主義都要爭取民眾支持。抗日時期許多美國駐華外交官和軍事人員都認為，中共是廣得民心的土地改革者，共產主義成分少而民族主義成分多。可見中共對民族主義利用的幾近「天衣無縫」。但九〇年代開始，中共重新高舉民族主義大旗，則是由客觀環境的轉變，促成主觀上的需要，這些條件有：

㈠後冷戰時代來臨，意識形態對抗已被民族國家利益對抗所取代。「共產主義中國」轉成「中國」，凸顯出中共是民族國家地位。

㈡經改有成，市場經濟成為「不歸路」，需要民族主義的理論來証明其合法性與合理性。

㈢從共產陣營瓦解，中共得到一個重要教訓，即政權的崩潰是第一級危險，比社會停滯更危險，惟民族主義可化解此種危險。[11]

中共從原本要消滅民族主義，到利用民族主義，現在更擁抱民族主義。到底國際主義還要不要？中共所謂的民族主義是中華民族主義。共產主義式的民族主義或大漢族主義呢？應該說是「正在異化中」吧！國際主義已成遙不可及的夢想，而民族主義正加速走向「中國式」。說來可悲，共產政權竟然要靠敵人（民族主義）來挽救。說的更實際些，是中國救了共產政權；若中共不全「中國化」，是來日不多的。

參、愛國主義的形成及發展

共產政權病入膏肓，單靠民族主義挽救政權似乎不夠，必須把目標鎖定在更明確的「國」

——中華人民共和國，使「國」、「民族主義」、「黨」和「中國」設法拉成等號，則政權更能提高「存活率」。愛國主義在這個溫床於焉形成，愛國主義是「救國」良方。古今中外許多國家要免於淪亡（任何原因）大都是求助於愛國主義，中共明白其中道理，把愛國主義揮灑的比民族主義更純熟。愛國主義的形成與發展深值我們探究。

一、內部控制的天然良藥

政治給人的印象總未超脫「管理」或「統治」的框框，則「政府」、「統治者」與「國家」三者難免混為一談，而「忠君」、「忠黨」或「忠於政府」也易與「愛國」同義。從心理分析學說探討，愛國主義是一種親子關係的擴大。故我們有「祖國」（**Fatherland** 或 **Motherland**）。當中共面臨內部失序或有崩解之虞時，拿出「愛國主義」這帖藥就順理成章了。社會各階層角落無不以愛國主義加以控制。在「中國天主教友愛國會」宗旨規定，團結教友發揚愛國主義精神，積極參加祖國社會主義建設和各項愛國運動。在「關於我國社會主義時期宗教問題的基本觀點和基本政策」，有系統的指示出宗教政策，規定全國各類宗教組織的任務是「協助黨和政府貫徹執行宗教信仰自由的政策，幫助廣大信教群眾和宗教界人士不斷提高愛國主義和社會主義的覺悟。」⑫

中共政權靠意識形態維持凝結，愛國主義自然被徹底「意識形態化」。但八〇年代後，中共社會主義的意識形態產生「三信危機」，更賴愛國主義填補其意識形態的真空，六四天安門事件「國幾不保」，愛國主義運動風起雲湧，強烈警告人民：不要把國家——中國——中華人民共和國搞垮了。

二、與帝國主義鬥爭達成共產國際階段目標。

許多研究者都認為，共產主義者對於愛國主義和國際主義的心態。不論在理論或實踐上都相背相離的。從共黨發展史看。愛國主義和國際主義大多時候是相容的。當邁向國際主義大目標有了障礙時，愛國主義是一個「備胎」；用來完成階段性目標，一九三八年十月毛澤東有過理論指導。他說：「國際主義者的共產黨員，是否可以同時又是一個愛國主義者呢？我們認為不但是可以的，而且是應該的。愛國主義的具體內容。看在甚麼樣的歷史條件之下來決定。」⓭按毛澤東的指導原則，愛國主義就是國際主義在民族解放戰爭中的實施，所以愛國主義平時備而不用（只用國際主義），當「歷史條件」（即客觀環境）出現，愛國主義立即形成。此毛澤東所說的「中國共產黨人必須將愛國主義和國際主義結合起來，我們是國際主義者，又是愛國主義者。」⓮

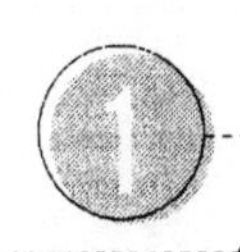

三、愛國主義的發展

中共緊抓愛國主義，至今已在憲法中有明確的定位，愛國主義與愛社會生義、愛共產主義、愛國際主義都等同重要。並且透過憲法把愛國主義用在統戰工作上。憲法前言就規定「全體社會主義勞動者、擁護社會主義的愛國者和擁護祖國統一的愛國者的廣泛的愛國統一戰線。這個統一戰線將繼續鞏固和發展。」⓯近年中共對統一工作漸感急迫性，八十四年春節的「江八點」也高舉愛國主義大旗，並引孫中山先生的話說：

> 無限期地拖延統一，是所有愛國同胞不願意見到的。中華民族偉大的革命先行者孫中山先生曾經說過：「統一是中國全體國民的希望。能夠統一，全國人民便享福；不能統一便要受害。」我們呼籲所有中國人團結起來，高舉愛國主義的偉大旗幟。堅持統一，反對分裂……」。⓰

今天不僅民族主義在大陸產生異化，就是共產主義也產生了異化。甚至說質變了。否則那有「中國式社會主義」的出現。在這快速異化的大變局過程中，可以想見的是共產主義及社會主義的意識形態發生了真空狀態。即將近入一個思想混亂分歧的大時代；這個時候黨、國、政府（此三者在中共是合一的）面臨解體及生存挑戰；而西藏、新疆、台灣等地區的分裂運動更是甚囂塵上，若任其分離獨立，則中國是否又回到戰國時代；更有甚者是中共要實現中國近二百年來尚未達成的目標——「中國一定強」——邁向地區霸權、國際強權。洽如一九四九年毛澤東入主中國時說：「中國人民站起來了。」為了以上諸種原因，中共未來仍將緊抓住愛國主義，他們認為只有愛國主義可以達成上述目標。可見愛國主義未來發展仍將看好，依然會是中共手中的法寶。

肆、民族主義與愛國主義的關係

如前所述。在共產黨人眼中的民族主義和愛國主義關係，時而敵對如仇冦，時而親密如戰友，讓外界迷惑，到底二者存在何種關係？稍加剖析，還是可以洞察一些蛛絲馬跡。

一、民族與國家的關係

這是兩個很容易混淆的名詞，已有很多相關研究，此處不再贅述，惟須指出二者有重要的「血緣關係」。據學者研究，大多認為民族獨立後獲得主權，即建立了民族國家（Nation-State），而民族是由家族。民族（Clan）。部落（Tribe）、部族（Nationality）等逐層升高組合而成。[17]我們知道民族的組成包含有血緣因素，當民族得到獨立後獲得主權，成為一個獨

立國家，顯然構成國家的成員也同，也就是相同時空關係中，構成國家和民族是同一批人。所以血緣關係可以成為國家和民族共有的交集之一。

此種關係在原則上是說得通，但仍不具有普遍性，因為其中仍有許多爭議，世上極少有一個民族組成一個國家（只有韓國是），其餘多是多民族組成一個國家；亦有相同民族住在許多不同的國家（如庫德族）。或相同民族組成不同國家（如斯拉夫民族），甚至有的民族沒有組成國家，在各國流浪（如吉普賽族）。所以國家和民族也存在許多複雜的關係，但血緣關係的存在。加上相同的風俗習慣及文化因素。使三者發生了替代、互換或因果關係。

二、民族主義和愛國主義的替代互換關係

為什麼中共在運用民族主義時，有時是以愛國主義面貌示現，又時而以民族主義之本尊隆重出場。從現象或本質都看出共產黨人的民族主義在異化中。在異化過程裡民族主義和愛國主義有著相互替代互換關係。例如當八年抗戰直前，共產黨人已警覺到國際主義已不管用，若死抱著國際主義。共產黨必將死路一條。他們當然不敢直說「工人無祖國」。反以「愛國主義」為言，毛澤東就認為愛國主義正是國際主義在中國的實現。是國際主義在民族解放戰爭中的實施。所以中共在抗日時期也大叫「抗日民族統一戰線」。所謂「保衛祖國」和「民族解放」。都是共產革命的中間目標。如毛澤東在「中國共產黨在民族戰爭中的地位」一文說：

> 因為只有為著保衛祖國而戰才能打敗侵略者。使民族得到解放。只有民族得到解放，才有使無產階級和勞動人民得到解放的可能……這些愛國主義的行動，都是正當的，都正是國際主義在中國的實現，一點也沒有違背國際主義。[18]

全世界的無產階級革命只是共產黨人最後的一個理想，在理想尚未實現前，有民族，有國家，民族主義對於未統一的國家。主張統一；對於未獨立和受壓迫的民族，則主張獨立和自由，這是馬克斯也承認的主張。[19]這也表示在世界革命尚未完成前。民族主義和愛國主義都等同重要，而且可以交互替代使用。只有民族主義和愛國主義可以解決民族國家的問題。

三、民族主義和民族國家的因果關係

研究近代世界史的人大概都知道，民族主義的目標，和政治發展（Political Development）與民族自決（National Self-determination）的目標是一致的，那就是民族國家（Nation-state）的建立（大多應稱國家民族，State-nation，勿論叫民族國家或國家民族，總是讓一個或多個民族建立成為國家。）難怪人們對國家建立如此的不能忘情。許多民族才願意不顧一切犧牲去追求國家的建立，俄羅斯境內的車臣已犧牲十萬人命仍無所獲，印尼的東帝汶是用三十萬條人命換取今天的地位。國家是如此「值得犧牲」，國家的地位被無限上綱而成為一隻「巨

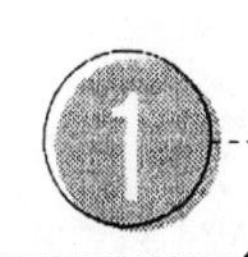

靈」（Leviathan），此「靈」就成國家主義，所以傳統的政治學家 James. Garner 才說「政治學始於國家終於國家。」[20]

國內學者楊逢泰教授對此有深刻研究，也認為政治發展是在國家機構範圍中的民族主義的政治，可是民族主義是政治發展的必要條件，不是充要條件，現代民族國家要把民族主義的願望轉變成國家的政策，惟此種民族主義必須是一種溫和的，具有公民精神。當代學者 Lucian W. Pye 或 Edward S.Shils 都持相同看法。[21]當代社會學大師紀登士（Anthony Giddens）持有比較另類的看法，他研究現代民族國家有日漸區域化（Rigionalisation）的趨勢，民族國家與資本主義、產業化（或譯工業化 Industrialism）結合成現代社會的三股勢力，但民族國家並非民族情緒高漲的產品，而是「先有領土國家和民族國家，然後才能產生民族主義。」[22]

以上論述乃吾人從數個角度研究民族主義和愛國主義，發現二者存在著相互依存的因果關係，二者真是「皮之不在，毛將焉附」。也難怪中共把民族主義和愛國主義拿來當「兩手策略」玩，忽而民族主義，忽而愛國主義，把統治下的人民。甚至外界的觀察者虎得一楞一楞的。都信以為是了。

伍、中共如何運用愛國主義？

中共知道愛國主義之好用，故維護政權之存在首賴愛國主義。只是中共建政性質不同，一九四九年的革命兼具國家革命和共產革命的雙重特質，因而共產主義和國家認同（National Identity）乃一體兩面之事。換言之，中共統治中國大陸的法統（Legitimacy）持繼存在，共產主義就涉及國家認同，甚至有助於提高國家認同。㉓所以中共運用愛國主義是有國家認同和共產革命的雙重考量，套用中共的術語叫做「矛盾中的統一」。但是，一個客觀環境存在的事實──「蘇東解體」，中共面臨建國以來可能亡黨亡國的危機，如何讓中華人民共和國的旗幟持續飄揚下去，共產主義「國家化」還是一帖良方。「建設有中國特色的社會主義基本路線」，使馬列毛思想深入人心，教育人民都來熱愛社會主義祖國。

用愛國主義做統戰是始終流行的工具，勿論對台灣或海外華僑皆然。一九九一年中共省級統戰部長會議上說，「我國統一戰線不僅在愛國主義和社會主義兩面大旗下匯聚了成千上萬與黨多年風雨同舟。肝膽相照⋯⋯」對廣大群眾進行愛國主義教育，捍衛社會主義思想文化陣地，堅定在黨的領導下與黨合作共事，振興中華的信念。㉔在魯迅一一〇周年紀念日，江澤民發表講話，要以魯述「我以我血薦軒轅」的愛國主義精神，紮紮實實做好統戰工作，鞏

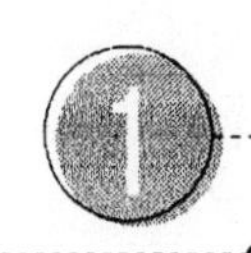

固愛國統一戰線。把一切可以團結的人都匯集到愛國主義的旗幟下。㉕包含「江八點」在內，都把愛國主義說得得天花亂醉。

從共產主義階級鬥爭的本質看。愛國主義也是一項可以無所不用其極的武器，可以用來鬥爭任何一方面的階級敵人，不論資產階級敵人。帝國主義或共產黨內部鬥爭的敵人。毛澤東在「批判梁漱溟的反動思想」講過，愛國主義有三種：一種是真愛國主義，一種是假愛國主義，一種是半真半假動搖的愛國主義，只有同帝國主義和台灣方面斷絕關係的，才是真愛國主義。㉖這是一九五三年的事，時隔半個世紀，情事大逆轉，但用的還是愛國主義，現在是與台灣方面能扯上一點關係，才叫愛國主義。

本文前述各節也略為提到中共如何運用愛國主義，目前看中共已把愛國主義當萬靈丹，用於救黨救國，用於統戰鬥爭。用於延續共產主義命脈。但是，我們要問：愛國主義真是萬靈丹嗎？當蘇聯及東歐各共產國家面臨垮台之際。統治者也在大呼眾人「愛國」，而各「國」還是倒了。這些統治者也許沒有想到一個命題，「人民共和國」倒不倒，更大的決定力量應是來自人民，而不是統治者本身。

陸、結語

中共民族主義的異化。還可以從現行憲法和「江八條」中看出。民族主義、愛國主義已和共產主義。國際主義平起平座；「中國式社會主義」也打著中國民族主義的旗號，只是中共的民族主義受到國際強大壓力。一九九九年的「科索夫事件」，北約等於用武力炸毀了民族主義，也炸毀了國家主權至高無上的觀念。歐盟就認為民族主義是戰爭的罪魁惡首。這對中共所謂「民族主義」。「統一大業」是當頭棒喝。中共鐵定不肯善罷干休，但也不得不為了生存發展持續異化下去。兩岸中國人及國際上都不願見中國大陸動亂。而希望在和平漸進中慢慢轉變，預判中共的民族主義將不斷產生異化，到達合乎中國式社會主義的標準，最終則必然回歸到「中國式」溫和的民族主義道路，這才合乎全體中國人的需要，並與世界各民族平等並駕於國際舞台之上。

註釋

❶「異化」（Alienation）一詞在政治、社會、經濟或神學中都有不同語意，就字根追究，來

自拉丁文的 **Alienatis**，近代較流行的是在新馬克思主義中有「異化論」（**Theory of Alienation**），曾經在國際上引起：一些「新馬熱」，眾所周知，馬克思思想深受黑格爾和費爾巴哈影響，特別有關「異化論」更是如此，故更有必要追究「異化」之溯源，以下提出五種「異化」。黑格爾是第一位有系統的使用「異化」（**Entfremdung, Alienation**）一詞之哲學家。他在「精神現象學」一書中。明確的表示「異化」有兩意：一種是「隔離」（**Separation**），另一種是「屈從」（**Surrender**）。而以隔離為異化的第一義，這是「與社會實體失去了一體性」（**Lack of unity with the Society Substance**）的情況。個體與社會實體此時之關係是「既見外又對立」，這便是異化之第一義。第二義的「屈從」則是一種割捨、克己，有消融第一義之用，所以黑格爾用「異化」，是一詞兩義。費爾巴哈在「基督教的本質」一書中，主張把抽象的神學轉化成具體的「人類學」。不是「神按其形象創造了人」，而是「人按其形象創造了神」，但馬克思對費爾巴哈將「神學」降格成「人類學」仍嫌不足，又往下拖一層而成「政治經濟學」。此就是馬克思之異化。政治理論家馬庫色（**Herbert Marcuse**）也認為「異化」是一個社會。經濟的概念，最簡略的說法，在資本主義制度下，人們不能由其工作中實現他們個人的才能和需要，其原因在於資本主義生產方式本身。補救之道只能徹底的改變此種生產方式，照馬庫色研究，「異化」一詞的概念已被庸俗化了。有必要恢復其原意。「異化」在社會科學方面常指「疏遠」（Estrangement）或「隔離」

（Separation）亦即一個人精神上的部分或全部的感覺狀態和經驗世界的社會結構中各重要部門發生了隔膜。

綜合以上所述。本論文使用「異化」一詞有疏離、變化、質變之意。可參考下列資料：

㈠ David Robertson, A dictionary of Modern politics (London: Europa Publications Limited, 1985), pp.5-6.

㈡馬滬祥，新馬克思主義批判（台北：黎明出版公司。民國七十年十月），第一、三章。

㈢洪鐮德。社會學說與政治理論（台北：楊智文化公司，一九九八年三月）。

㈣雲五社會科學大辭典，第三冊。政治學（台北：台灣商務印書館，民國七十八年一月），頁三五六。

❷見中共一九八二年十二月四日全國人民代表大會公佈施行「中華人民共和國憲法」前言及第三十條。

❸同❷，第二十四條。

❹中共中央馬克斯恩格斯列寧史大林著作編譯局編，馬克斯恩格斯選集（北京：人民出版社，一九七二年五月，第一版），頁二五四。

❺任卓宣，三民主義與共產主義（台北：帕米爾書店，民國六十八年十一月三十日），頁一九四。

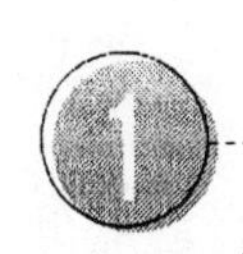

❻同❷，憲法序言。
❼毛澤東選集。第五卷（北京：人民出版社，一九七七年九月北京一刷），頁八五。
❽吳國光、王兆軍、鄧小平之後的中國（台北：世界書局，一九九四年三月）。頁二七一。
❾袁易，「論中國大陸轉型期中的認同政治」。中國大陸研究，第二十七卷。第六期（民國八十三年六月），頁五～一八。
❿聯合報。民國八十七年五月六日。
⓫董立文。中共的全球戰略與「中國威脅論」。中國大陸研究。第三十九卷，第九期（民國八十五年九月），頁二七～四六。
⓬熊自健，「中國天主教愛國會」與「中國天主教主教團」的組織與活動。中國大陸研究，第四十一卷。第一期（民國八十七年一月）。
⓭毛澤東選集，第三卷（北京：人民出版社。一九六八年十二月，北京五刷），頁四六八～四八七。
⓮同註⓭。
⓯同註❷，前言。
⓰張濤、金千里等，江八點的迷惑（台北：瑞興圖書股份有限公司，民國八十四年三月），頁七～八。

⓱楊逢泰，民族自決的理論和實際（台北：正中書局，民國八十三年八月第三印），頁七～一二。

⓲同註⓭。

⓳同註❺，頁二〇二。

⓴雲五社會科學大辭典，第三冊，政治學（台北：台灣商務印書館，民國六十年十二月），頁二七三。

㉑同註⓱，頁一五六～一五七。

㉒洪鎌德，社會學說與政治理論（台北：楊智文化出版公司，一九九八年二月，二版一刷），第五章、第七章。

㉓同註❾，頁一〇。

㉔「袁啟彤在福建省統戰部長會議上的講話」（上），中國大陸研究，第三十七卷，第四期（民國八十三年四月），頁九一。

㉕同註㉔（下），第五期（民國八十三年五月），頁九六～九七。

㉖同註❼，頁一一二六。

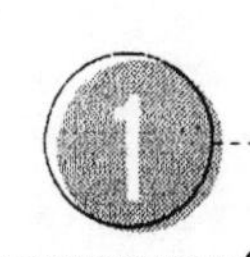

民族主義在兩岸互動的歷史事件

壹、前言

兩岸由於歷史背景和地緣關係，共同存在著相同的中華民族主義，可以說是歷史事實，甚至說是「先天」性的關係。而某些歷史事件的發生，僅是增加民族主義在兩岸的分合交流互動頻率，或對民族主義的信仰產生深濃淺淡之變化，大民族主義（Macro-Nationalism）和少數民族主義（Mini-Nationalism）都有如是現象。

甲午一戰，台灣割日，劉永福繼唐景崧之後接任台灣大總統，亦告中外曰：「我中國人也。生當國家危亡之秋。惟以拒敵保民為己任。」❶顯見當時在台灣並未產生少數民族主義，但此一歷史事件在百年之後，卻成為台獨論者宣揚少數民族主義的依據之一。加上後來的「二二八事件」，真是讓民族主義在兩岸的互動關係中，更加纏夾反覆，有理無理都疏不清了，才導致兩岸至今處於分裂分治。不戰不和、似友又對峙的狀態中。在這渾沌不清的現狀裡，本文試圖探索日據時期民族主義在兩岸的互動關係、二二八事件造成的民族創傷及國家分裂與民族分裂的關係，以期有利於疏「理」兩岸關係，以理性、和平方式解決問題。

貳、日據時期民族主義在兩岸的互動

當甲午戰爭，台灣割日，雖然李鴻章狠心一口咬定是台灣「鳥不語、花不香、男無義、女無情」，且台民在劉永福領導下抗日，有兩廣總督譚鍾麟與湖廣總督張之洞的援助，也都被李鴻章阻撓。[2]此事看來，李氏似乎完全不顧民族情感，要徹底割斷兩岸關係了，這豈不正助長爾後日本所欲消滅我民族主義？使萌芽中的台灣民族主義更雪上加霜嗎？使民族主義在兩岸互動更困難重重？

日本統治台灣期間，最高的期望是把台灣「日本化」，當然他們很高明的從文化上著手，推行「皇民化運動」，使台灣知識分子逐漸淡忘，至最終忘卻他們與中國文化的連繫，經過五十年的「皇民化」洗腦，日本的皇民化運動亦未完全成功。為何說「未完全成功」呢？表示有成功者，亦有失敗的部份，如張良澤先生在「苦悶的台灣文學」形容：

> 日清戰爭後，台灣割日，其後直至二次大戰終結的五十年零四個月中，產生了介乎大和「皇民」與中華「漢民」的中間人種「三腳仔」。台灣有史四百年間，做為漢民族之一支流

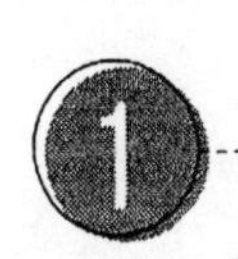

的台灣人，不斷地被逼到夾在異民族的統治和同民族間的對立的情況。為了偷生而百般隱忍，甘於做三腳的怪物，即無蜂起反抗的勇氣，又不甘於當「狗」當「豬」，受役於人。三腳人便愈益苦惱了。❸

果如斯，日據時期民族主義在兩岸的互動確實受到日本帝國主義很大的摧殘。據學者研究，日本殖民統治時期，台灣知識界存在兩種傾向：一種為日本進步的現代化所迷惑，並受到皇民化運動的影響；另一種則堅持民族主義的反帝立場，始終不肯和日本統治者妥協，光復後當他們認識到中國還需要進行另一場真正的民族解放戰爭時，他們毫不遲疑的投身於其中。❶可見後者的民族主義力量大於皇民化運動，此大大有益助於不久之後的台灣島內啟蒙運動的開展。

說日本在台灣的皇民化運動有些成功，是因為至今仍有「證據」可查，如金美齡、李登輝、李鴻禧、游錫堃等，以日本右派勢力的先鋒自居，企圖使日本對台灣的「再殖民」，實在是中華民族千秋萬世的敗類，卻也是皇民化成效的證據。

台灣島內啟蒙思潮的萌芽，始於孫中山先生領導的民族革命運動對台灣所形成的互動影響。從中山先生逝世的一付輓聯。讓我們對這種民族交感產生多麼深刻的感動：

三百萬台灣剛醒同胞，微先生何人領導？四十年祖國未竟事業，舍我輩其誰分擔？❺

辛亥革命運動前後，啟蒙運動在台灣播下種子，一九一一年梁啟超來台，與林獻堂、林幼春等人會面，對台灣知識階層的文化心靈的轉變也起了決定性的影響，使台灣知識分子知道「四書五經之外仍有學問」。台灣的反日運動才由傳統重華夷之辨的反異族抗爭發展成具有現代意義的反帝、反殖民的民族解放運動。任公遊台後十年，即一九二一年「台灣文化協會」成立，是台灣啟蒙運動之始。❻

台灣抗日運動從一九一五年西來庵事件❼以降，循兩條路線發展：「非武裝抗日運動」與「準武裝抗日運動」，前者是台胞自力主義的表現，後者是祖國主義的表現，而貫通兩條主線的仍是民族主義。但若按革命屬性強弱。則可分島內派和祖國派，且二者仍受民族主義的感召和啟迪而行動。❽

島內派以日本本土和台灣本島為策源地，憑藉民族主義進行反日運動無庸置疑，惟其革命屬性較弱，成為民權、民生這兩種較低調的運動，對於這整個運動，可歸納如下系統（表一）❾。表中組織部份與光復後的「二二八事件」及台獨運動有關，左翼也打著民族主義旗幟。「民報」則始終定位在民族運動，「台灣民眾黨」雖只存在四年，卻是台灣人對政治結社自由和民族團結的渴望，都在組黨過程中表露無遺❿可惜逐漸脫離民族主義路線，走向左傾階級鬥爭，實在很可惜。

表一：日據時期臺灣島內社會運動系統表

- 同化會—啟發會—新民會
- 臺灣青年會 → 啟發會、新民會
  - 臺灣青年會
  - 社會科學研究部
- 新民會
  - 新民會 → 新民會
    - 地方自治聯盟
    - 臺灣民眾黨
  - 臺灣議會 → 臺灣議會期成同盟會
  - 臺灣青年 → 臺灣 → 臺灣民報、臺灣 → 臺灣民報 → 臺灣新民報
  - 文化協會 → 臺灣議會期成同盟會
    - 新臺灣聯盟、臺灣議會期成同盟會 → 臺灣民眾黨 →
      - 臺灣民眾黨
      - 工友總聯盟
      - 農民協會
    - 蔗農組合、農民組合
      - 農民組合
    - 工友協助會 → 工友協助會
    - 無產青年會、文化協會 → 文化協會 →
      - 文化協會
      - 左派工會
      - 大眾時報
    - 黑色青年聯盟 → 黑色青年聯盟（臺灣無政府主義者）

祖國派以中國大陸為策源地，因不受日本官憲壓迫和監視，革命屬性益常熾烈，這些組織可以歸納如下系統（表二）⓫。大體上祖國派是極力支持島內的民族主義啟蒙運動，例如「台灣義勇隊」就是台灣人有組織的參加抗日行列，也許很多人不知道，「台灣光復後第一面在台灣領土上飛揚飄蕩的中華民國國旗，就是由台灣義勇隊帶過來的！」⓬該隊也是唯一由台灣人組織，參加抗戰的武裝力量，被史學家視為台籍同胞參加祖國抗日的代表。

表二：臺灣青年在祖國之抗日組織系統表

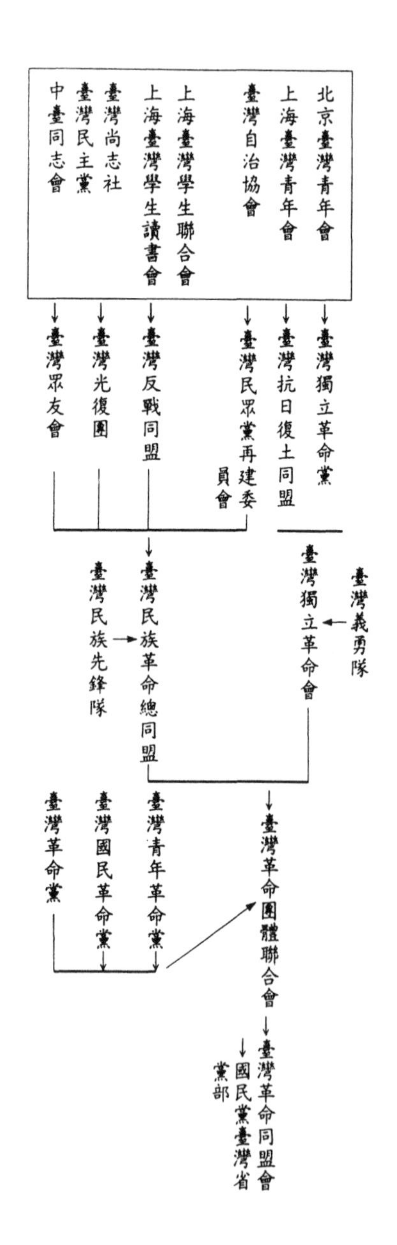

回顧日據時期民族主義在兩岸的互動，大陸是島內民族主義啟蒙運動的發源地及動力來源。台灣則以武裝及非武裝方式，進行反日及抗日運動，左傾或皇民化終究沒有讓民族主義變質轉向

參、「二二八事件」造成的民族創傷

關於「二二八」的研究，坊間及政府部門的書籍資料，似已「處則充棟宇，出則汗牛馬」之勢；學術界有關「二二八」的原因、真相、經過、傷亡、參加份子種類的研究調查。也已相當週全深入。許多文獻、檔案、個人紀要的出土，更有助大家了解那段紛亂如麻的史實。故本文不再贅述那些原因或經過等，而把重點放在與當前統獨相關的二個問題：「二二八」是否為台獨建立理論基礎？如何療傷止痛？

一、「二二八」是否是台獨的理論依據？

台灣近數百年來，從荷蘭據台、明鄭抗清、台民抗日及光復後的「二二八」，每次都是國家民族重大創傷，為何只有「二二八」與統獨事件牽扯不清。更有甚者認為此事件「以異族的眼光創立了台獨理論，將台灣人和中國人在血緣和文化上視同兩個截然對立的民族。」

⑬此誠然不幸。但是，深究「二二八」之所以成為「台獨運動的開端」，還是有其形成的過程。⑭

第一是「台灣人意識」抬頭。所謂「台灣人意識」，按台獨論者所述分三個時期形成，滿清時代是萌芽期，以「明、漢」為祖國；日據時代是成長期，以中國為祖國；二二八事件是批判期的形成，對祖國破滅，開始追求台獨的理想國。

第二是敵意心理作祟。從心理學角度看，「二二八」是當時台灣人對當時台灣政經社會等各方面不滿，及要求參與建設動機受挫，所表現出來的攻擊行為，又因親友在事件中的犧牲而轉化成敵意的動機。許多台獨健將都有如此背景，例如彭明敏（曾任台獨聯盟主席，父因事件被捕）、林宗義（北美台灣基督徒自決會創始人之一，父因事件被捕遇害）。王育德（曾任台獨聯盟日本本部中央委員，胞兄因事件遇害），彼等以「切身之痛」，提出的台獨理論實較有煽動、煽情力。

第三、中共轉化的運用。關於這部份，台獨論者通常略而不提，部份學者則仍列為考量。但據彭孟緝「二二八事件回憶錄」，事件發生時國際共黨已在台灣積極活動，組織「人民協會」專搞叛亂，可惜長官公署和警備總部竟予忽視。⑮綜前三點所述，用一個事件製成一個理論，此誠為學術理論上錯用，更是政治現實上的不幸。

二、如何為該事件療傷復原

「二二八事件」雖孕育了「異形」的台獨理論，造成族群問極大的傷害。所幸，數千年來中國人始終是「一笑泯怨仇」的民族，我們歷朝歷代似未曾把什麼「血海深仇」記得超過三代。當代研究台獨甚有心得的學者也認為，戰後新生代的本省人接受了強大的中國教育，絕大部份都不會日語了，上述的台獨理論在台灣失去了傳佈的土壤，基本上只存在戰後日本台僑的生活圈中。⑯史學家黃仁宇從「中國大歷史」（China:A Macro History）觀之，台獨運動雖然吸引相當注意。但迄今不能算作有力左右台灣今後出處的挑戰者，台獨倡導人也如過去在大陸提倡自由的人士一般，無法將理想變成事實。他們既無從說服大多數受過教育之人士，也不能爭取廣大群眾，因此台獨成為無結構而只帶著鄉土氣息的運動。⑰但政治現實的社會中，確發現「二二八事件」引起的省籍情結仍如幽靈般在我們各族群心靈中糾纏著。當時高雄要塞司令彭孟緝逝世時政府頒給旌忠狀，但部份家屬卻要控告他；紀念碑文中的「蔣中正派兵鎮壓……」等內容，也未獲各方接受。惟療傷復原仍須積極進行，到目前為止有形可見的療傷行為重要者如：

㈠立法院為「二二八」舉行起立默哀。

㈡各級首長公開參加紀念會、追思會等。

㈢教科書正式陳述「二二八事件」。。

㈣開放相關史料、檔案以供研究。

㈤政府與民間合編各種「二二八事件文獻輯錄」。

㈥李登輝代表國家向人民致歉。

㈦辦理受難者補償。[18]

可見儘管有諸多「療傷」措施，族群癒合的程度卻始終欠佳。特別是每到政治熱季（如民意代表、首長選舉），族群間的對立就被挑起，抨擊政府欠缺誠意有之，控告當時事件處理人者有之。

顯然，想要澈底療傷復原，除形式上的政治工程外，更賴大家以更大心胸去包容，發揮我們傳統「一笑泯怨仇」的精神，二二八的傷痕才有癒合復原之日。畢竟，兄弟之間也難免吵架或打架，但事過仍是一家人，同是中國人，何須「一輩子」記仇？更何況，當時外省人死的也很多，這是一個單純事件，不是族群衝突。

肆、國家分裂與民族分裂的關係

這又是一個弔詭的問題，古今中外任何政權（國家），無不在分分合合，不斷的解體重

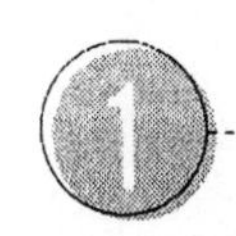

組，永不休止……這樣的政治分裂，是否造成民族、族群的分裂？要有比較客觀的答案。就得回到歷史現場從經驗實証上去看個究竟。以我們中國為觀察範例。

史學家余英時在「廣乖離論」中，分析中國歷史上分裂時期的家族關係，認為家族倫理是中國文化系統的中心，政治倫理實際上是依附在家族倫理而存在。[19]國史上真正政治統一始於秦漢，而首次出現大分裂時代是魏晉南北朝，因政治分裂而造成族群離散的痛苦，也在三國才凸顯成社會問題。漢末又造成政治上的分裂，「家族」意識超越「國家」意識則是重要原因。家族是比民族或族群更小的單位，但他們的共同點是血緣關係。這表示政治分裂不會造成血緣關係的割裂（包含民族、族群、家族）。漢未以後政治動亂而引起的避難，都以「家」或「家族」為單位，家族有超越政治而獨立的意義。

據「廣乖離論」研究，政治分裂也有可能造成族群分離的現象。看國史上的分裂時代，親族團聚和經濟交通都是一般人民強烈的願望。敵對政權由政治考量而禁絕「通商、通航、通郵」，但事實証明這只能使人把公開活動轉變成非法的地下活動。歷史又告訴我們，因政治分裂而流寓新土的子民，經過數十年後，往往又會認他鄉為故鄉，不肯再遷回本土了。現在不論「台灣人」或「外省人」，在中共都叫「台胞」，在我們則都叫「台灣人也是中國人」。兩岸交流後雖有極少數老兵遷回大陸，也只限單身未婚者。原來的外省人早把台灣當故鄉了，何「外省人」之有呢？如此，政治分裂雖造成家族分離。但若說造成民族分離卻太過牽強。所以用「一個中華民族」來函括「兩岸」，才能被全體中國人所接受。

以上也只是一些「短期」觀察，若從長遠的歷史發展（以百年為單位）看，中國歷史上所有的分裂時代，當敵對的政治因素消除後，所謂的「故鄉、他鄉」的意義便不大了。大家又回到原來的「一國」狀態，各自安份的生活了。

還有某些現象也有普遍的代表性，台中龍井林開榮家族回大陸祖籍謁祖尋根的故事，又再次展現民族血濃於水的深厚關係，不因政治長久分裂而割裂其同宗同族的情感。[20]施琅征服明鄭王朝後，清廷恐台灣再成反清復明的「禍源」，實施長期海禁。時有福建漳浦縣烏石林良隨家人到今之台中龍井一帶發展，是後的二百餘年間成為台灣大族之一，此期間兩岸經歷滿清海禁、台灣割日、光復、大陸淪陷後至今分裂分治。民國七十六年開放探親，族人有機會交流，七十八年四月八日龍井林家組成「謁祖探親團」，回到祖籍地烏石探親謁祖，受到數千族人熱烈歡迎，兩岸親人感動得熱淚盈眶。後來林開榮祭祀公會在祖籍做了許多公益事業，如設置林青龍獎學金、興建「烏石天后宮」等。

歷史事實告訴我們，這些深厚的民族情感是不會割裂的，但他鄉已是故鄉，早已落籍生根，「雖北風之思，感其素心」，探親之後還是要重返「新的故鄉」，何人能「捨安樂之國，適習亂之鄉」呢？半世紀前的老家如今只在夢中存有。

從文化學家的角度看此一問題也許更樂觀。台灣雖割日五十年，又受皇民化運動的強力

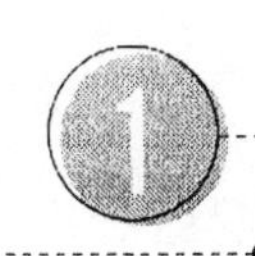

同化並未使台灣的中國常民文化產生質變。[21]因為日本政權只選擇了不到十分之一的台灣人口，給予完全同化的特權，這些皇民階級卻脫離了台灣的漢人社會；他們也沒有將日本文化帶入台灣社會的深層。自己卻離開了台灣社會主體的中國常民文化層；台灣的社會結構也沒有轉變成日本的形態，中國常民文化的深厚文化層並未受日本文化的浸透。政治分裂了五十年，台灣不論在民族或文化上，肯定還是非常的「中國」。至於像李登輝、金美齡或辜寬敏等人，受日本右派勢力和皇民化毒素影響太深，他們已經成為日本人或日本「皇奴」，所幸只是極少數人，就中華民族歷史發展而言，他們像一滴小水珠子，很快被淹滅在中國大歷史之中。

伍、結語

本文研究民族主義在兩岸互動的歷史事件，這些事件都是「重大政治事件」，如台灣割日和二二八事件等，都造成兩岸（台灣與母國）政治上長期分裂及嚴重傷害，在此互動過程中民族也受到割裂則是必然的。所幸，此種割裂在民族情感、民族主義的感召之下，在歷史長流中都還算短暫的，雖他鄉已成故鄉，南渡之人也不再北返，但我們回到「一族一國」的定位上卻更充滿信心。如同南北韓，政治上長久處於分裂，甚至敵對或「準戰爭」狀態，但雙方主張「一個民族、一個國家、兩個政府」則是有深厚的共識。前蘇聯想用政治力量分裂各弱小民族。最後不僅慘敗且連「母國」也跨了。

我們知道，「國家是用武力造成的，民族是用自然力造成的」。武力造成者，便隨時能用武力瓦解破壞之；自然力造成者，人的力量又能奈之何？所以我們發現原先是同一民族，因政治（國家、政權）因素造成分裂，民族雖暫時分裂，卻終能再度復合（如德國統一）。看看歷史事實，吾人對發揮中國「恕」道精神，療傷止痛。回到一個中華民族，完成國家統一的目標更具信心？

兩岸同是中華民族，同文同種的炎黃子孫，所以談民族，兩岸就是安全的；若硬要談國家，便分離成兩國，便不安全，甚至是很危險的。所以說，台灣安全的源頭，在中華民族主義。只要兩岸人民都認同中華民族，許多安全問題便多不存在了。

註釋

❶李健兒、劉永福傳〈台北：台灣商務印書館，民國五十九年五月，台二版〉，頁一九九。

❷同❶，頁二〇〇～二〇一。

❸張良澤先生在作品中提到「三腳仔」，是指一些被徹底「皇民化」的台灣人，他們穿必和服，食必味噌湯，認同殖民者，否定本民族。是一部份喪失民族主義者，轉引南方朔，帝

國主義與台灣獨立運動〈台北：四季出版社。民國七十年十三月〉，頁一八五～一九二。

❹呂正惠，「脫亞入歐」，還是回歸本民族？台灣大學跨世紀台灣的文化發展國際學術研討會。一九九八年十月二十二～二十三日。

❺轉引李雲漢，國民革命與台灣光復的歷史淵源〈台北：幼獅文化公司，民國六十九年七月〉，頁五六。

❻陳啟瑛，「啟蒙、解放與傳統：論二三〇年代台灣知識份子的文化省思」，台灣大學跨世紀台灣的文化發展國際學術研討會，一九九八年十月二十二～二十三日。

❼民國四年（一九一五年，大正四年）七月，台灣抗日領袖余清芳等人，以西來庵為大本營。號召抗日志士佔領台南虎頭山，進襲噍吧哖（玉井），日人死傷慘重。後因優勢日軍而敗退。日軍在玉井大屠殺數千人。史稱「余清芳革命」，又叫「西來庵事件」或「噍吧哖事件」。關於台灣抗日運動，可見吳輝旭，國民革命與台灣抗日民族運動，政治作戰學校政治研究所碩士論文，民國七十六年六月。

❽同❸，南方朔，帝國主義與台灣獨立運動，頁一～一二。

❾同❽，頁八。

❿陳芳明，「台灣民眾黨的經驗與教訓」，民進報，一九八七年七月十六日。

⓫同❽，頁一〇。

⑫台灣義勇隊的故事，中國時報，民國八十四年七月二十五日。

⑬徐宗懋，「戰後台灣新世代的教育與世界觀」，台灣大學跨世紀台灣的文化發展國際學術研討會，一九九八年十月二十二～二十三日。

⑭陳木杉，二二八真相探討〈台北：博遠出版社，民國七十九年二月〉，第一部份，第七章。有關「二二八」對台獨的影響，均可參考本章。

⑮彭孟緝，「二二八事件回憶錄」摘要，中國時報，八十一年二月二十日。

⑯同⑬，頁五。

⑰黃仁宇，中國大歷史（台北：聯經出版公司，民國八十六年初版第二十五刷），頁三六三。

⑱據二二八事件紀念基金會將近四年受理核准的補償案件，有一五五四件，核發補償金額共六十億八千二百萬元。中國時報，八十八年九月八日。

⑲余英時，「廣乖離論」，聯合報，民國七十六年九月二十三日。

⑳林瑤棋，「龍井林開榮家族的發展史」，歷史月刊，第一三六期（民國八十八年五月五日），頁一〇〇～一六。渡台祖是林良（字青龍，一七一六～一七五一）。林開榮是林良的第三世孫，他生在乾隆四十二年（一七七七年），卒於嘉慶二十一年（一八一六年）。

㉑許倬雲，「台灣文化發展軌跡」，台灣大學跨世紀台灣的文化發展國際學術研討會，一九九八年十月二十三日。

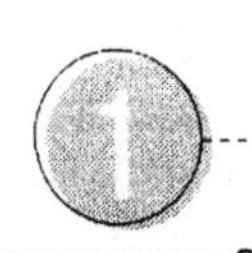

台灣意識與民族主義的關係

壹、前言

在研究本題目時，發現以下詞彙在語意上有若干重疊，如「台灣現實意識」（即簡稱「台灣意識」）、「台灣人意識」、「台灣居民意識」、「台灣主體意識」、「台灣民族意識」，乃至「台灣化」、「本土化」等❶。這些名詞分別在政治、社會、文化、地理等諸項領域中，都可以剖析並進一步抽離出個別差異，其基本概念也稍有不同。但因有許多重疊意涵，故常使人產生混淆，本文限於篇幅，再者並無針對每一個詞彙詳加解析之必要，故研究本題目時，是以「台灣意識」一詞為主軸，有相關論述時再提及其他。

「台灣意識與民族主義的關係」，想必有許多模糊地帶，甚至有很寬廣的「想像空間」，這正是我們要探究的二者之「關係」。到底台灣意識的形成如何？台灣意識的本質是什麼？它是否已經「成熟」到可以叫做「台灣民族主義」？

若已形成，則「台灣民族主義」是那一種民族主義？它是異化還是異端？凡此，對台灣未來的發展，均會產生深遠的影響，甚值吾等用心研究，釐清真相，做為適應及處理未來可能變局的參用依據。

貳、台灣意識的興起

任何思想、意識之起，必依現實處境論；探究台灣意識的興起，首先當觀察台灣社會環境的基本性質。據學者研究，台灣社會的基本性質可區分「中國社會」、「後殖民社會」和「獨立社會」三層。[2]所謂「中國社會」，是從倫理環境而言，中國的人文本位精神及家庭倫理價值觀念之深植，尤其以儒家思想為核心的中華文化價值，這是台灣社會發展的基楚。所謂「後殖民社會」，是從歷史發展環境而言，長時期的殖民地經驗對台灣社會產生的鉅大變數，即是「國家」符號意義與國家認同的不明確。由這種歷史感產生的異化，逐漸塑造出某種獨立的社會意識，並因兩岸長期對抗，造成這種獨立的社會意識更加強化，且內部潛藏著難於消解的自我矛盾，乃由殖民地位提昇為一個獨立運作的政治實體，「獨立社會」的主體性於焉建立。

獨立社會的本質之形成，從歷史發展觀之，也不是短時期形成的，但這種獨立社會卻是台灣意識形成的溫床。日本學者張良澤（支持台獨運動）曾把「台灣人意識」分成三個時期

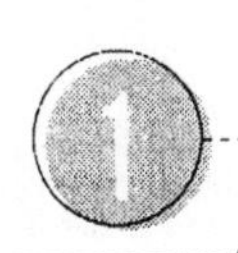

發展，最初「傳統的台灣人意識」時期，滿清時代「台灣人用自己的力量開拓台灣，台灣人並沒有把滿清當作祖國看待」，「台灣人的腦子裡，有自己的國家，那就是明、漢之國，這就是台灣人的祖國。」其次「覺醒的台灣人意識」時期，此期間受到「民族自決」、「民權思想」、「民主主義」和「自由主義」等世界潮流的影響，形成了以「台灣民族自決」為核心的「台灣人意識」，但仍思慕著「父母之國」：中國。最後是「自省的台灣人意識」，這是「二二八事件」後，企求台灣成一個「烏托邦理想國」的期望。❸

前項陳述與台灣歷史發展顯然有很大落差，只是在為台獨運動找藉口。早在唐景崧任台灣民主國總統時，電報奏清政府「台灣士民，義不臣倭，願為島國，永戴聖清」，並公告中外曰：「今已無天可籲，無人肯援，台民唯有自主，推擁賢者，權攝台政，事平之後，當再請命中國作何辦理。」劉永福接任大總統職，亦告諸代表：「我中國人也」。民國七十三年國內有一場「台灣意識」的論戰，曾經提報到在滿清時代，「台灣人」本來只是狹義的指住在台南一帶的漢人，因為那是台灣府治的所在地。❹日本學者張良澤的說法並不很正確。從前面的解說，清楚的看到「台灣意識」的興起並不在滿清時代，「台灣民主國」只算為台灣意識播下一粒種子（尚未萌芽），接著是日本殖民統治，這才使台灣意識萌芽、長大。真是很「弔詭」的，如同人總要經歷苦難，才能發現自己。

唐景崧的中外公告，也顯示了台灣的歷史命運。「無天可籲」指的是台灣沒有獨立的合法性，台灣子民不願意脫離中國；「無人肯援」指的是國際強權的現實考量，不願為支持台獨而得罪中國，百餘年前如此，四百年前的鄭成功時代也是如此。

日本在台灣進行近代化殖民統治，全島性的交通、經濟、農工體制逐漸在島上建立，近代化的社會經濟條件凝聚出「全島意識」。最重要的是抗日運動出現了「祖國派」和「島內派」旗幟，都以台灣意識為中心來發展，如台灣民報、台灣民眾黨、台灣義勇隊、台灣文化協會等。❺都是以台灣意識做為最堅強的思想武器。

二二八事件對台灣意識確實產生「火上加油」的效果，當台獨想要找到一個可做依據的理論時，二二八是一個千載難逢的良機。例如學者江迅就認為，台灣意識的產生是在二二八事件以後才有的，在此之前，台胞充滿了「重歸祖國懷抱的興奮之情。」❻實則，幻想是短暫易逝的，意識則是一種長遠的信仰。台灣意識的出現形成，不會因經過一次二二八事件就立刻塑造成型。最近在台灣大學的一場學術研討會，卑南族學者孫大川就認為，台灣主體意識的形成，是一百年內的事，到民國六十年代中原意識與台灣意識對峙，統獨立場鮮明。❼之後，隨著整體性的經濟發展，台灣意識已影響到社會的各個層面，甚至連倡導台灣鄉土文學時，台灣意識是重要動力。陳樹鴻先生稱台灣意識是黨外民主運動的基石，黨外講民主，台灣意識是必要條件。❽目前在各個領域中，「台灣意識」和「中國意識」產生了對抗心理，為清楚的瞭解台灣意識在每個領域中的概念，可看下表：

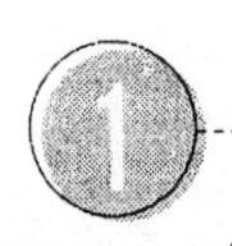

中國意識和台灣意識對照表

	中國意識	台灣意識
民族來源	均為華人，同是漢民族	台灣意識認同華人，但祖先來台三、四百年後自成體系。（偏激者倡台灣民族）
鄉土感情	對台灣有家園感情，對大陸有父祖根源。	對大陸陌生，「我的中國在台灣」（梁景峰語）。
國土意願	台灣蕞爾小島，渴望做泱泱大國的中國人。	台灣雖小，五臟俱全，可向海洋發展。
政治因素	國民黨承襲中國大陸以來的法統和正統。	台灣前途應由二千萬人自決。
經濟因素	大陸消費市場大，兩岸結合才有出路。	台灣脫離大陸經濟圈四十年也能自存。
文化因素	台灣除少數原住民外，均沿襲中國大陸。	台灣幾百年來也吸收外來文化，與大陸漸遠。
歷史認知	台灣自古以來為中國疆土，是中國一部份。	台灣自荷蘭、明鄭、日據均不受中國統治。清朝還將台灣割讓，台灣要面對現實，自行去除孤兒意識，獨立自主。

資料來源：楊青矗，台灣命運中國結（台北：敦理出版社，一九八七年），頁二〇八～二一〇。

台灣意識從播種、萌芽、抽壯、強化，早已「台灣非是台灣人的台灣不可」。❾台灣主體（Subject）建立後，產生了民族主義（如文化上或政治上的），使得台灣在近十年來的台灣認同聲勢凌駕在中國認同之上，對大部份人而言「台灣人」已是一種政治認同，外省人也視自己是中國人也是台灣人。所謂的「外省人」只是個普遍名詞，例如福建人稱別省來的人叫「外省人」。是故，所謂的「台灣民族主義」，也是一種「台灣意識」，如同「山東意識」、「四川意識」的意義，「台灣民族主義」是政客鬥爭，為謀私利而製造的「政治商品」。

參、台灣意識與民族主義的關係

「台灣意識與民族主義的關係」所要追究的，是台灣意識是否已經成為一種民族——台灣民族？但其前提是「意識→主義」之間的過程是否成熟？也就是台灣意識是否已經昇華凝聚成民族主義……先稱之「台灣民族主義」（假設有，再驗證）。

首先從「意識」說起，意識是一種心意、意志或觀念，是潛在的精神，所以民族意識是民族主義的根本，民族意識是民族主義的靈魂，猶如個人行為受觀念主宰一樣。民族意識是民族行為的主導，民族意識的強弱，攸關民族主義的盛衰，所以中山先生也說：「主義是一種思想、一種力量。」這是「意識→主義」的連接過程，換言之，要先有「台灣民族意識」

才可能發展出「台灣民族主義」。在邏輯上先追究「台灣民族」是否成型？

百年前中山先生提到民族構成要素有血統、生活、語言、宗教、風俗習慣及民族意識等六項。現代學者做了比較深度的研究，認為民族形成有九種因素（血統、生活、語言、宗教、風俗習慣、歷史、地理、意志、國家）。❿顯然民族構成要比國家構成複雜的多。「台灣民族」是否形成？要從這九種因素來考究？可見這又是一個更難解的習題，但至少是有一個可做依循的思考方向。以下針對「台灣民族」稍做析論。

「台灣民族」是否形成？前面的九項因素都有許多正反兩面的討論空間。在一九七〇年代美國對華政策產生根本改變，台獨運動失去了重要的支持者，台獨運動陷於低潮，於是用「台灣民族論」為自己鼓舞士氣。⓫這由廖文毅的混血「台灣民族論」開始，但從尼克森到過北京後，張璨鍙的台獨系統一度曾要放棄「台灣民族論」，因為廖文毅、邱永漢等人放棄台獨運動返台。他們認為經由「台灣民族論」，以期在美國支持下達到台灣獨立的路已經不通了。如果打開更早的歷史，不僅「台灣民族論」，連「台灣半民族論」都被謝雪紅推翻了。

「台灣民族論」之所以不能成立，從民族形成的九種因素去分析，就可以找到真相，那個真相就是兩岸同是中華文化架構，同是一個中華民族的關係，只是在這「大同」之內存在一些歷史問題留下的殘渣，例如日本殖民的後遺症，或台灣基督長老教會所進行的分離主義運動，該會牧師高俊明在二〇〇六年全民「倒扁」運動中，卻仍支持貪腐政權。長老教會的台獨背景，見「國家安全的另類威脅」一文。

接著史明、許信良等開始標榜新的「台灣民族論」。舊的「台灣民族論」（張璨鍙系統）是非常封閉、排外的，他們排斥住在台灣的外省人，主張台灣人和中國人是不同民族。許信良等新的「台灣民族論」比較務實，表面上不再歧視外省人，號召認同台灣對抗中共。在整個黨外運動時代，都高舉著「台灣民族」的旗幟。但許信良退出民進黨後，應已改變了態度，轉而支持統一運動。許信良本人和他的下一代，早已「大膽西進」。

時代不斷向前推移，一九九五年總統大選前許信良提出「新興民族」，時任民進黨主席的施明德提出「大和解」政策，都對民進黨的溫和路線有很大影響。「新興民族」運動，意圖以更新且更包容的最大公約數整合台灣民眾，這個溫和路線遭受台獨基本教義派非難，並導致建國黨的成立，民進黨內部也不支持。據前新興民族基金會董事長陳文茜所述，這個路線在民進黨內的邊緣化，只是一時的挫敗，時間會證明他們的前瞻性與正確性。⑫從台灣民族到新興民族，一路走來，始終不易成形，考其原因應有以下各項。

第一、台獨運動始終是台灣資產階級（其實是極小部份）的運動，更大多數的人（如學生、社會民眾）受到的思想影響是貧困的。再者「台灣民族論」循著兩條公式發展「潛在的應有部份：㈠中國民族＝統治民族＝壓迫階級。㈡台灣民族＝被統治者民族＝被壓迫階級。這項「理論」的問題出在與實際生活情況不一致，導致一個錯誤「台灣還是殖民統治」，因

而市場愈來愈小。最後台獨運動只成為失敗政客的小舞台，或任何政治小丑的避風港。

第二、「台灣民族論」者，主張「台灣人」有別於「中國人」，「台灣民族」有異於「中華民族」。此在邏輯上是有商榷的。準此，客家諸族或原住民也可以論定「台灣民族論」者是「福佬沙文主義」，若「台灣民族論」實現，客家及原住民將被剝奪了「主張各自群體自我」的尊嚴與權利。因為「台灣民族論」暗藏著省籍矛盾，地方主義無限上綱，造成民族、種族的諸多矛盾。如果有任何台灣人說「我不是中國人」，他最後只能成為地球孤兒，他甚麼都不是，就像金美齡，日本人也不承認她是日本人。她不是中國人，也不是台灣人，她是孤兒。

第三、「台灣民族」難於形成的原因，正如台灣史名家戴國煇認為視野狹窄，不夠寬廣，若能放大格局，再過五十年，一百年或許有可能把「台灣民族」培育起來也說不定。從學術上的「民族國家論」來談「台灣民族論」，也是很難成立的。若免強用政治力量推行「台灣民族」，可能帶來更大災難，根據一位曾經參加世台會，一度是史明「理論」信徒的朋友說，史明會要求鄉親在吃早飯前先喊十遍「台灣民族」，已在「台灣民族論」裡面有法西斯主義的萌芽和火藥味。⓭

第四、舊「台灣民族論」熱門一陣，歸於陳寂，新「台灣民族論」和「新興民族」都再度歸檔。這說明那些都是政治人物或搞革命的使用的口號，甚至工具，實際上其他的社會、經濟、歷史、文化等條件都不足，放眼台灣有幾成知道「台灣民族」和「新興民族」究竟是什麼？就像蘇聯時代用政治力量塑造出「蘇維埃人」，現在呢？所以戴國煇先生才說「台灣民族論」是不能成立的。實際上，「台灣民族論」是政客與漢奸買空賣空，騙人的「政治商品」。

意識是主義的主觀條件，民族意識就是民族主義的主觀條件，但非必然關係。「台灣意識」、「台灣民族」到「台灣民族主義」，只是在某些主客觀條件都逐漸成熟時，也許要數十年或百年，才有可能凝聚出整體一致而又被各方接受的民族主義。就像住在泉州的人會形成「泉州意識」，住在山東的人也會有相當程度的「山東意識」，但不一定會發展出什麼「泉州民族」或「山東民族主義」，除非有很好的主客觀環境及歷史機緣促成。今天「台灣意識」的發展已成主流，顯示它的固結與成熟，但做為一個「民族」或「民族主義」，則根本尚未成立，當成一個「概念」給大家研究則頗有價值。

肆、異形化的台灣民族主義

從歷史發展觀之，民族主義有許多的存在式樣，如統一、分裂、自由、文化、霸道或少數民族主義等，⓮可謂無奇不有。「台灣民族主義」雖是不存在的東西，但因「不存在」，喊起來很爽，所以有「需要」的人便會假設其存在（例如神）。早在民國七十三年，江迅、陳映真等人就在「前進」週刊討論台灣民族主義的弔詭，他們認為台灣民族主義牽涉到三種不同的意識型態：左翼台灣分離主義、非國民黨民族主義和國民黨。[15]即然有人提出，當然不乏有些各方不同的論戰。

第一、先從台灣民族主義的「提出」說起。在一九九八年十月台灣大學的一場學術研討會，學者廖咸浩認為二二八事件是台灣民族主義形成的遠因，「自由中國」查禁事件是近因。[16]「自由中國」的組成份子包括外省籍的雷震、夏濤聲、齊世英、楊毓滋、傅正等人，本省籍有郭雨新、李萬居、許世賢、高玉樹、郭國基、楊金虎、石賜勳等人。雜誌遭查禁後，並非所有參與的外省人都遭下獄，但外省反對勢力從此被嚴格壓制。本省籍參與者發展出一條民粹路線……省籍，與民主訴求相配合運用，為台灣民族主義種下遠因。

第二、台灣民族主義企圖與中國民族主義相抗衡，並形成一元化的意識形態。這方面台灣民族主義確實佔了些許有利的地位與戰果，訴諸「民粹主義」（**Populism**）在某種意義上，比官方的中原中心主義，或鄉土文學運動的泛中華主義，更有泛政治化效果，也因民粹故更接近民意。

台灣民族主義嚐到民意滋味後，終於也雄心勃勃的建立一個「理論」（公式）：愛台灣＝認同台灣＝認同台灣獨立＝認同台灣民族主義。[17]吾人已見其中「一統化」的意識形態，與中國民族主義的一統化已是同類。一九九〇年台獨條款正式列入民進黨黨綱是台灣民族主義最大的突破，正當台灣民族主義出現有利的發展局面，新的挑戰（也許是一種異化的動因）逐漸形成。

第三、台灣民族主義面臨的挑戰與異化。台灣做為國際村的一員，並以國際化為努力目標，則受到後現代主義影響、挑戰並產生異化應屬必然，所及層面除政治外，尚有文化、藝術、文學等。後現代主義對台灣民族主義產生了整合（Integrate）效果，導至統獨問題的冷卻；反之，台灣民族主義對後現代主義也產生吸納效果，這又導至施明德「大和解」的形成，一九九六年民進黨的路線大辯論企圖擺脫台灣民族主義的困境，用「民主」取代「族群」理念。「新興民族」則想擴大台灣民族主義的版圖。

第四、地緣關係在台灣民族主義上的規範與顧慮。一九九五年後的台灣危機，學界在討論一個問題，中共欲武力犯台到底為「國家安全」還是「民族主義」？二者都可提出合理的論據，顯示台灣之「戰」也民族主義，「和」也民族主義。這也表示台灣民族主義是否成立，對台灣安全（戰爭與和平）有直接關係。據研究顯示台灣住民雖然大概能同情獨立於中國大陸之外的政治形態，但以台灣民族主義基礎的獨立方式尚未被多數台灣住民接受。對一般住民而言，不能接受的原因，一方面當然是安全上的考慮。[18]原來台灣民族主義碰上台灣安全是要讓步的。反之，中華民族主義是至高無上的「千年神咒」，是安全的源頭和「金鑰匙」。

第五、依前述第二、三、四析論，對台灣民族主義構成強大挑戰的不外兩個勢力：美國和中共。美國人的想法，只要接受台灣是中國的一部分，中共便沒有理由以武力解決，則台灣現有公民自由與民主得以確保。所以美國必須把台灣視為公民民族主義（自然、自由、公民的民族主義，即美式民族主義）的子民，使台灣成為公民民族主義的基地，美國才能獲取圍堵中國、阻止戰爭及保衛台灣的正當性。[19]在台灣，當台灣民族主義或中華民族主義都受到大環境制壓時，未來較好的異化方向也許是台灣「公民民族主義」。這方面許信良的「大膽西進」政策就隱約見到高遠的前瞻性（可惜支持者和多數人民跟不上腳步），他詮釋說，就像滿清入關一般，台灣人要大膽西進，以二千萬人征服十二億人民，台灣征服不是武力，而是經濟，就像少數的猶太人用經濟力量控制美國。台灣的整體戰略不是在中國架構之下去與中國結成一體，而是要把自己連結到世界網絡，在自由化和國際化的過程中，大膽西進，台灣才能獲取最大利益，確保生存發展空間。[20]事實上，除了極少數人外，多數人早已大膽西進，並連結到世界網絡，台灣「公民民族主義」前景並不樂觀。

「台灣民族主義」之所以難於成立，也許戴國輝先生用兩個標準來衡量更明確。其一是馬克思主張民族主義的成熟要靠資產階級的成熟來形成，而台灣的資產階級並未成熟。其二是在資本主義不成熟的條件下靠外來族群接觸產生強大的對立面來誘發，台灣這個誘發動力明顯不足。[21]另一個社會思考的方向也不能忽略，當台灣社會日趨開放，價值開放，「民間社會」於焉成立，這個結果也導致意見市場的開放，人民開始揚棄用民族主義方式思考問題，而在意見市場上依循民主的遊戲規則公開競爭。

伍、結語

本文研究「台灣意識」、「台灣民族」、「台灣民族主義」三者之脈絡發展關係。吾人身為中國人而又生於斯長於斯，半百之年亦未見祖國之土，如何責人打不開「台灣結」與「中國結」呢？故針對本文應如何從持平、理性，及最有利的角度打開此「結」，如下幾項贅文可供參考。

第一、台灣意識是台灣社會的自然產物，即是「自然」產物就不必刻意用其他力量（如政治）培育。但台灣意識不是只顧台灣不顧別人死活，不顧同胞災難、不顧非洲飢民、不顧巴爾幹戰火……只顧自己吃飽喝足。我很同意龍應台所關切的「健康的還是病態的台灣意識」[22]如果台灣意識的建立和深化，我們就得阻礙、扭曲一種自然而正常的對中國「人」的關愛，台灣意識便會從族群感情硬化成意識型態。健康的台灣意識應該使我們更自信，因自信而更包容、開闊、寬厚；如果台灣意識反而使台灣人更自閉、自蠻、自大－只見自己極小的成就，而目不見他人的痛苦，那豈不是病態的台灣意識？

行的。

第二、地方性，少數民族主義之所以經常想要「出頭天」，主要歸因於長期存在的「浪漫主義」（**Romanticism**）？[23]浪漫主義者通常對其族群產生一種浪漫、非理性的情懷，追求自治或獨立，雖無成功可能仍不氣餒。「台灣民族」或「台灣民族主義」似也帶有若干浪漫色彩，強調本土文化、語言等，或宣稱「宣佈台獨不致引起對台用武」、「獨立後得國際承認便可解決安全問題」等，總是在單方面、一廂情願的幻想、浪漫，實際上是不存在或不可行的。

第三、據學者研究地方主義有排外、自我封閉的危險。[24]「自我中心」和「部落主義」是近年台灣新文化中潛藏的問題，擺脫之道是勇於吸納自台灣以外地區的新文化素質，如源自大陸的中原文化及其他地區文化。地處小島的台灣，若不能廣納各多元文化，楊棄「自我中心論」的狹隘地方主義，唯一的結局，在政治上是排外與自我封閉的危險，文化上是走向萎縮衰敗的結局。二十一世紀台灣人是否有更寬廣的格局，端看如何把「台灣民族主義」放下。再進而重回以中華文化為核心價值，以中國民族主義為本體，完成中國的富強統一，台灣意識才算真正的「回家」，台灣才算找到自己，完成自我實現。

很可惜，台獨政客以無中生有，製造了「台灣民族主義」，又被陳水扁、游錫堃等腐敗的野心家操弄成一隻「異形」，未知其禍害將有多大？

註釋

❶這些與「台灣意識」有部份語意重疊的詞彙，若要清楚解析個別意涵，可參閱下列各書籍或文件。
施敏輝，台灣意識論戰選集（台北：前衛出版社，一九九五年七月）。
張麟徵，知識份子與二十一世紀（台北：國立台灣大學共同教育委員會，民國八十六年六月）。
石之瑜，「二十一世紀民族主義與全球化潮流的本土臨摹」，台北，跨世紀台灣的文化發展學術研討會籌備委員會，一九九八年十月二十二、二十三日。

❷戴景賢，「論台灣當前之文化處境與影響其文化發展之因素」，台北，跨世紀台灣的文化發展學術研討會籌備委員會，一九九八年十月二十二、二十三日。

❸陳木杉，「二二八」真相探討（台北：博遠出版社，民國七十九年二月），頁一一九～一二〇。

❹同❶，施敏輝，台灣意識論戰選集，頁一一。

❺這些組織均可見南方朔，帝國主義與台灣獨立運動（台北：黎明文化基金會，民國七〇年

十二月），第一篇。

❻同❹，頁二七。

❼孫大川，「台灣文化與歷史發展的另一個側面……原住民的角度和角色，餘同註 2。

❽同❹，頁一九一～二〇五。

❾Guoguang Wu,"Historical Changes Chinese Nationalism: From the May Fourth Movement to the 1900s Resurgence", U.S., Fairbank Center for East Asian Research, Harvard University, 1999 November 16-17。

❿馬起華，政治學原理，下冊（台北：大中國圖書公司，民國七十四年五月），頁一〇四二～一〇四五。

⓫關於「台灣民族論」可見戴國輝、陳映真對談「台灣人意識、台灣民族的虛相與真相」，葉芸芸整理。同❹書，頁七七～九七。

⓬：廖咸浩，「無邊之島：鄉土文學運動後台灣的文化政治」，餘同❷。

⓭同❿，頁九四～九七。

⓮同⓫，頁一〇六四～一〇七二。

⓯同❹，頁六二。

⓰：同⓬。

❶❼：同❶❷，頁一九。

❶❽：同❶❷，頁一六。

❶❾：石之瑜，「二十一世紀民族主義與全球化潮流的本土臨摹」，餘同❷。

❷⓿：夏珍，許信良的政治世界（台北：天下遠見出版公司，一九九九年九月三日，第二版），頁二一六。

❷❶同❹，頁一五四。

❷❷龍應台，百年思索（台北：時報文化出版公司，一九九九年九月十五日），頁一八三～一八四。

❷❸張麟徵，「分離主義的內省與外觀」，問題與研究，第三十三卷，第十期（民國八十三年十月），頁一～二一。

❷❹張隆溪，「台灣文化與未來世界」，餘同❷。

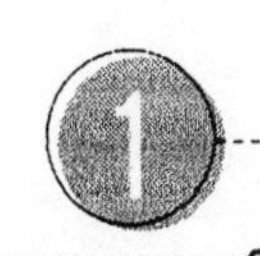

百年來兩岸民族主義發展的異同

壹、前言

民族主義是兩岸在意識型態、政策主張方面，曾經具有較多共通「中國屬性」的一面，這種中國屬性的共通點，也是維持台海近半個世紀尚能和平安定的主要原因。或說此期間，「中華民族主義」尚能被兩岸絕大多數人所認同，對一個中國也有相當程度的共識。但此期間也並非沒有逆流，致使兩岸民族主義產生諸多異化，兩岸分合如何！至今還徘徊在十字路上，理也理不清。

但這個問題遲早是要釐清的，是故吾人首要疏理百年來兩岸民族主義發展的異同。按時代演進區分日據與二二八時期、戒嚴時期、解嚴交流等三個階段，每階段分別概述大陸方面和台灣方面的發展脈絡，當異同疑惑疏理清楚後，我們對未來前景才會有更正確、理性及有利的選擇。

貳、日據與二二八時期（1895～1948）兩岸民族主義發展的異同

這個時期的兩岸關係，除抗戰勝利後的幾年外，在政治上是完全處於隔絕而不相隸屬的狀態。但因同一民族的血緣關係，大陸方面民族主義的發展也緊緊的牽動台灣方面；反之，台灣方面民族主義的發展也受到大陸方面深刻的吸引，且因異族統治及偶然的歷史事件，民族主義產生若干異化。

一、大陸方面民族主義展現的方式與訴求重點

這段時間是中國民族主義意識的形成期，惟那一個年代形成最為正確是有爭議的。至少到中山先生展開革命時，民族主義是滅亡的，此在他的演講、著作中一再提到，不必重述。直到一八九四年成立興中會，提出「驅逐韃虜」，一九〇五年成立同盟會，到後來的中國國民黨，及數百個具有民族主義色彩的政治團體，民族主義浪潮風起雲湧。❶惟戴國煇先生認為「中華民族意識」在辛亥革命時才有大規模的萌芽，但仍未成形。要到中日大戰才發展成形，換言之是以日本侵華為對立面，被動地發展成功的。❷

其實從辛亥革命到抗日運動，民族主義的發展是連續的，各有階段性任務，如倒滿、反

帝、抗日、民族自救等。盡管各階段的民族主義有不同任務，但基本綱領是一樣的，這便是中國國民黨民族主義的基本政策：

第一、中國民族自求解放。擺脫帝國主義的侵略，廢除不平等條約，澈底揚棄次殖民地及東亞病夫的陰影，以期世界各民族以平等待我之民族。

第二、中國境內各民族一律平等。倒滿已成，漢族便要放棄自大心態，以平等對待各民族，共同建設新國家。

第三、濟弱扶傾世界各弱小民族。中國強大之後不能踵帝國主義之後去侵略別國，而是盡一己之力，幫助世界各弱小民族獲得獨立及平等地位。

當然，此期間大陸方面的民族主義發展也有逆流，例如共產主義者也在利用抗日高喊民族主義。但他們只是把民族主義當成一種策略在運用，目的在獲取資源，壯大力量以達成國際共產主義的任務。他們壓根兒沒把民族主義當成目標去追求。甚至把民族主義當成須要消滅的對象。這個階段民族主義的主逆流鬥爭，逆流贏了——民族主義亡——中國沉淪了——而共產主義贏，中華人民共和國誕生。

二、台灣方面民族主義展現的方式與訴求重點

此期間正是台灣割日受日本統治時期，初回祖國又發生不幸的二二八事件，由於此種客

觀環境的鉅變，中華民族主義在台灣才有機會產生異化——台灣意識才有機會誕生與成形，台灣民族主義才得有足以萌芽的土壤。歷史事件雖是偶然，但卻是事件發生後的必然。

首先，在日據初期，以台灣為主體性的「台灣意識」尚未出現，蓋一般論台灣啟蒙運動之始是在一九二一年「台灣文化協會」成立。❸當然中山先生領導的國民革命、及梁啟超、林獻堂和林幼春等人，對台灣知識階層的文化心靈的轉變是有決定性作用的，這些作用直接灌溉爾後的啟蒙運動。

縱貫整個日據時代，台灣意識雖也在逐漸啟蒙之中，但「中華民族主義」在台灣並未產生異化，抗日運動此起彼落，前仆後續，並依循下列兩條路線發展就是證據。❶第一條「島內派」，以日本本土和台灣本島為根據地，憑藉民族主義進行反日運動，惟其表現較為緩和性和妥協性。如梁啟超曰：「三十年之內，中國絕無能力可以救援你們，最好效愛爾蘭人之抗英。」❺是故島內派的行動綱領為「喚醒民族意識→造成民族自決→脫離日本統治」。

第二條「祖國派」，以中國大陸為策源地，革命性益常熾烈，極力支持島內的民族主義啟蒙運動。在整個台灣日據時代，民族主義就是循此兩條路線發展，一明一暗，一軟一硬，直到台灣重回祖國懷抱。

歷史總愛捉弄人，「屋漏偏逢連夜雨」。不論是中國人，或台灣人，二二八事件的發生都是不幸。更大的不幸是從此以後搞台獨運動的人，把二二八事件當成台獨必須行動化的理

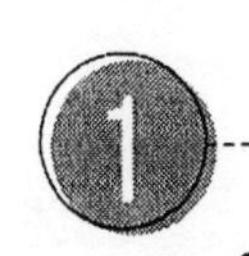

由，且是以後製造「臺灣民族論」和「台灣民族主義」的理論根據。所以說中華民族主義碰到二二八事件，確實產生了異化，並且化成一個怪異的「台灣民族主義」，為何說「怪異」呢？因其尚無確定的內涵，看不到形貌，少數政治人物嘴巴說說，在學術上尚不能成為一個可以分析的「概念」，在眾人心中也尚未能被接受（至少該有些民意基礎吧！也沒有！）

參、戒嚴時期（1949～1987年）兩岸民族主義發展的異同

這個時期兩岸民族主義有了全新的面貌，大陸是實行共產主義，終極目標是消滅民族主義，策略上則是運用及利用民族主義來獲取眼前利益。台灣推行三民主義，並執行中山先生的民族主義，確保正統與民族文化。惟兩岸的共通點是把他們推行的主義，都徹底的意識型態化與僵化，使舉國上下的思想、觀念及行為全部「定於一尊」。

一、大陸方面民族主義展現的方式與訴求重點

共產主義原是要消滅民族主義的，否則共產國際的目標根本無機會達成，那為甚麼還有所謂「民族主義展現的方式與訴求重點」呢？基本上還是一種策略運用，而且是遵循國際共黨的策略路線才有的結果。如蔣中正先生「蘇俄在中國」一書所述，共產主義在東方的發展，

不是東方民族的經濟、政治、文化「落後」的自然趨勢，而是俄共利用東方民族主義與西方舊殖民地主義的矛盾，有計畫的滲透煽動，及其製造而成的結果。❻至今中共依然在「利用東方民族主義與西方舊殖民地主義的矛盾」，雖然改口稱聲推行的是「中國式社會主義」，但我們卻聞不到「中國式民族主義」的味道。如何證明這件事？只要檢視這半個世紀以來中共如何利用民族主義來推展對台政策，事情就能一目了然。為方便比較，以下列簡表示之。

表(一)中共各時期利用民族主義策訂的對台政策

武力解放時期（民38至67年）	一、對海外華僑動以民族情感，提出「認同、回歸、統一」的大義口號，要求華僑回歸祖國。 二、策動中國大陸民族主義情緒，圍剿「蔣幫集團」。另在抗美援朝、珍寶島事件、中印邊衝突、懲越戰爭都用了相同的策略——鼓動民族主義。 三、論述台獨是民族的罪人，不斷聲明反對「一中一台」，積極準備武力犯台，完成民族統一大業。
和平統一時期（民68後）	一、鄧小平時期：「一國兩制」的統一架構最合乎民族利益。 二、江澤民時期：「發揚民族優良傳統文化，兩岸是同一民族的血緣關係。反對台獨主張，不放棄武力犯台。 三、民族主義、愛國主義為基調，對民族主義的利用完全見諸宣傳窗口。

共產黨人對待其他少數民族依然故我，如西藏、新疆等地，「順共產黨人者生，逆共產

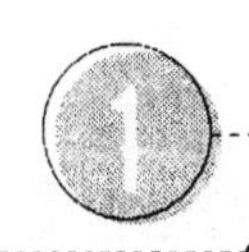

黨人者死」。所以中共利用民族主義策訂出來的民族政策，從毛澤東時代對內是「封建帝王的民族政策」，對外則是「共產國際的國際主義」。

這種局面，直到鄧小平提出「中國式社會主義」方向，江澤民深化實踐之，胡錦濤更堅定回歸中華文化本位，提出「中國式民主政治」，才算真正的中國民族主義，這是後話了。

二、台灣方面民族主義展現的方式與訴求重點

國共鬥爭二十七年（民國10～38年）的結果，是中國河山的沉淪，及緊接著以後進半個地球被赤化，無數人死於非命。絕大多數人都認為是國民黨和共產黨的政權鬥爭導至，有狹礙者視之蔣、毛二人的權力鬥爭的結果。極少數人能從大環境的宏觀來看，這也是制度之爭、文化之爭的結局——並非終局。從更宏觀視野看，也是中國人追求富強統一的「手段」之爭。

當大陸沉淪，這表示五千年文化古國已落入紅色共產浩劫——真是在劫難逃。還好，有逃過一劫的——台灣。但這也表示挽救這五千年文化古國的重責大任必須由唯一逃過一劫的台灣一肩扛起，推都推不掉。在當時的環境中，能代表文化中國者，捨三民主義而能外求乎？沒有。是故只有中山先生的民族主義能做為這個時期，台灣方面民族政策的依據，憲法有規定者如次：

中華民國各民族一律平等。（第五條）

西藏、蒙古國大代表法律定之。(第廿六條)

西藏、蒙古立法委員依規定選出。(第六十四條)

邊疆民族地位之保障。(第一六八條)

邊疆事業之扶助。(第一六九條)

不少人質疑憲法這些規定大多未落實執行，但確實是這個時代台灣方面對中山先生民族主義的執著。也因為憲法規定著「中華民國基於三民主義，為民有民治民享之民主共和國。」對共產中國當然採取澈底否定的態度，「共產主義中國」和「三民主義中國」成了「零和遊戲」。在民族主義方面，三民主義中國(台灣)展現的方式如反共抗俄、民族復興、中華文化復興運動、漢賊不兩立、國共不並存，都是這個時代的焦點。

當中華民族主義在台灣被「定於一尊」後，很自然的便在對立面強化了台灣民族主義的誕生(其實是無中生有，一個政治產品而已)。這或許是那些搞官方民族主義的人始料未及吧!台灣民族主義的「出現」，當然有其遠因，如二二八事件、「自由中國」和「中國民主黨」查禁等，但漫長的戒嚴時期，正好給台灣民族主義提供成長的養分，刻劃出台灣民族主義崛起和中華民族主義沉寂的消長歷程。或許這是民族主義在台灣的異化，但願不是異端。

原本中華民國在台灣是「漢」，而把對岸定義成「賊」，但曾幾何時，對岸回歸了中國本位，由賊轉漢，取得了民心支持的合法性，而台灣方面，因獨派執政的「去中國化」，反

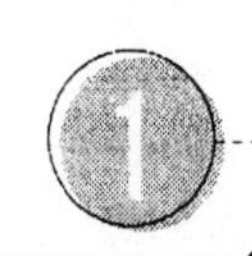

使漢變賊，成了「不法政權」。所謂的「台灣民族主義」也失去正當性，這也是後話。

肆、解嚴交流時期（1987至今）兩岸民族主義發展的異同

兩岸民族主義的發展，到了解嚴交流時期再度進入全新的局面。在台灣方面，李登輝為海外黑名單平反、為台獨宣傳合法化、國中國小教科書增加認識台灣章節、大專學分取消國父思想必修、國家文官考試取消三民主義科目……步步地瓦解中國意識的建構，培植台灣意識生長茁壯的溫床。「台灣意識」為台灣獨立的理念根源，從意識形態的信仰成為台灣意識，其在政治路線的無限引申和發揮則必然走向台獨道路。❼從李登輝到陳水扁，看似一步步走向台灣獨立，但從中國歷史發展看，其成功率也是「零」。

在大陸方面，天安門和北約誤炸事件是兩件和民族主義相關聯的大型群眾運動，其他是在改革開放的背景下，堅持「一國兩制」為解決台灣問題的基本架構，並以香港和澳門的回歸做為「一國兩制」可行性的理論依據。在前述背景下，對統一問題有了急迫感，於是用飛彈試射，文攻武嚇升高海峽緊張，當然這些也給「中國民族主義」提供一個可以揮灑的舞台，民族主義乃無限上綱而無可違逆了。以下簡述此期間兩岸民族主義發展的異同。

一、大陸方面民族主義展現的方式與訴求重點

此期間大陸民族主義展現出來的，應以一九九五年「江八點」為代表作，且為基本指導綱領，至今未有改變，包含二〇〇〇年二月的對台白皮書仍未離「江八點」範疇。江八點「隱藏」了民族主義，化身成愛國主義展現在國人面前：

> 只有實現和平統一後，台灣同胞才能與全國各族人民一道，真正充分地共享偉大祖國在國際上的尊嚴與榮譽……中華各族兒女共同創造的五千年燦爛文化，始終是維繫全體中國人的精神紐帶，也是實現和平統一的一個重要基礎……
>
> 我們呼籲所有中國人團結起來，高舉愛國主義、堅持統一，反對分裂，全力推動兩岸關係的發展，促進祖國統一大業的完成。❽

民族主義除用來對台統戰外，也用來對內部人民及國際統戰。在國際方面，眼見共產陣營日愈縮小版圖，民主陣營日愈強大擴張，終至蘇聯及東歐完全民主化，中共自覺「危在旦夕」，西方再拿「中國威脅論」持續後冷戰的圍堵，中國拿什麼來壯大自己，民族主義是唯一好用的「威而鋼」，有了民族主義中共氣勢如虹。對內部人民方面，為強固共產黨領導的合法性基礎，讓人民把「中共」和「中國」扯上等號，降低黨的危機，愛國主義無異又是上選的妙藥。

二、台灣方面民族主義展現的方式與訴求重點

台灣是不與大陸打民族主義戰爭的，此在朝野似有共識，一方面是台灣民主化社會逐漸在形成，必須深化民主主義情緒，現代化改革才易於成功。再方面是台灣體認到與中共打民族主義仗必敗，打民主政治的仗則贏的機會很大。所以台灣雖不談民族主義，但已用別的形式如台灣意識、自主意識、兩國論、台灣民族論等，展現出來。其總體表現歸結成統獨架構，所以民族主義在台灣的異化，是成為兩極化的統獨問題。

如何看清統獨問題的全貌，最好的辦法就是看民意測驗，且要儘可能的客觀，此處採用聯合報、中國時報、民進黨、蓋洛普在這個時期的民意調查。❾

民進黨的民調表㈡贊成台灣獨立者，稍高於兩岸統一，此處頗多存疑。表㈢蓋洛普民調贊成獨立者約百分之十至二十間，不贊成者約百分之六十餘。表㈣聯合報的民調，贊成台灣獨立者從民國七十九年的百分之二十一，升到八十三年的百分之三十六；贊成統一者從七十九年的百分之六十六，降到八十三年的百分之四十四。表㈤也顯示贊成獨立的上升，贊成統一的在下降之中。圖㈠是中國時報的調查，維持現狀者約在五成左右，但八十六年六月的民調贊成獨立者高於贊成統一者。這是民族主義在台灣的展現方式，統獨拉距成了重點，未來將如何？顯然有極大的變數。

表(二) 民進黨作民意調查「贊成兩岸統一 VS 台灣獨立」

測試時間	樣本數	同意兩岸統一	贊成台灣獨立	資料來源
1995.5.1~5.9	1103 人	33.9%	39.5%	1995 年第一次民調
1996.1 月底	1000 多人	32%	29%	1996 年第一次民調
1996.3.9~3.10	1000 多人	32%	34%	1996 年第二次民調

表(三) 蓋洛普十二次民調「是否贊成台灣獨立？」

歷次台灣地區民眾對台獨意見調查結果					
年月	是否贊成台灣獨立		年月	是否贊成台灣獨立	
	贊成	不贊成		贊成	不贊成
78 年 9 月*	15.8%	57.3%	81 年 5 月**	10%	79.1%
78 年 12 月*	8.2%	62%	81 年 10 月*	15.1%	63.3%
79 年 3 月*	15.8%	62.3%	82 年 5 月*	23.7%	54.3%
79 年 6 月*	12.5%	67%	82 年 11 月**	20%	54.7%
79 年 12 月*	12%	61.7%	83 年 4 月**	27%	45.6%
80 年 6 月*	12.7%	65.3%	84 年 1 月**	20.4%	62.2%

*調查單位：民意調查基金會
**調查單位：蓋洛普公司

表四　聯合報做統獨輿論測量

■你贊不贊成台灣獨立呢？

	非常贊成	還算贊成	不太贊成	非常不贊成	合計	
					贊成	不贊成
79.10.09	7	14	28	29	21	57
80.09.19	8	10	20	34	18	54
81.10.19	4	10	22	36	14	58
81.10.15	7	9	23	28	16	51
82.03.17	6	11	23	26	17	49
82.08.09	8	10	20	31	18	51
83.04.17	18	24	21	16	42	37
83.07.07	19	17	19	23	36	42

■你贊不贊成台灣和大陸統一呢？

	非常贊成	還算贊成	不太贊成	非常不贊成	合計	
					贊成	不贊成
79.10.09	33	33	7	2	66	9
80.09.19	34	19	10	5	53	15
80.10.19	34	22	5	2	56	7
81.10.15	33	26	6	4	59	10
82.03.17	24	25	10	6	49	16
82.08.09	28	21	9	9	49	18
83.04.17	16	28	19	15	44	34
83.07.07	17	17	17	15	44	32

資料來源：聯合報民意調查中心主任易行提供電腦檔「贊成台灣獨立或兩岸統一」。

表(五) 聯合報八年來所作「台灣民眾統獨意向調查」

時間	【問法一】			【問法二】			事件背景
	統一	獨立	維持現狀	統一	獨立	維持現狀	
78.11.29	55	6	6	-	-	-	三項公職人員選舉前
79.01.10	55	6	4	-	-	-	三項公職人員選舉後
79.03.20	64	4	4	-	-	-	第八屆總統選舉前
79.05.29	66	7	2	-	-	-	李登輝提出統一五原則
79.06.14	64	10	4	-	-	-	中共抨擊一國兩府並建議兩黨商談
79.10.09	64	10	4	-	-	-	民進黨通過事實主權決議
80.02.23	69	8	3	-	-	-	通過國統綱領
80.05.02	65	10	4	-	-	-	動戡時期終止，承認大陸為政治實體
80.08.27	51	6	5	-	-	-	民進黨通過台灣憲法草案
80.09.19	57	10	4	-	-	-	加入聯合國辯論
81.08.25	61	12	4	-	-	-	行政院大陸工作會議前
81.10.15	55	11	7	-	-	-	一中一台爭議
82.03.17	51	12	4	-	-	-	首位台籍閣揆連戰就職後接受質詢
82.08.09	54	13	4	-	-	-	新國民黨連線組織新黨前夕
82.09.04	54	17	3	-	-	-	中共發表對台白皮書後
83.04.17	41	33	4	-	-	-	千島湖事件後
83.07.07	45	28	5	26	17	34	發表大陸政策白皮書
83.08.09	40	23	6	-	-	-	焦唐台北會談後
84.02.08	42	24	8	23	15	40	江八點發表後
84.06.19	36	28	7	-	-	-	李登輝訪美後，中共推遲辜汪會談
84.07.14	39	26	6	20	15	42	東海五號演習
84.07.21	42	25	8	20	14	46	中共第一次宣布飛彈演習
84.08.14	41	25	8	19	15	44	中共第二次宣布飛彈及火炮演習
84.11.24	-	-	-	19	12	45	立委選舉前
85.01.29	40	26	9	17	14	49	美航艦通過台海
85.02.28	35	22	12	17	14	45	總統大選期間，傳聞中共準備演習
85.03.08	34	27	10	16	17	46	中共第三次飛彈演習
85.03.11	34	27	10	17	16	46	總統選舉投票日前十日
85.09.13	35	33	8	19	19	42	建國黨公布黨章，高清愿率團訪大陸
85.12.05	-	-	-	19	21	45	首任香港特區首長推選
86.01.30	37	34	6	19	20	41	江八點兩週年
86.04.04	-	-	-	17	17	45	香港主權移交前三個月
86.05.31	-	-	-	16	21	44	香港主權移交前一個月
86.06.28	-	-	-	16	20	43	香港主權移交前夕
86.07.02	34	43	6	19	24	43	香港主權移交後

註：1.【問法1】僅提示統一和獨立兩種台灣前途選項，及民眾自發性回答要維持現狀。
【問法2】除統獨外，多提示維持現狀選項
2.表中數字為百分比，不含無意見和未回答之比率。
3.資料來源：聯合報系民意調查中心' 聯合報，民國八十六年四月，第二版。

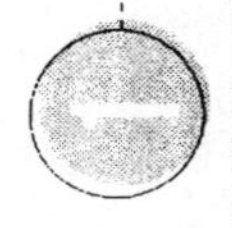

圖(一)中國時報八次「兩岸統獨預測」民調

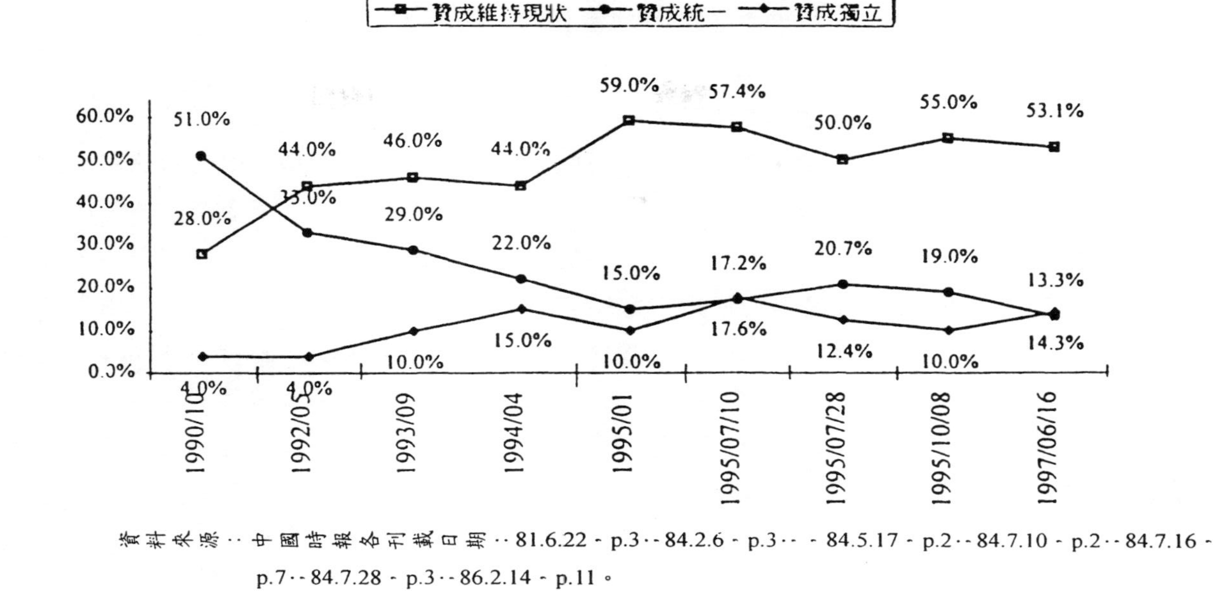

資料來源：中國時報各刊載日期：81.6.22，p.3；84.2.6，p.3； ，84.5.17，p.2；84.7.10，p.2；84.7.16，p.7；84.7.28，p.3；86.2.14，p.11。

伍、結語

本文研究百年來兩岸民族主義發展的異同，原本世界各國、各民族的民族主義就是多元的，極少是很「純」的（如日本、韓國，因組成民族的成員同質性極高，所以民族主義的「純度」也很高）。除了這種極少的例外，通常歷史背景和地緣關係是造成民族主義異化的重要原因，檢視近百年來的兩岸情況，經歷太多鉅變——日據、分離、戰爭、重逢、壓迫……像一個破碎的家庭，誰有能力挽回？台灣民族主義想要出走，想要放棄老母（中國），自己去追尋春天，出走的動力在增強之中……。但遲早要「回家」，只有回家才能找到自己。

當這十字路橫在心中時，我們不妨再來思考第二個決定民族主義的因素「地緣關係」，台灣要出走？能走到那裡去？戰爭或和平都與「地緣」有直接關係，當歷史發展使民族主義產生異化，我們就得從先天的「地緣」來「異中求同」，才是我們的生存發展之道。

從中國大歷史發展看，「出走」通常是暫時的。一個落破的大家族（古老中國），新生代的兒女（台灣）想要出走，尋找新天地，也許是很自然的，不須苛責。但當這個大家族轉型成功（中國崛起），散落四方的兒女（台商、台胞），又紛紛回到老母親的懷抱，因為人遲早要回家。千百年來，我們都這樣的在「輪迴」中，當中原戰亂貧窮，人財向邊陲或海外流；當中原繁榮，人和財又都回到了中國。

當「八二三砲戰」結束後，毛澤東說，先別理他（指台灣），他走不了一百年，還是要回來。我不得不佩服老毛，五十年前看清中國大歷史走向，更知道兩岸民族主義發展的終點站。

註釋

❶此期間有數百個具有民族主義色彩的政治團體，可詳見陳福成，中國近代黨派發展研究新詮（台北：時英出版社，二〇〇六年九月）。

❷施敏輝，台灣意識論戰選集（台北：前衛出版社，一九九五年七月），頁一五四。

❸陳啟瑛，「啟蒙、解放與傳統：論二〇年代台灣知識份子的文化省思」，台灣大學跨世紀台灣的文化發展國際學術研討會，一九九八年十月二十二至二十三日。

❹南方朔，帝國主義與台灣獨立運動（台北：黎明出版社，民國七十年十二月），第一篇。

❺同❹，頁六。

❻蔣中正，蘇俄在中國（台北：中央文物供應社，民國四十六年六月二十七日，三版），頁二六六。

❼劉勝驥，「台灣民眾統獨態度之變化」，中國大陸研究，第四十一卷，第三期（民國八十七年三月），頁七～三〇。

❽張濤等編著，江八點的迷惑（台北：瑞興圖書公司，民國八十四年三月），頁四～八。
❾各圖表資料除詳見當時國內媒體報導外，另見❼一文。

總結

——以中山先生民族主義檢視兩岸民族主義的發展，欣見大陸倡導「新三民主義」

凡是對近代世界政治發展有一些概念的人，都知道近二百年來人類的政治發展史，就是民族主義的演進史，近二百年來似未有那一場戰爭與民族主義無關者。遠的勿論，且說當代，歐洲統合運動為何能夠緩和漸進的完成？他們未來的目標是建立一個「歐洲合眾國」。而南斯拉夫內戰為何打不完？蘇聯為何解體？或說共產陣營為何解體？還不都是民族主義的問題。回到基本面來講，若大家能接受中山先生的民族主義，他們也都沒問題，包含兩岸不同的政權——現在不是兩岸都在推崇中山先生嗎？所以這裡先簡述中山先生的民族主義。

一、民族主義的目的

第一個目的，在國內各民族平等的基礎上結合成中華民族的國族團體。「漢族當犧牲其

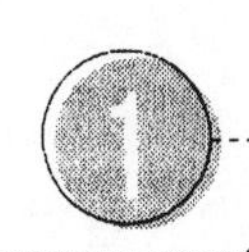

血統、歷史，與夫自尊自大的名稱，而與滿、蒙、回、藏之人民，相見以誠，合為一爐而治之，以成一中華民族之新主義。」對於滿洲，不以復仇為事，而務與之平等共處於中國之內。這是多麼偉大！斯拉夫民族、日耳曼民族等，能做的到乎？第二個目的，要求中華民族自由獨立平等於世界以實現民族國家，此不就是現代民主政治所追求，亦為聯合國成立想追求的目標嗎？

二、民族主義的原則

欲達前述之目的，中山先生之民族主義有三個原則。

第一是中國民族自求解放，這是民族主義對外的意義，使國與國之能獨立、自由、平等。第二是中國境內各民族一律平等，這是民族主義對內的意義，如今許多國家的憲法都明訂「國內各民族平等」條款，各族群也很在意是否落實執行。第三世界被壓迫民族全體解放，這是「濟弱扶傾」，扶助弱小民族的精神。世界尚有那些大民族尚有此種主張？

中山先生民族主義的目的、原則如是，由此檢視兩岸民族主義的異化、發展現況，確實都已編離中山先生民族主義的常軌，兩岸確說都在推崇或實踐中山先生的理想，豈不昧著良知說話，因此對兩岸民族主義的發展試提幾點意見為本篇結論。

一、大陸須放棄消滅民族主義之理念，共產主義之目標本來就在消滅民族主義，此一理念不除，怎能說多麼熱愛本民族？又怎能說如何敬仰中山先生呢？如「江八點」就搬出「中華民族偉大的革命先行者孫中山先生」說，統一是全體國民的希望。能夠統一，全國人民便享福；不能統一便要受害。❶即要消滅它，又要推崇它，明顯的是在利用中山先生。

二、大陸利用民族主義，使民族主義充滿著大吃小、強凌弱的情緒，說穿了這是一種帝王思想的大漢族主義。回到中山先生民族主義的常軌來，放棄自大、自狂的心態，扶助弱小民族（如回、藏、台灣及許多弱小民族、原住民等），對大的民族亦不吃虧，對全中國也是有利。

三、台灣有著特殊的歷史悲情，才孕育出怪異的「台灣民族主義」，中共始終未加以了解及體諒，所幸並未成形。

但民族主義這東西靠對立面「反作用力」的打壓才會壯大成長，換言之，愈是容忍體諒，愈是萎縮；愈是打壓鬥爭，愈造成壯大的客觀情勢。那些搞台灣民族主義的政治人物，也要從地緣關係角度想想問題，戰爭與和平都在一念之間。

四、兩岸應共同淡化民族主義情緒。當你想要戰爭時，就提高民族主義情緒；當你不想戰爭或想要和平時，就降低民族主義情緒，看看歷史這面鏡子不是如此嗎？不知兩岸同胞還想打一仗嗎？想必答案很清楚。惟淡化民族主義情緒要兩岸一起來；再者，要改革開放，要民主化，都必須先降低民族主義溫度，前面的路才是寬廣的。

五、兩岸須共同朝向建立「公民民族主義」文化而努力。

除了要共同面對外來的侵略者，要升高民族主義外，其他都要淡化。兩岸關係不是敵對者，且有共同利益，更有共同目標（如一個中國、現代化改革、制度化建立、經濟發展等），要走這條路，「公民民族主義」是兩岸必走、有利的路，這種民族主義是溫和、理性的，受民主政治制度規範。走向現代化國家是兩岸共同目標，也是中山先生的理想。

本篇前民族主義是安全的源頭，兩岸唯有回到孫中山的民族主義，中國才能長治久安，這並非作者一廂情願。二〇〇六年九間，中共總書記胡錦濤同志指示全力提倡：「情為民所繫、權為民所用、利為民所謀」的「新三民主義」。實質上，便是三民主義，沒想到三民主義在台灣被台獨份子廢了，而彼岸正在實行三民主義。也是另一種欣慰。

註釋

❶同前❽，頁七～八。

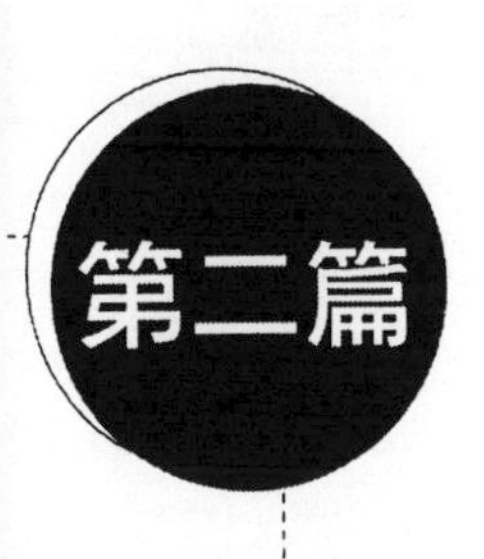

國家安全論壇

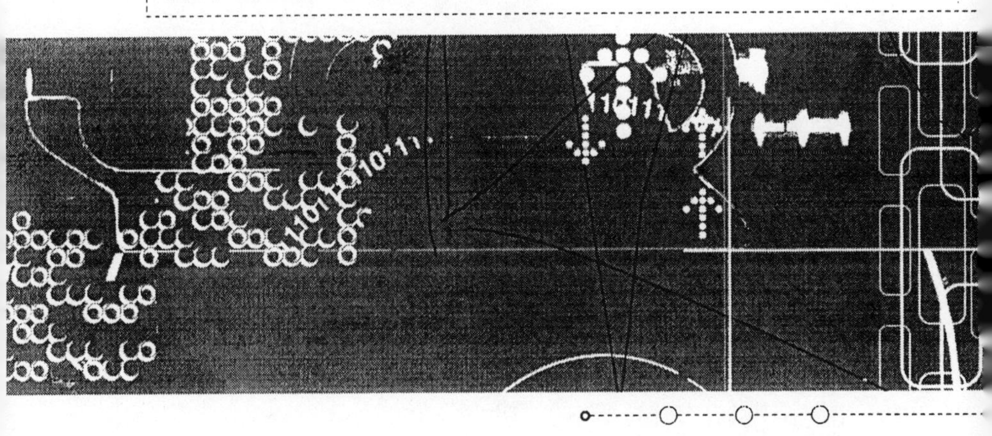

何謂國家安全？意義、範圍如何？

國家安全政策怎樣誕生的？

訪鈕先鍾教授談國家安全問題

國家安全概論

緒論

在我們每日從報章雜誌、電腦網路與電視等各種媒體所接收到的訊息，或從政治人物和國內外參與國家事物各要角的言論中，「國家安全」（National Security）可能是一個使用頻率非常高的詞彙。當政策辯論或相持不下時，一方堅持以國家安全的理由，某項政策必需立法執行之；反方也以國家安全的因素，認為絕不可行，而不論正方或反方，其言論與決策又往牽動許多人，甚至是全民的情緒。

是的，國家安全就是這麼「弔詭」（Paradox）[1]特別是兩岸目前所處的時間（歷史）與固有的空間（地緣）上，其在內者，國家定位仍如在風雨中漂搖的浮木；在外者，國際大叢林中，大國權力政治血淋淋的硬拗，恐怖主義夢魘不散，文明衝突（The Clash of Civilizations）不斷的被激化。[2]凡此，威脅國家安全因素日愈增加繁複，一般國民對生命、財產所感受到的不安全感，也越來越濃厚，安全問題就成為全民的共同需要。未來是個高度不安全的時代，追求安全成為最大的「市場」。

居於這個共同需要，甫告完成的「國防法」明定，中華民國的國防為全民國防，並經由「全民防衛」的具體作法，期能結合整體國力，確保國家安全與發展。❸「全民防衛動員準備法」則規定，為宣揚全民國防理念，培養愛國意志，教育部應訂定，堅定參與防衛國家安全之意識，教育部應訂定各級學校軍訓課程相關辦法，以啟發青年學子對國家安全的正確知識❶。

面對這個複雜又弔詭的命題，本文置重點於國家安全的一般認識、國家安全政策制訂及我國國家安全研析等方面，盼學者對國家安全能有宏觀的認識，並人人熱愛自己的國家，體認回歸自己的本民族。

註釋

❶弔詭（Paradox），指看是很合理且又明白正確的論述，如「民意」、「民主政治」或「國家安全」等，弗許違逆，必須依旨奉行。但其間也存在著各種矛盾、反論或詭異的論述，導至各方永無休止的論戰，欲知其詳，可參閱陳福成著，國家安全與情治機關的弔詭（台北：幼獅文化事業股份有限公司，1998年8月初版二刷）。

❷美國哈佛大學教授杭亭頓認為，面對新世紀最大的不安全因素就是不同文明間的衝突。可參閱杭亭頓（Samuel P. Huntington），文明衝突與世界秩序的重建（The Clash of Civilizations and The Remaking of World Order），黃裕美譯（台北：聯經出版公司，1997年9月初版）。

❸中華民國九十一年「國防報告書」，第六篇。九十三和九十五年的國防報告書也有相同論述。

❹同❸

第一節　國家安全的定義與範圍

「國家」（State、Nation）是政治學研究的主要單位，從人類歷史發展來觀察，國家也常被形容成一隻存活最久的「政治巨靈」（Political Leviathan）。但國家的涵義在各個時代，因環境背景不同差異頗大，我國在春秋戰國時代，國與家各有不同領域，國是諸候治地，家是卿大夫的采邑，而以「天下」為國家。

在西方世界，十六世紀以前也沒有現代國家的觀念，從馬基維利（Niccolo Machiavelli, 1469-1527）開始，才把國家視為一個獨立的政治社會（Political Community）。到了十八世紀，盧梭（Jean Jacques Rosusseau, 1712-1778）在他的經典名著社約論（du Contrat Social）中說：

我們每個人都把自身和一切權力托付約公眾，受公意（General Will）的最高指揮，我們對於每個分子都作為全體之不可分的部分看待。這種訂約的行為，立即把訂約的個體結成一種精神的集體，這集體是由所有到會的有發言權的分子組成的，並由是獲得統一性，共同性，及其生命，和意志。這種集體…現在稱「國家」（State）。❶

時代在不斷演進，許多學者在研究「國家是甚麼？」，對於國家構成的要素，有三要素說——土地、人民、主權，也有四要素說——土地、人民、主權、政府，依四要素說，可以為國家下個定義：

國家是一群人民，在一定土地上，建立、服從一個政府的主權政治團體。❷

以上只不過數十種國家定義中的一種，事實上，當代學術界「根本不存在為整個學術界所公認的國家定義。」❸這樣說並非推翻了前述的國家定義，那還是一個實用且頗受肯定的定義，只是我們要了解國家是一個爭議很多的政治團體。

爭議之根源何在？還是在組成要素當中，並非具備了「四要素」就能稱為國家（台灣就是實例，具備四要素仍然不是國家。）許多人在迷霧中走不出來。因為現代國家是一種「民族國家」（Nation-State），有單一民族國家（如日本、韓國），有多民族國家（如中國、美國及其他多數國家）。台灣人民都是中華民族的一員，我們的國家就叫「中國」，有五千歲了。

原來國家和民族是息息相關的，二者命運相連結，互為函數，面對二十一世紀地球村的來臨，國界似乎被打破了。但國家仍然是國際政治體系的代表性角色，且無可取代——目前及可預見的未來。

「安全」（Security）是人類最基本的需求，人們的需求是逐級向上發展的。從最基層的生理需求開始，層層上昇，到安全、社會、自我實現，每一層也都有安全問題，為甚麼人有這樣多的「安全顧慮」呢？究其源由，是對一切不安全的恐懼，康德（Immanuel kant, 1724～1804）從心理分析認為，恐懼是對危險的自然厭惡，它是人類生活中，不可避免和無法放棄的組成部分、恐懼也滲透到人們的政治生活，人因恐懼而組成國家。❹因此，在任何情況下，不安全與恐懼幾乎是互為因果關係而存在。

隨著社會發展日趨多元、分歧與開放，國際界限日愈模糊，人們勢必學習面對並學會處理各種不安全，才能降低恐懼，增加安全感，才能把自己身心調適在一個正常與平横的狀態中。未來，是一個不安全、不安定的時代，人人都得面對。

安全問題上綱到國家的層次，就是國家安全。據作者親自訪問國內有名的戰略家鈕先鍾教授，他認為「國家安全是國家利益受到威脅時，對抗各種威脅所採取的有效措施。」❺國內學者曾復生博士簡略的說，「國家安全是國家持續生存與發展。」❻所謂「國家利益」（National Interest），不外國家的生存發展、領土主權、人民傳統生活的維護與經濟活動等。

綜合前述各家之說，可以為國家安全下一個定義：「為維持國家長久生存、發展與傳統生活方式，確保領土、主權與國家利益，並提升國家在國際上的地位，保障國民福祉，所採取對抗不安全的措施。」

至於國家安全的範圍也有各家之說，看似「其大無外，其小無內」，但為分析理解之方便，仍要訂出一個範圍，以利學者之觀察與研究。對一個事物（知識或學科）訂出研究範圍或實際上所牽涉的範圍，通常要考慮到時間、空間與實際運作的關係。吾人用下面之個圖解說明，附圖1-1是從社會的完整立體面看國家安全的結構關係；附圖1-2是從歷史的縱向發展看國家安全始末；附圖1-3是從政治領域的橫切面看國家安全的範圍。[7]

圖 1-1：國家安全的結構關係

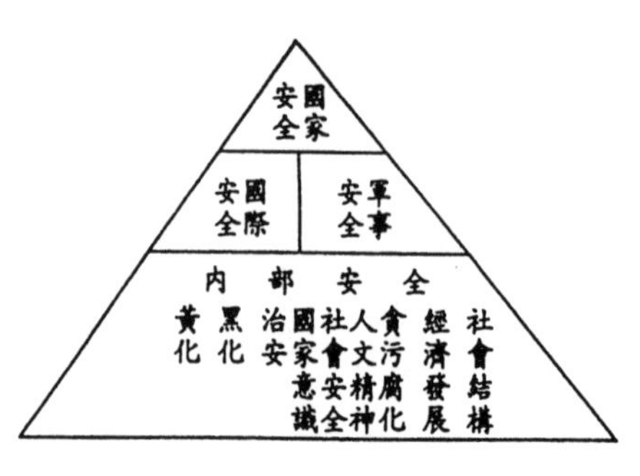

圖 1-2：從歷史的縱向發展看國家安全始末

成長　統一　和平　腐化　崩解

形成國家　整合　安全　惡化　分裂　亡國

圖 1-3：從政治　領域的橫切面看國家安全範圍

<table>
<tr><td colspan="2">國家安全</td><td colspan="2">政策制度戰略</td></tr>
<tr><td colspan="2">國際安全</td><td rowspan="2">軍事安全</td><td rowspan="2">內部安全</td></tr>
<tr><td>集體安全</td><td>區域安全</td></tr>
</table>

在國家安全範圍的界定上，為力求簡單、明確、週全，如圖所示區分軍事安全、內部安全和國際安全三者，以下三節簡要分述之。

註譯

❶盧梭，社約論，徐白齊譯，台二版（台北：台灣商務印書館，民國57年7月），頁二一。

❷馬起華，政治學原理，上冊（台北：大中國圖書公司，民國74年5月），頁四六九。

❸H.J.M.Claessen & P.Skalnik,ed., The Ealry State, P.3.轉引謝維揚，中國早期國家（台北：慧明出版公司，90年12月），頁五三。

❹佩塞斯基安（Nossrat peseschkian）、波斯曼（Udo Boessmann），恐懼與抑鬱，張寧譯（台北：慧明文化出版公司，91年3月），頁九～十。

❺陳福成、陳梅燕，訪鈕先鍾先生談國家安全，台北市：鈕先生居所，民國85年元月16日。

❻曾復生，「國家安全戰略與資訊」，民國85年1月11日，台灣大學專題講座。

❼國家安全範圍的三個附圖詳解另見，陳福成，國家安全與戰略關係（台北：時英出版社，2000年3月），頁六。

第二節　軍事安全——確保國家安全的軍事條件

在往昔傳統的時代，國家安全常視同國防安全，甚至窄化成軍事安全，實則二者是有很明顯區別的，國防包含政治、經濟、心理及軍事武力量，凡已動員或已服役者，概屬軍事系統內事務。

是故，軍事安全是直接運用現有的軍事力量確保國家安全，這是確保國家安全的軍事條件，其中包含建軍、備戰與用兵三方面的問題。

一、建軍備戰與用兵

國家到底須要多少軍隊才能維護其國家安全？各國因政策、環境與目的，差異懸殊，各國表面上看似「裁軍」，實則國防支出不斷增加，軍事力量愈增強。日本名義上是「沒有軍隊」的國家，但早在一九八三年開始，軍費支出就已經是全世界最高的十個國家之一，美國在雷根（Ronald reagan）時代，施政重點，在軍事力量的經營，重振越戰失敗後的軍事優勢（Military Superiority）。[1]此舉之目的，仍然以確保其國家安全為鵠的，才能維護其國家與人民在全球各處之利益。

我國所面臨對國家安全的威脅，比之日本或美國，想必更為嚴峻。我國又應如何經營軍事力量呢？按「中華民國九十一年國防報告書」的建軍構想，以「資電先導、遏制超限、聯合制空、制海，確保地面安全，擊滅犯敵」之指導，建立「小而精、反應快、效率高」之精準打擊戰力，以達成有效嚇阻之目標。在九十五年的國防報告書，增訂預防戰爭、國土防衛等項。

(一)武器整建指導

建立「自立自主」之國防，採「國內研製為主、國外採購為輔」政，推動研發國防科技，積極拓層武器來源，以落實國軍現代化兵力整建。

㈡兵力結構指導

力行精兵政策，把握「降低員額、提升素質、增強戰力」之原則，逐步精簡兵力編組，以降低國軍員額需求。

大體而言，軍事力量的要旨與功能，在能夠充分應付可能的威脅或競爭者之力量，或運用軍事力量直接阻止對方使用武力，我國目前的軍事力量，主要還在防止中共武力犯台，遏阻因國土分裂所可能面臨的戰爭，維護台海地區安定，確保國家安全。

顯然，台獨造成國土分裂，也製造更多的族群撕裂，台獨是國家安全的「禍源」，國軍武裝力量存在的唯一目的，是追求國家安全。故國軍使命也在防止台獨的形成，追求終極的安全（即國家統一）。在九十五年的國防報告書即以「預防戰爭」為政策，反台獨便是國軍之必然使命。

二、建軍目的與任務

對中國近代政治發展素有研究的 Lucian W. Pye 教授認為，一九四九年後中國成為分裂中國家，一黨獨大的威權政治固然對經濟發展政治穩定有決定性的影響，但關鍵還在有一支強大的軍事力量，才足以穩住台海情勢，阻止中共武力犯台的企圖心。❷

是故，依主客觀環境因素建立所需要的軍事力量，其目的不外：

㈠抵抗外來侵略，確保國家安全。

㈡平定內部動亂，維持社會穩定，確保國家安全。（如以武力平定台獨動亂）

㈢在國際上伸張正義，制止侵略；維護本國利益與安全，共同維護世界和平。

各國所面臨的安全威脅有各種不同原因，但建軍目的則不外以上三者，其任務差異頗大。例如美國的軍事力量投射到全球各地區，世界各地有戰爭或動暴，美軍就經常要出任務，以維護其本國利益與安全。

國軍現階段是一支擁有約三十萬兵力的武裝部隊，任務為何？按九十一年國防報告書，區分常備、後備與後勤支援部隊。（九十三年、九十五年國防報告書未有重大變化）

㈠陸軍任務

建立並運用陸軍部隊捍衛國家領土及主權之完整；平時以戍守本、外島地區各要點，從事基本戰力與應變作戰能力訓練為主，及依狀況協力維護重要基地與廠、庫設施安全，適切支援地區重大災害防救工作；戰時聯合海、空軍，遂行聯合作戰，擊滅進犯敵軍。

(二)海軍任務

以維護台海安全及維持對外航運暢通為目的，平時以執行海上偵巡、外島運補與護航等任務；戰時以反制敵人海上封鎖與水面截擊，聯合陸、空軍遂行聯合作戰，以確保制海。陸戰隊平時執行海軍基地防衛、戍守指定外島；戰時依令遂行作戰。

(三)空軍任務

建立並運用空軍部隊捍衛國家領空，並聯合陸、海軍共同維護國家領土、領海及主權之完整，平時加強戰備，維護領空；戰時全力爭取制空，並與陸、海軍遂行聯合作戰。

另外，後備部隊則是國家重要的軍事備用武力，國軍在「精簡常備，廣儲後備」政策指導下，仍不斷精實後備部隊的組織與整備工作，強化動員能力，及時支援軍事作戰。

三、用兵主旨與理念

「用兵」是運用兵力來預防戰爭，打贏戰爭，或從根本上阻止敵人不能發動戰爭，以確保國家安全。是故，國軍教戰總則，全軍破敵為用兵主旨，全軍是確保我戰力完整，破敵乃消滅敵人。在此一主旨之下，國軍用兵理念有六：

(一)爭取電子資訊戰優勢，強化先制與反制作為，瓦解敵奪取制電磁權企圖。

(二)設想敵不對稱戰模式，預擬應變腹案，並積極整備生化防護能力，以發揮有備無患的效能。

(三)依整體防空、制空作戰之指導，獲取並保持台海局部空中優勢，防制敵導彈及空中攻擊，並減少戰損，以確保戰力完整。

(四)藉反封鎖作戰戰術作為，維持航運暢通，在海、空聯合下，遂行機動截擊作戰，並以空、岸火力配合，殲滅敵進犯船圖，以爭取制海優勢。

(五)依殲滅來犯之敵，確保地面安全之指導，集中三軍精準火力，並結合空、地機動打擊戰力，藉連結反擊，殲敵於灘頭及空（機）降著陸區。

(六)本著「常備打擊、後勤守土」之要領，完成後備動員戰力整備，以為維持常備兵力持續戰力之依恃。

建軍本身屬於備戰工作之一環，但二者不完全相同。為支持用兵取勝，除建軍之外，也還有許多備戰工作。故建軍、備戰與用兵，實為整體性作為，用「百代談兵之鼻祖」孫子在他的兵法中的一句話來包含此三者：「用兵之法，無恃其不來，恃吾有以待之；無恃其不攻，恃吾有所不可攻也。」[3]面對二十一世紀新時代，我們需要一支甚麼樣的軍隊？恐怕C3I（Control、、Command、、Communication、Inteligence→C4I）（加上Computer）是在不斷精進中，「第三波軍事武力」的演化是沒有停止的跡象。

建軍之目的在維護國家安全，軍隊接受國家元首的領導，這是正常合理的思惟。但當國家的統治階層成為貪腐無能集團，軍隊便不該支持這種「不法」之統治者，軍隊和人民便應起來革命，推翻貪腐統治者，滿清末年便是個鮮明史例。

註譯

❶ John Norton Moore, Frederick S. Tipson, Robert F. Turner, National Security Law(North Carolina: Carolina Academic press, 1990), pp.12-13.

❷ Lucian W. Pye, Asian Power and Politics(Harvard College: The United States of America, 1985),PP. 228-229。

❸孫子兵法，九變篇，魏汝霖，孫子兵法今譯今註（台北：台灣商務印書館，民國 76 年 4 月修訂三版），頁一五六～一五七。

第三節　內部安全——確保國家安全的內部條件

對人類歷史與文明投注一生心力的湯恩比（Arold Joseph Toynbee, 1889~1975）曾說：「文明的衰落是文明創造性的消失，衰落的原因是精神的而非物質的，是內在的而非外部的，衰落起源於內部的疾病。」❶接著就進入「混亂和苦難期」，外部敵人最大的作用，只在這個社會還沒有瓦解「斷氣」時，給它最後一擊。結束它的生命——亡國滅種。

但是，那些內部因素造成「亡國滅種」呢？

國父孫中山先生在八十年前就到處奔走呼號，中國即將要亡國滅種：

> 中國已到民窮財盡之地位了，若不挽救，必至受經濟壓迫，至於亡國滅種而後已。若不恢復民族主義，中國不但要亡國且要亡種。
>
> 我們的海陸軍和各險要地方沒有預備國防，外國隨時可以衝入，隨時可以亡中國。用一張紙和一枝筆亡了中國……❷

概括的說，影響國家安全的內部因素，不外政治、經濟、文化、社會保險與福利，或政經發展過程中面臨的困境，屬非軍事方面❸概分民政、民防安全和全民防衛動員分述之。

一、民政是內部安定的基礎。

民政（Civil Administration）工作，是一個國家內部各項與國民相關的政務，而以政治、經濟、社會、福利與文化的行政工作為重點，泰勒（Maxwell D. Taylor）稱是「國家珍貴資產」。❹這些是「支援」國家安全的角色。

國內學者鈕先鍾進而提出較佳看法，他把民政與國家安全為何會發生連結關係，有關鍵性的詮釋，國家安全除軍事以外，還有許多不同層面的範圍，爭議也多，包括農民、工人與學生等社會運動都是，舉之不完。在常態狀況下，若國民在法律程序內進行示威遊行，這是一種意見表達的方式，不涉及國家安全問題，相關情治機構亦不應介入干涉。

但若示威遊行不受法律約束，主管機構對遊行群眾已失去管制能力，甚至可能進而導致社會一部或全面失控，產生內部動亂，危及整個社會的政經秩序，國家安全機制就應該立即啟動。❺此時，民政與國家安全的關係就「立即而明顯」。

此種情況存在一些弔詭，統治者便能藉機鎮壓群眾運動，通常統治階層貪污腐化（如清末、現今民進黨政權），失去統治的合法性，人民便有權力（利）起來革命，推翻不法政權，此時國家的鎮壓反成不法行為。

當政治發展日趨成熟，社會安全亦達到較穩定狀態，一般國民的民政活動便愈來愈合乎國家安全原則，這就是「文武合一」或「國防與民生合一」，蔣百里說的「生活條件與戰鬥條件一致則強，相離則弱，相反則亡。」在許多國家發展過程中，都可見到「鐵證如山」的檢証。

二、民防與軍防合成國家防禦體系

民防（Civil Defense）是運用民間力量，產生自救自衛功能，共同防護人民生命、身體、財產安全，以達平時防災救護，戰時有效支援軍事任務。❻其任務、管轄與編組如後。

㈠民防任務（民防法第二條）：

1、空襲之情報傳遞、警報發放、防空疏散避難及空襲災害防護。
2、支援軍事作戰、協助搶救重大災害。
3、協助維持地方治安或擔任民間自衛。
4、民防人力編組、訓練、演習及服勤。
5、車輛、工程機械、船舶、航空器及其他有關民防事務之器材設備之編組、訓練、演習及服勤。
6、民防教育及宣導、器材整備及其他有關民防整備事項。

㈡主管機關（民防法第三條）：

民防事務主管機關，在中央為內政部，在直轄市為直轄市政府，在縣（市）為縣（市）政府。民防工作與軍事勤務相關者，平時由中央主管機關會同國防部督導執行；戰時由國防部協調中央主管機關運用民防團隊，支援軍事勤務。

㈢民防團體採任務編組（民防法第四條）：

1.直轄市、縣（市）政府編組民防總隊，鄉（鎮、市、區）編組民防團，村（里）編織分團。

2.各公民營事業機構編組特種防護團。

3.前二款以外之各種機關（構），編組防護團或聯合防護團。

民防、軍防和國防的關係，其實是一個整體的防衛系統，這是現代安全觀念的新趨勢。可表示如下：

國防（國家防衛系統）┬ 軍防（軍事防衛系統）
　　　　　　　　　　└ 民防（民間防衛系統）

三、國家內部總動員：全民防衛動員準備

取代「國家總動員法」的「全民防衛動員準備法」，終於在民國九十年十一月十四日完成立法公佈。全文六章四十八條，它是確保國家安全的「終極手段」。其目的、任務、組織體系如下（均見該法相關條文及九十一年國防報告書）。

㈠**目的：全民國防之實踐**

1. 建構完整動員法制體系，確立工作推動依據；強化軍事動員整備，建立可恃戰力。
2. 培養全民國防共識，寓戰備於經建，體現國防與民生合一。
3. 若實各級行政動員會報功能，掌握戰爭潛力，有效支援防衛作戰。
4. 編管武裝及民防團隊，納編作戰序列運用。

㈡**任務：維持政府運作與支援軍事作戰**

1. 動員準備階段：結合各級政府施政，先期完成精神、人力、物資、經濟、財力、科技、交通、衛生及軍事動員準備，厚植動員潛能，並配合災害防救法支援災害防救。
2. 動員實施階段：實施全面或局部動員，將國家總體經濟潛力，轉換成實質戰爭能力，以支援軍事作戰及緊急危難，並維持公務機關緊急應變及國民基本生活需要。

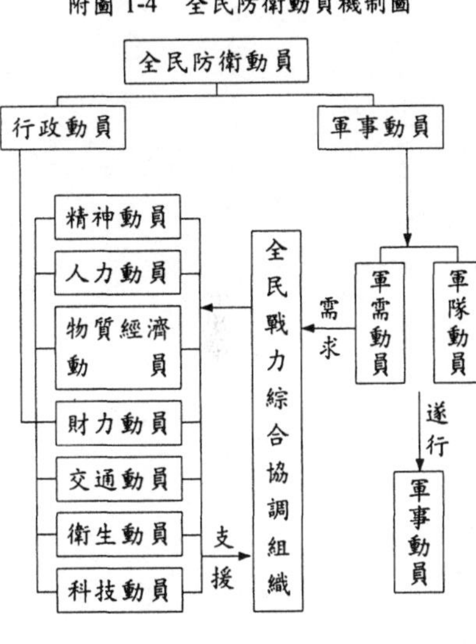

附圖 1-4　全民防衛動員機制圖

(三)組織：行政動員與軍事動員兩個系統

現行動員機制區分行政動員與軍事動員兩個系統，經由中央各機關與地方政府之行政動員，整合出戰時所需資源，透過軍事動員予以有效運用，以達成作戰任務。「全民戰力綜合協調組織」是行政動員和軍事動員兩者融合之介面，平時以「全民戰力綜合協調會報」型態，執行動員相關事項，戰時轉換為「全民戰力綜合協調中心」，統籌調度軍、政間之人力與物力資源。

內部安全是確保國家安全的非軍事條件，根據學術研究證明，在冷戰時代被共產主義赤化的國家，其內部腐敗（Domestic Decay）對自己國家造成的傷害與威脅，大於外部的共產主義。❼先民有智慧之言，「肉腐蟲生，魚枯生蠹」，真是「先驗」與「檢証」之正確論理。

國家最大的不安全來自「內部」，這是包括湯恩比在內的許多思想家都認同。但是，所謂「內部」不就是自己的子民嗎？為何自己的子民會對自己的國家產生威脅呢？追根究底是統治者失去子民的信任，滿清是個鮮明的史例，而二〇〇六年底的「反貪倒扁」運動則是活生生的現世例，人民有權推翻貪腐的統治者，過程必然是動蕩不安的。而當國家的禍源和亂源，都來自統治階層的腐敗和錯誤的政策，司法也已無能處理（被政治控制），人民就剩下革命一途了。

註譯

❶嚴建強、王淵明，西方歷史哲學（台北：慧明文化出版公司，民國90年11月），頁六六～六七。

❷孫中山，民族主義各講，國父全集，第一冊（台北：中國國民黨中央委員會黨史委員會，民國77年3月1日），頁一～六四。

❸國家安全的非軍事因素詳解可見，陳福成，國家安全與情治機關的弔詭（台北：幼獅文化

事業公司，1998年8月初版二刷），各相關章節。

❹泰勒（Marweel D. Taylor），變局中的國家安全（Precarious Security），李長浩譯，再版（台北：黎明文化事業公司，民國71年3月），頁一一五～一一六。

❺關於鈕先鍾談國家安全與內部安全，可詳見以下兩篇專文。

(一)陳梅燕，「訪鈕先鍾先生談國家安全」，陸軍學術月刊，第三十二卷，第三七五期（民國85年11月16日），頁九～一七頁。

(二)陳福成，「憶偕陳梅燕訪當代資深戰略家鈕先鍾教授談國家安全」，陸軍學術月刊，第三十八卷，第四三九期（民國91年3月1日），頁四六～四九。

❻民防法第一條，我國民防法於90年12月26日公布。

❼John Norton Moore, Frederick S. Tipson, and Rober F. Turner, op.cit., p.19。

第四節　國際安全——確保國家安全的國際條件

年少青衿的學子們，何須在這嚴肅的「國際安全」上用心著墨呢？原因之一是國際化的趨勢下，你需要有「國際觀」；之二是地球村來臨，人與人，國與國的身家性命財產都息息相關，「國國相扣」；之三是國際安全本來就是國家安全的國際條件。甫才發生不久的「九一一事件」、「阿富汗戰爭」、「波斯灣戰爭」等，都是明證亦能感受到「某種安全威脅」等，都是明証亦能感受到「某種安全威脅」，似在你身邊蠢蠢欲動。

一、國際政治體系的本質與現狀

國際安全（International Security）講的是兩個以上國家，所產生安全與威脅的互動關係。（這表示世界上若只存在一個國家，就沒有國際安全問題存在；事實上，自古以來，國際都是諸國林立，爭戰不斷。）是故國家安全從來都要在國際架構上思考安全威脅的來源，進而找到獲取安全的途徑。

國際間古來也只有平行、協調關係；沒有垂直的指揮、隸屬關係，也就是從來沒有一個被普遍承認為超國家的世界政府組織，來對國際秩序與紛爭，做最後與最高的統裁，目前的聯合國也沒有此種能力。這是首先要了解的國際社會之本質，一般稱為「國際無政府狀態」（International anarchy）。

國際雖處於無政府狀態，但自一六四八年衛斯法理條約（Westphalia Clause）後，開始把獨立的主權國家（Sovereign State）視為國際社會的主角，至今似未曾鬆動。所謂「主權國家」，是指一個有獨立主權的政治實體（Political Entity）。我們所稱的「國際政治體系」，就是許多政治實體或國家，因接觸而構成的國際社會，由此國際社會產生的政治體系。國際政治體系有兩大構成要素：

㈠獨立的主權國家或民族國家為主，區域性或世界性的國際組織為輔，以及少數具有合格的獨立政治實體。

㈡國際間的關係（Interrelationships）和互動（Interactions）[1]

國際間有著無政府狀態的本質，也有相當程度的體系關係，但各主權國家的利益大都是相互衝突的，極難整合成一致。因此，國際間的戰爭、衝突、屠殺、恐怖主義暴行等各種行為，依然不斷發生，且難以管制，呈現相當高程度的「叢林法則」規範。

二、國際政治體系維持安全與和平的途徑

主權國家固然是國際政治體系的主角，但國際間若任由「國際無政府狀態」和「叢林法則機制」發揮到極致，則全球恐將「永久性」的成為殺戮戰場。自古以來，人們用很多方法（制度或組織），以獲取國際間的和平與安全，確保自己國家的利益和安全。方法雖多，歸納起來不外兩種途徑。[2]

㈠平面佈局的權力均衡（Balance of power）途徑

由國際社會各主權國家，以權力政治為基礎的平面權力佈局，權力鬥爭和國力投射為重

要手段，各自本身的國家利益與安全為互動依據。經由此一途徑亦能阻止戰爭，獲取和平與安全。

權力均衡理論認為，權力不應高度集中於某一方面，而應有相當程度的平均分配，才能產生制衡效果。權力均衡的運作包括建立軍備、同盟（alliance）或聯盟（Coalition）等。冷戰時期，美蘇透過各自建立的北大西洋公約和華沙公約，進行長期抗衡；在亞洲則有美韓、美日和中美共同防禦條約所建立的雙邊條約。此一途徑運作到最極致時便是「核子恐怖平衡」，勿論如何「恐怖」！至少在權力均衡狀態下維持半個世紀的國際和平與安全，也確保了許國家的和平與安全。

今天雖有聯合國的存在，但一般學者認為權力均衡理論還是唯一的基礎，一方面人們努力在追求平衡，另一股勢力則在推翻平衡，戰爭、和平與安全，便在各方之間擺蕩。

㈡垂直佈局的權力協和（Concert of power）途徑

也是由國際社會各主權國家，以權力政治為基礎的垂直權力佈局，否定權力鬥爭，以是非善惡為準則，進而阻止戰爭，獲取和平與安全。

權力協和理論認為，國際政治體系應建立在法律和有效的國際組織基礎之上，各主要強國均應參加並負主要責任。對任何威脅和平與安全的行為，應採行集體制裁。權力協和途徑的實踐嘗試，近二百年來只有三個實例：拿破崙戰爭後的神聖同盟、第一次世界大戰後的國際聯盟和第二次世界大戰後的聯合國。

按權力協和途徑，建立一個最高機制統裁的世界政府，是人類實現大同世界的最後夢想。眼前正在興起的是合作與共同安全（Cooperative and common Security），它避開「垂直與平衡」的迷思，把和平與安全建立在雙方的信心誠意基礎上，或許這是二十一世紀的新機制。

目前在聯合國的權力協和架構下，可以有組織、有制度的維護國際安全者，便是區域安全和集體安全二者。[3]

三、區域安全與集體安全

(一)區域安全（Regional Security）

按聯合國憲章第八章「區域辦法」的安排，明訂區域安全規定。這是針對世界局部地區維持安全和平的辦法，其要旨如下：

1.本憲章不得認為排除區域辦法或區域機關、用以應付關於維持國際和平及安全而宜於區域行動之事件者；但以此項辦法或機關及其工作與聯合國之宗旨及原則符合者為限。

2.會員國將地方爭端提交安全理事會前，應依區域辦法，由區域機關力求和平解決。

3.如無安全理事會之授權，不得依區域辦法或由區域機關採行任何執行行動。

4.區域機關依區域辦法所採取任何行動，不論何時，應向安全理事會充分報告之。

(二)集體安全（Collective Security）

用聯合國整體會員國的集體力量，（保護各會員國的安全，所以集體安全的核心思考是集體防衛，其根本目的亦在發揮集體力量，保護個別與集體的利益，為使集體安全成為可行的制度，有下列四部份的設計安排）：

1.憲章明文規定。一到七章規定解決國際和平及安全問題，並用集體手段行之。

2.由大會通過「聯合維持和平決議案」。

3.軍事參謀團之設置。

4.聯合國維持和平部隊。

聯合國自成立以來，集體安全制度的運作，以韓戰和一九九〇年波斯灣戰爭為較佳模式；區域安全制度，則以歐洲安全合作會議（CSCE）較佳，而「亞太安全體系」則尚在摸索階段。亞太地區安全變數多（兩韓、南海、台海），建構可行的安全機制，應是未來努力的目標。

本文雖然把國家安全區分成軍事安全、內部安全和國際安全三個範疇論述。惟未來國家安全敏感度日愈升高，且軍事與非軍事，內部與國際之間的分界則更模糊。國防與軍事安全成為最貴的「商品」，恐將越來越難以「降價」了。

當我們都可能陷在國家安全的困境時，我們愈要重新思索西哲亞里斯多德（Aristotle，西元前384-322）的智慧。他認為「慎思是人類最神聖的活動」，所有人所建造的東西都不能成為安全的避難所，只有慎思理性才是牢不可破的堡壘。

註譯

❶孔令晟，大戰略通論（台北：好聯出版社，84年10月31日），第一篇第一章第一節。

❷關於這兩種途徑的詳解可另見，陳福成，大陸政策與兩岸關係（台北：黎明文化出版公司，91年9月），第四章第一節「國際政治體系與當前國際政治環境概觀」。

❸陳福成，國家安全與戰略關係（台北：時英出版社，2000年3月），第一章第四節。

國家安全政策的製訂

國家安全政策（National Security Policy）不僅是公共政策，更是國家重大之政策，在美國常把國家戰略（National Strategy）對外公開稱為「國家安全政策」。❶國內學者把國家政策分成「一般性國家政策」和「國家安全政策」，後者是與國家安全發生直接關係，並為達成國家目標的特別政策，故其內涵包括政、軍、經、心四大部份。

再者，國家處於非常時期（戰時、變局或分裂狀態中），國家安全政策又須策訂「非常時期政策」（如南北韓的統一政策、前西德的東進政策、我國的大陸政策）。目前我國仍處分裂狀態，國家安全政策以國防、外交、經濟及大陸政策四者為要，是本章論述主題。

第一節 國防政策

自古以來，有國家就有國防，國家興亡最直接的關係也通常是國防政策，故我國九十一年國防報告書明白的說，國家安全政策為廣義的國防政策；而國防政策亦為狹義的國家安全政策，也就是軍事政策。❷但一國之國防政策也有更高的意義，如中華民國憲法第一三七條明訂國防目的：「中華民國之國防，以保衛國家安全，維護世界和平為目的。」國防法第一章闡明「中華民國之國防，以發揮整體國力，建立國防武力，達成保衛國家安全，維護世界和平為目的。」簡言之，國防政策就是政府保障國家安全所採取的廣泛行動路線與指導原則，其制訂的相關因素頗複雜，但有一般通則，也有若干特例。

一、影響國防政策制訂的六項重要因素

㈠國防思想

一個國家的國防思想。是基於國家的立國思想而產生，而立國思想是由一國的民族性與哲人思想形成。例如，我國的國防思想必然和孫中山建國理念一致，也受更多先賢的影響。

㈡國際情勢

包含世界全局形勢，盟國或友國可能的援助，危害我國之國家及其國力狀況。美國「九一一」事件後，國際恐怖份子及美國，也是各國評估安全情勢的對象。

㈢國家安全威脅來源

此種威脅來源因素很複雜，例如國家解體；新國家建立過程中的整合、認同與統一之過

程；領土擴張政策；意識形態之爭；傳統的敵對者；其他政治，經濟及心理亦有可能。

(四)國家利益與國家目標

政治、經濟及社會發展所須確保者，為國家利益，國家目標則有永久與階段性，我國憲法第一條：「中華民國基於三民主義，為民有、民治、民享之民主共和國。」這是我國永久性的國家目標。我國現階段國家目標，依九十一年國防報告書所示有四：

1、確保國家主權獨立與完整。

2、維持兩岸關係穩定，促進亞太地區的和平與安定。

3、維持經濟繁榮與成長，確保國家的持續性生存與發展。

4、深根台灣、布局競逐全球。

(五)歷史與地理因素

任何國家政策的決定，必然受到歷史與地理因素影響，幾何斷言絕無例外，地理是歷史的發源，是歷史的乳母，是歷史的薰陶所。[3]

(六)國防武力建立——國軍軍事戰略計畫

這裡有「為何建軍？如何建軍？建立多少軍隊？如何使用這支武力？」等四個問題。[4]

(七)中華民族主義

在中國，民族主義是安全的源頭，國防、建軍都必須考量民族情感，任何想要脫離中華民族的政策都是不安全的，很危險的。

二、國防施政方針與組織體系

為建構「全方位」、「全民參與」、「總體防衛」、「國防法制化」之國防，以達到「國防與民生合一」的目標。

㈠建設現代化國防

建立有效嚇阻，防衛固守的現代戰力；提昇人力素質，採用企管理念，精進行政效率；著力於國防科技自主的提昇；持續實施「精進案」（組織與兵力結構調整）。

㈡建立危機處理機制

強化「全方位安全」理念，提升危機處理能力；針對恐怖行動與「超限戰」的新威脅，建立處理機制；因應全球反恐怖行動，支持政府善盡國際成員責任。

㈢推動區域安全合作

配合政府持續推動區域軍事、政治、經貿、文化等交流；廣拓軍事情報預警管道，預防戰爭與衝突；建立兩岸軍事互信機制，追求台海永久和平。

表 2-1　國防部組織系統表

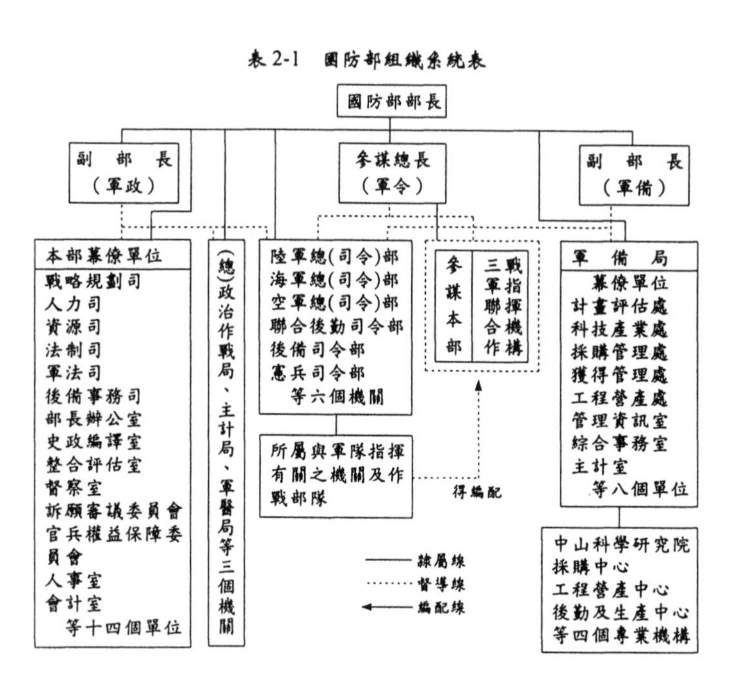

(四)落實「三安政策」

在部隊安全才能確保戰力，在軍人安家才能提高官兵尊嚴與地位，在軍眷安心才能強化部隊與軍眷的雙向溝通。

(五)現代國防的組織體系❺

現代國防組織所須要的型態，乃居於「第三波戰爭」，及各種不確定的安全威脅（如恐怖主義）因素而需要之調整。

我國的國防組織體系如表所示，由部長指揮督導軍政、軍令、軍備三個體系。用以發揮三者之專業功能，遂行國防任務。

三、我國現階段國防政策

因應各種主客觀環境之安全威脅，我國現階段國防政策以「預防戰爭」、「維持台海穩定」、「保衛國土安全」為目標：

㈠建構足夠防衛能力，防止衝突，預防戰爭。

㈡透過安全對話與交流，促使兩岸軍事透明化，以維持台海穩定，確保區域安全。

㈢止戰不懼戰，備戰不求戰；若敵強行進犯，將傾全力保衛國土安全。

好的國防政策至少應有基本戰略，長程計畫與未來導向，如何制訂更好的國防政策，以確保國家安全，不僅是國防部的職責，更需要全民支持、監督，才是保障國家長治久安之道。

再者，為預防戰爭的發生，阻止台獨應為國防重要政策之一，而追求統一仍為國軍使命，我國軍官兵應有此體認。此應為九十五年國防報告書中，以「預防戰爭」為軍事戰略內涵的道理，故「不獨不戰」是有其源頭深意的。

註譯

❶鈕先鍾，「國家戰略基本理論簡介」，三軍聯合月刊，第十九卷，第四期（民國70年6

月），頁七二～七九。

❷中華民國九十一年國防報告書，第二篇「國防政策」。

❸Will and Ariel Durant，鄭緯民譯，歷史的教訓（The Lessons of History）（台北：63年2月，五版），頁六。

❹詳解可參閱同❷。

❺同❷，頁八五。

第二節　經濟政策

經濟（Economy）是甚麼？可以簡單的說，經濟是一種價值（Values），也是一種利益（Interest），不論個人或國家，幾無例外的在追求各種形式的價值和利益。❶但中國人之論經濟，在範圍上比西方人寬廣得多，先總統　蔣公在「中國經濟學說」一書中說。「國家的經濟本務，一方面是養民，養民即民生，他方面是保民❷」故稱經濟為「建國之學」。

經濟即是建國之學，則經濟政策就是支持國家生存與發展的重要政策。經濟實力之強弱或經濟政策之成敗，當然就關係到國家之安危、命運及前途發展。

一、國家與歷史發展的推手：一隻看不見的手

自從亞當史密斯（Adam Smith, 1723~1790）發現「一雙看不見的手」（The Invisible Hand），這雙「隱形手」推著歷史，甚至一個政權或國家前進。（作者解：這雙隱形手不待史密斯發現，在他之前早已存在。）有時候也推倒了一個個政權或國家，推倒了前蘇聯及東歐共產國家，推開了紅色中國的大門，走向「社會主義市場經濟」。在台灣維持五年的「戒急用忍」，也被隱形手推開，「三通」已勢在必行。

這雙「手」是甚麼？是私有財產制（Private Property），是利己（Self-interest）的驅動，是最大限度的自由放任（Laissez nous faire or Leave us Alone），一言以蔽之日「競爭與自由市場制度」。假設不要「利」，整個資本主義市場，民主政治體制或市場經濟制度，將在一夜間，全部隨之瓦解。

前美國國務卿兼國家安全特別助理季辛吉（Henry A. Kissinger）在「核子武器與外交政策」一書中說，美國靠生產力壓倒對方，才在兩次世界大戰中獲得勝利。❸原來經濟力（生產、資源、技術）的優勢，就是軍事優勢。

二、經濟力與國家安全的關係

當經濟與國家興亡產生關係後，再把範圍縮小到安全層面上，就與國家安全有了更直接的「結構性關係」，可如圖及說明示之。[1]依據吾人研究，經濟與國家安全可以從下面五點觀察[1]：

㈠經濟競爭力與國防軍事存在的因果關係。
㈡國家競爭優勢即國力優勢，即國家安全優勢。
㈢兩岸競爭合作消弭武力衝突，維護國家安全。
㈣國防軍事上的有利因素助長經濟競爭力。
㈤經由「痛苦指數」可觀察國家安全與競爭力的高低。

圖 2-1　經濟與國家安全各層面關係

核心：
經濟安全

內圈：
國家安全之經濟因素

中圈：
國家安全利益

外圈：
國家利益

說明：

(一)外圈：國家利益：包含軍事與經濟在內的所有國家利益。

(二)中圈：國家安全利益：任何重大的國家利益。在軍事上主要是維持國家領土、主權和政治制度完整，在經濟上主要是保護人民生活水準以及國家經濟主權與實力地位。

(三)內圈：國家安全之經濟因素，涵蓋經濟與安全互動的所有層面，包括以經濟手段達成重大經濟利益目的，以政治、軍事手段達成重大經濟利益目的，以政治、軍事手段達成重大經濟利益目的，以及達成國防安全目的的經濟手段。

(四)核心：經濟安全，即重大的國家經濟利益，包括人民生活水準以及國家經濟主權與實力地位。保衛重大國家經濟利益的作法不僅包括以經濟手段獲取重大經濟利益，尚包括以政、軍手段達成重大經濟利益目的。

三、經濟政策的內涵

經濟因素即然是國家與歷史發展的推手，經濟力即然與國家安全有了「結構性關係」，則甚麼樣的經濟政策（Economic Policy），才合乎國家生存與發展呢？首先我們須了解經濟政策的內涵，歸納大致有以下五項。❻

(一)經濟政策的目標

包含充分就業、增加生產力、維持物價穩定、促進所得平均、資源合理運用與分配、改進國際收支地位、配合國防軍事上的需要。

(二)經濟政策的工具

大體上有三種；預算運用、貨幣控制及直接管制經濟活動。

(三)財政政策的運用

通常促成經濟活動之平衡，重要措施有稅收增加或減少、財政增加或減少。

(四)財政政策和貨幣政策共同使用

(五)直接管制政策

通常國家處非常狀態或戰時，直接管制幾為必須。如物價管制、配給政策或外匯貿易管制等。

四、現階段我國經濟政策

我國經濟政策在憲法中早有明定，第一四二到一五一條所規定的民生主義基本原則，私人資本之節制與扶助及農業發展等。這是國家永久性經濟政策，現階段經濟政策應為：

(一)經濟發展、環境保護與民主政治並進

此三者必須找到「平衡點」，三者缺一不可，其中之一受到制壓，都會產生嚴重的負作用，甚至不利之後果。

(二)產業結構升級，迎接廿一世紀挑戰

以「技術層次高、附加價值高」為目標，消化並改良外來技術，使之成為「台灣技術」。在政府方面，建構優質的經濟發展環境與制度。

(三)增強兩岸經貿往來，化解兩岸敵意

大陸是台灣最佳的「天然腹地」，有最大的市場容量。「大膽西進」，有生意可做，又能化解敵意，真是一舉兩得。完全三通是台灣經濟的「救命仙丹」，台獨將使人財兩失。

(四)從經濟安全的核心思維提高競爭力

由於全球化趨勢與資訊革命的快速，全球經濟的依賴體系隱然成形；而在亞洲「經濟就是安全」。經濟政策必須配合國家安全政策，提昇總體國力，確保國家安全。

總之，我國經濟政策受到三個驅動力；台灣產業求生存發展、中國市場的拉力、全球經濟競爭力。經濟發展與國家安全如何兼顧？恐怕仍是未來努力的方向。而「一個中國」則是兩岸最大的市場，以全中國為腹地和市場，台灣才能從邊陲脫困，更有機會成核心，前民進黨主席許信良的「大膽西進」便是如此思惟，這是合乎國家安全的經濟政策。

註譯

❶關於價值與利益的分析，可參閱陳福成著，大陸政策與兩岸關係（台北：黎明文化出版公司，91年9月），頁二九～三二。

❷蔣中正，「中國經濟學說」，蔣總統集，第一冊（台北：國防研究院，民國50年7月1日壹再版），頁一七二～一七九。

❸Henry A. Kissinger，核子武器與外交政策，胡國林譯（台北：黎明文化出版公司，73年6月），頁一八。

❹蔡政修，「國家安全概念分析─兼論經濟安全的意涵」，中華戰略學會，九十二年春季刊

（民國92年4月1日），頁五七。

❺陳福成，國家安全與情治機關的弔詭（台北：幼獅文化公司，1998年8月），第三篇「論國家競爭優勢——兼談競爭力優勢與國家生存安全」乙文。

❻經濟政策內涵詳述見，陳福成，國家安全與戰略關係（台北：時英出版社，2000年3月），第二章　第三節「經濟政策」。

第三節 外交政策

國父在講民族主義時，提到國家亡於政治力者有兩種，兵力與外交。「如果用外交，祇要一張紙和一枝筆，就可以亡了中國。」這個「一張紙和一枝筆」就亡中國，講的就是外交的力量。古今中外有許多國家，其遭受割地賠款之辱，乃至亡國，固然有其內部因素，但外部（外交）也是一股不能忽略的力量。

一、外交是國家關係的工具

「外交」（Diplomacy）一詞有多種涵意，常被當成運用權謀術略，處理國家間之事務；有時當做是「外交政策」的同義語；也可以是國與國之間的談判，若參加國家有兩個稱之「雙邊外交」，兩個以上則稱「多邊外交」。

現代國家多把外交當成國際關係的工具，為達成國家目標，獲取或維護國家利益的重要手段。在「美國國家安全」一書，認為「外交是國家在國際上維持邦誼及謀求發展的主要工具。」[1]所以，外交是國際關係或國際權力運作的核心工具。不論平時或戰時，國與國之間的合作、溝通、援助與化解歧見，乃至同盟、聯盟或條約簽訂等，都須經由外交關係進行適當處理。

二、外交的基本功能

外交即然是一種國家間的「工具」，就必須有它的基本功能，這些功能通常由外交人員完成之。

㈠**保護**（Protection）

包含自己國家利益、僑胞利益為首要保護對象，特別在戰時或斷交，如何維護國家利益及本國人民的生命財產，都是駐外使節必須負責完成的任務。

㈡**代表**（Representation）

駐外使節是國家的代表，也是國家的發言人，他代表國家，把自己國家的政策儘可能向駐在國之朝野說明或溝通。為此，駐外使節必須與駐在國朝野建立良好關係，以利任務之達成。

(三)觀察和報告（Observation and Reporting）

外交人員是政府在國外的耳目；在合法範圍內有觀察和報告的責任，但不可從事非法活動，觀察和報告要目有六：

1.駐在國之國際關係、現況及未來趨勢。

2.駐在國之政治、軍事、社會現況，及其未來趨勢。

3.正在國會中討論的法案，與本國有關的法案情況。

4.工業、科技、教育、社會新資訊。

5.駐在國之國家安全情勢（內戰、種族、衝突、恐怖主義等現狀）。

6.可能相互合作或援助的地方，例如人道或人權援助，在國際上可以相互合作的議題等。

(四)談判（Negotiation）

外交談判為達成一定之目的，透過基本程序和方法，甚至有許多是秘密的，法國外交家柯利兒（Francois de Carillieres）就說：「秘密是外交的靈魂，保持秘密是外交家的基本條件。」[2]整個談判運作的過程，可能運用下列一項或多項合用。

1.勸服、利誘、利益交換、折衷妥協。

2.施加壓力：如召回大使、抗議。
3.報復：有政治、經濟或軍事性質者。
4.斷交、斷約或中止任何合作關係。
5.第三國調停或國際組織介入。
6.非正式外交運作，如收買、暗殺、顛覆、「戰爭邊緣」的軍事行為。

三、外交政策的目標

儘管有些時候，外交活動是秘密的，因為某些特別的外交工作「見光就死」。但一個國家的外交政策卻必須是公開的，且政策目標也應盡可能明確。一般外交政策的目標如下：

(一)維護國家利益，確保國家安全。
(二)維護本國人民在國際上的榮譽與福祉。
(三)維護國家主權之完整，確保獨立自主的地位。
(四)爭取邦交國、國際輿論及軍售等特定目標。
(五)確保國家在國際上的聲望，解決國際爭端，維持世界和平。
(六)在戰時，則須配合戰爭目標，盡力達成所望之標的。

四、現階段我國外交政策

我國外交政策明訂於憲法第一四一條規定，中華民國之外交，應本獨立自主之精神，平等互惠之原則，敦睦邦交，尊重條約及聯合國憲章，以保護僑民權益，促進國際合作，提倡國際正義，確保世界和平。以上是我國永久性外交政策。

現階段我國仍處分裂狀態，面對此一特別局面，為確保國家安全與利益，近二十餘年來，始終以「務實外交」為現階段外交政策，其基本理論、方法、目標如下：

㈠務實外交的基本理論

以不拘官方、半官方或非官方之形式，在國際舞台上折衝樽俎，廣結善緣的作法稱「務實外交」，或可叫「彈性外交」，其基本理論依據是：

1、務實外交是獨立自主國家行使其主權的國際行為。

2、行為主體是具有國際法人地位的國家或政治實體。

3、依據中華民國憲法及國際法行使國家主權，爭取應有的國際生存權。

㈡務實外交的方法

以不拘一切形式，即一般所稱「第二條途徑」（Track-Two），積極參與國際活動；提供對外援助，包含人道救援或技術合作及貸款等。

㈢**務實外交的目標**

1、以「治權論」暫代「主權論」以爭議。

2、讓世人了解兩岸的存在事實，雙方政治對等，從分裂中謀求統一。

3、近程目標是生存發展，遠程目標是國家統一，務實外交只是達成目標的手段。

綜合論之，我國的務實外交必須與大陸政策取得平衡（平衡代表安全獲得維護）。是故，務實外交不與中共正面交鋒，不硬碰硬；不與中共全面交鋒，縮短戰線，節約我方資源；「以小事大」應有智，智者不以力取勝，而在良好關係中達成目標。如此，務實外交方期有成。

而根本突破外交的方法，只有回到「一個中國」，在中國統一的架構下，成為中國的一員，我們不也一樣在聯合國有席位，不也一樣和世界各國有邦交嗎?身為一個中國人可以「合法」的走遍全世界。如果搞台獨、搞一中一台，再搞也不會有外交，現實便是如此，每個外交官都心知肚明。所以，未來真正可以大開我外交空間者，必在「一個中國」架構下，別無他途，至於在「一個中國」下，要「二制」或「三制」則尚待演變發展中。❸

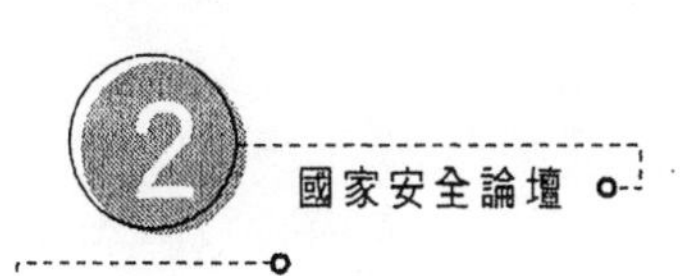

註釋

❶ Daniel J. Kaufman, Jeffrey S. Mckitrick, Thomas J. Leney, U.S. National Security (Massachusets: Lexington Books, 1985), p.19.

❷ 李其泰，國際政治（台北：正中書局，民國65年3月台七版），頁一三四。

❸ 在海外有學者吳南風「ALAN WU」，積極推動「一國三制」，成立促進會，積極宣揚。

第四節　大陸政策

目前兩岸關係處於緊張狀態中，國內又有統獨之爭，導致我國大陸政策日愈繁複與弔詭，幾陷於困境中而難以安全的超越，國家安全最大的威脅莫過於此，縱觀歷史，橫察中外，各國統獨之爭，當政治方法用盡，似乎最後的手段只有戰爭，但戰爭不能解決問題，且製造了更大的問題。戰爭雖然製造更大的問題，卻是解決統一最快的方法。

這一代的兩岸中國人，如何用政治方法，和平解決統獨之爭，避免用戰爭方法解決問題，應是最大的智慧考驗。為提供最安全、最佳方案與「最具真相」的研究，本文從大陸政策的基本性質、常與變、大陸政策與兩岸關係的最後解決三方面簡述之。[1]

一、大陸政策與兩岸關係的基本性質

基本性質是一種「本質」，是一種原生存在的「基本面」，幾乎無法改變的結構，勿論稱「兩岸關係」或「大陸政策」，都存在兩種無法改變的本質，再呈現出一種複雜的現狀。

第一種本質是地緣關係，地緣（Geo）是土地的結合辭，意指一塊土地與相鄰另一塊土地的固有關係。地緣關係不屬於歷史文化，但是歷史文化的「框架」；也不屬於政治或經濟，但政經政策非得依據它來設計執行不可。兩岸間這種先天的本質反應在人民生活中的結構關係，可如附圖 2-2 示之。[1]

兩岸共同建構的地緣關係，放到世界大舞台的棋盤上，台灣就變成兩大強權間的「夾心餅干」，如附圖2-3示之。

第二種本質是曾經在這塊土地上出現過的歷史、文化與文明。基本上台灣的深層土壤中仍然是以中華文化為內涵，只是數百年有其他文化（西方文明、殖民毒害等）入侵，可以列附表2-2示之。

圖 2-2 大陸政策與兩岸關係的地緣關係變項圖解

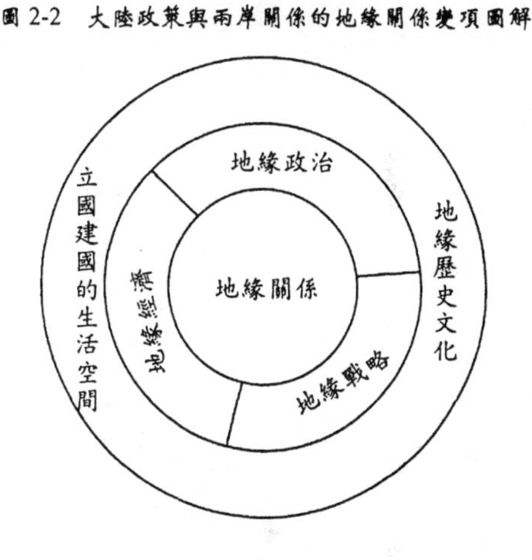

圖 2-3 台灣地緣戰略與陸洋對抗線

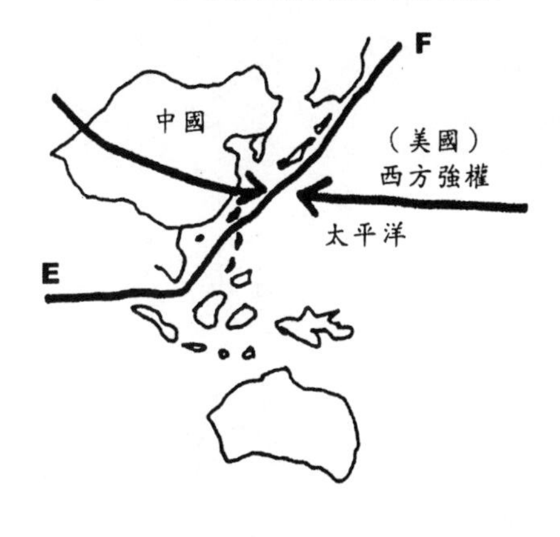

表 2-2　大陸政策與兩岸關係的縱向歷史變項因素統整表

<table>
<tr><td rowspan="10">殖民遺毒、強權擴張爭食、政治發展、現代化</td><td>（未來）
統獨選擇</td><td rowspan="10">中華文化、西方文明、共產主義、台灣自主意識</td></tr>
<tr><td>政治版圖重組
民進黨執政</td></tr>
<tr><td>解嚴開放</td></tr>
<tr><td>戒嚴時代</td></tr>
<tr><td>228 事件</td></tr>
<tr><td>台灣光復</td></tr>
<tr><td>日據時代
（皇民化運動）</td></tr>
<tr><td>清治時期
（台灣建省）</td></tr>
<tr><td>鄭領時期</td></tr>
<tr><td>荷領時期</td></tr>
</table>

由前兩項基本性質經千百年演變，此刻我們從現狀做一個橫切面觀察，大陸政策與兩岸關係所涉及的變項可如附圖 2-4 示之，以上我們從深層的結構面，看清了大陸政策所涉及的本質與現象，使得大陸政策確實難纏難解。

二、大陸政策制訂、執行與困境：常與變

在法律或理論上，中華民國的大陸政策目前仍以八十年「國統會」所通過的國統綱領為依據，這是大陸政策的「常」。按國統綱領內涵，可用「一國兩區三階段四原則」說明之。

(一)「**一國**」：**中華民國**

指民國元年建立迄今的中華民國，民國三十八年後，兩岸形成分裂局面，中華人民共和國不等同於中國，中華民國也不等同於中國，二者都是中國的一部份。因此，兩岸都要為中國之統一貢獻智慧和力量。

(二)「**二區**」：**台灣地區與大陸地區**

就政治現實及現狀看，兩岸是「一個中國」分別在不同地區行使其合法有效的統治權，雙方都不能代表全中國，但雙方都是一個政治實體，兩岸是平等對等的政治實體。

(三)「**三階段**」：**近、中、遠程完成統一**

近程：交流互惠階段。

中程：互信合作階段。

遠程：協商統一階段。

(四)「**四原則**」：**和平、理性、對等、互惠**

回顧我國大陸政策，自國統綱領頒布以

圖 2-4　大陸政策與兩岸關係的橫切面變項觀察圖解

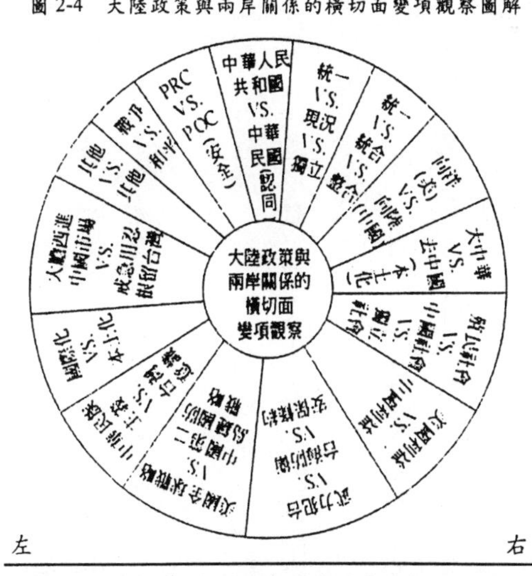

註：本圖乃將拙著：解開兩岸10大弔詭（台北：黎明出版，九十年十二月），一書，全書意理濃縮而成，可見該書深入剖析。

來，執行上面臨許多困境，歸納起來可以說是三種「變」局。其一是西方強權（美國為首）拉住台灣，用以圍堵中國，確保他們的利益（如附圖2-3所示，其二是中共的「一國兩制」，非台灣人民所要，且兩岸歧見太多。其三是國內的台獨路線（即國內自己內部的統獨之爭），就是獨派內部也有「大膽西進」與「強本漸進」之爭。是故，我國的大陸政策始終在風雨中飄搖，目前其實沒有全民共識與落實可行的大陸政策。

本文我們研究國家安全政策中的四大政策（國防、經濟、外交與大陸政策），但國家安全政策與其他方面依然密不可分的關係，例如資源、地理、歷史或文化背景，乃至國際現實環境與內部政局的轉變等，都是國家安全政策的重要考量。

因此，我們必須說，國家安全政策者，國之大事，死生之地，存亡之道，不可不察也。民進黨的台獨政權以「319槍案」竊取大位後，事實上已是「不法政權」，加上陳水扁的「廢統」，目前已經沒有可行可信的大陸政策，這誠然是很危險的。台灣會走到這一步，真是很悲哀，國家人民之不幸和不安，莫此為甚！

註譯

❶附圖2-2、2-3、2-4及附表2-2，均已先用於陳福成著，大陸政策與兩岸關係（台北：黎明文化公司，91年9月），第一章。

訪鈕先鍾先生談國家安全

國家安全（National Security）是近年來朝野人士，軍方及學術界所關注的重點事務，教育部軍訓處乃著手規劃「國家安全」此一新課程，國立臺灣大學軍訓室更率先從民國84學年度下學期開始，開「國家安全」課程以供同學選修，為深入瞭解有關國家安全理念，特別訪問國內有名的戰略學家鈕先鍾先生。❶

85年元月16日筆者由鈕先生的大弟子丘立崗博士（臺北師範學院社會科教育學系兼社會科教育中心主任）陪同，於上午9點多到達鈕先生的居所。鈕先生著一襲灰黑色長袍，一副「仙風道骨」的微笑迎接我們的來訪。因事先獲准的訪問時間是上午10點到12點，一陣寒暄後立即進入主題，訪問內容頗多，本文僅先從國家安全的涵義、影響因素及範圍（途徑）論述之。

壹、國家安全的涵義

美國前國防部長布朗（Harold Brown）曾對國家安全下過一個定義：「國家安全是一種保存國家物資和領士完整，在合理的條件上維持其與世界其他地區間之經濟關係；保護其國家特性、制度，和統治不受外力擾亂，以及有效控制其國界的能力。」❷布朗所體認的國家安全，實已經包含國家的政治、經濟及軍事制度，並擴張到國際關係的層面。這是因美國的國力足以影響世界事務，並且確保其世界領導者地位的考慮。

國內學者曾復文先生簡單的說：「國家安全是國家持續生存與發展的保障。」❸這是一個適合國情的說法，因為我們現在亟需生存與發展，但鈕先鍾先生在界定國家安全時特別重視「對抗威脅」，他說：「國家安全是國家利益受到威脅時，對抗各種威脅所採取的有效措施。」❶沒有威脅就沒有安全問題，而安全是人類基本需求，故安全一但形成「問題」，就要立即加以對抗克服之。

然而，鈕先生所說「國家利益」又是甚麼呢？這是一個不易覓致一定答案的問題，惟通常認為凡是與國家領土主權完整、政治獨立、經濟繁榮與民生樂利有關事項，便是國家利益所在。國軍在教戰總則第一條說：「國民革命軍以實現三民主義，確保我中華民國之獨立、自由、平等與維護世界和平為目的。凡有侵犯我領土主權，及妨礙我主義之實行者，須全力掃除而廓清之，以完成我革命軍人之神聖使命。❺」

由上可知，原來國軍就是國家利益的主要保衛者，鈕先生所說的「國家利益」（National

Interest），乃指國家之安全、經濟與發展。[6]國軍所要確保者，不僅是國家安全，還有經濟利益及國家長遠的生存發展。因此，從上面各家對國家安全的不同定義中，可以把國家安全歸納成下列涵義：

㈠國家生存不受威脅，這是國家安全的基本涵義。

㈡確保國家領土完整，不受任何侵略。

㈢政治獨立和主權完整，確保應有之國際地位。

㈣維持政治制度及經濟發展的有效。

㈤確保某種理念之實現（如思想、主義、生活方式等）。

貳、威脅國家安全因素

國家其實如同個人，每個人從出生、成長到成家立業的過程中，隨時都會遭逢劫難，隨其「生老病死」的轉換，真是到處有「安全顧慮」，隨時都有威脅安全因素的存在。國家由眾人組成，威脅國家安全因素則當然更多，且更複雜，茲舉例如下：

㈠有侵略性的鄰邦，如二次大戰前的德、俄和日本等國，不斷對其四鄰的擴張侵略，中國受害最大。

㈡來自傳統的敵對者，如以色列和阿拉伯國家的世仇，中俄在十八、十九、二十世紀間有近三百年世仇。

㈢爭奪經濟利益，如西方列強在十九世紀為爭奪殖民地及其經濟利益，發動許多侵略戰爭。

㈣意識形態之爭，如歷史上的十字軍東征，一九一七年蘇聯共產革命成功，企圖赤化世界，掀起許多國家內部的暴動、內戰，中國首當其衝。

㈤國家形成後，其發展過程中，因內部產生的國家整合（**National Integration**）和國家認同（**Natinal Identity**）困境，形成長期內戰。

㈥國家解體，如蘇聯解體，這是政治改革或社會變遷的失控，造成強權解體原因可能比較複雜，如歷史上的羅馬帝國、鄂圖曼帝國，甚至最近前南斯拉夫解體成五個國家，至今戰火未息，這些都和種族、文化之間的衝突有很大關係。[7]

以上不過列舉大端，鈕先鍾先生也認為不同發展領域及程度的國家，其所謂「威脅國家安全因素」的因素也不同，例如規模較大的示威、遊行或罷工等群眾運動，在開發中或低度開發國家，因沒有良好的法令規章可做規範，常導致社會動亂，威脅國家安全。但在開發程度較高或已開發國家，因法令規章較完備（如我國現有「人民團體組織法」及「集會遊行法」），如處置得宜，群眾運動已能在制度規範下運作，就不再成為威脅國家安全的重大因素。

鈕先生另外再舉一實例，目前臺灣西海岸地區，因超抽地下水及不當開發，造成海岸地

區侵蝕、萎縮及地層下陷等嚴重問題。表面上看這可能僅是單純的農漁業或水土保持不當的

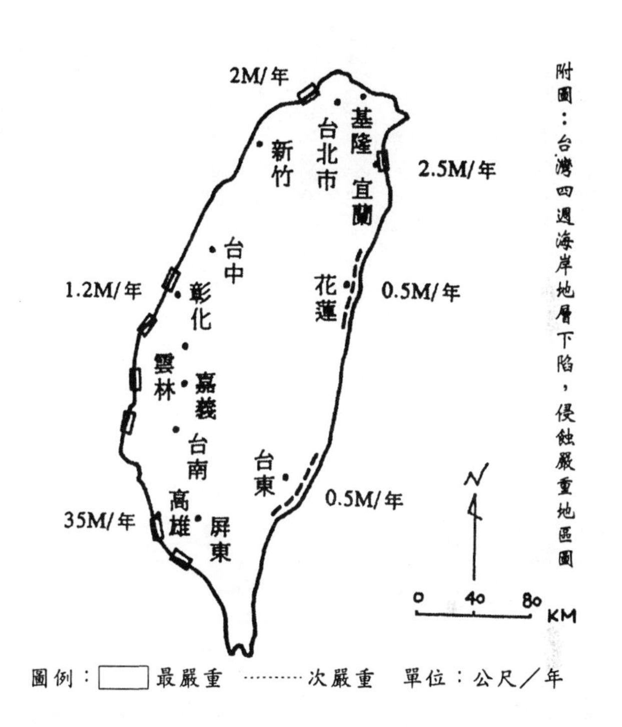

附圖：台灣四週海岸地層下陷，侵蝕嚴重地區圖

圖例：▭ 最嚴重　……次嚴重　單位：公尺／年

農經問題；但深入分析已是嚴重的威脅國家安全直接因素，其理由有二：㈠海岸侵蝕、下陷對防衛作戰工事造成的破壞，直接不利於反登陸作戰。㈡地層下陷使國土消失，是嚴重的威脅國家安全因素。❽

鈕先鍾先生的顧慮是有道理的，按國際法規定，當國家消滅後，它的國際法人地位亦隨之消滅。而所謂「國家消滅」（Distinction of States）其原因有二：㈠自然原因，如人民四散或全部移出、土地坍陷等，國家自然歸於消滅。㈡人為原因，有合併、征服、解散與瓜分等四種。❾

聽鈕先生之言，回首檢查我們美麗寶島的四週海岸，由於超抽地下水及不當開發過度嚴重，導致海岸地區地層下陷、海岸侵蝕萎縮，如附圖所示❿，舉其嚴重者條列如下：

㈠北淡水河口南岸年平均後退2公尺。

㈡雲林海岸年平均後退1.2公尺。

㈢高雄海岸年平均侵蝕量曾達35公尺。

㈣宜蘭金面附近海岸年平均侵蝕2.5公尺。

㈤花蓮、臺東海岸年平均後退0.5公尺。

另外局部嚴重地區，經學術界長期追蹤觀察及研究，也發現我們的國土在快速消失中，威脅國家安全至鉅，舉其要者如次：

㈠雲林海岸從一九〇四到一九八七年後退100公尺。

㈡高雄茄萣從一九九三到九六年海岸後退10公尺。

㈢南寮漁港海岸線從民國36年至今，後退40公尺。

㈣臺東大武、金樽和新港附近海岸，本世紀迄今，平均後退40公尺。

㈤花蓮全縣海岸本世紀迄今，平均後退56公尺，岩岸地形快速消失中。

看了這些研究報告，深感鈕先鍾先生之言絕非危言聳聽，海岸地層下陷，海水向內陸侵蝕，居民四散或全部移出，豈不正合國際法所言「國家自然消滅」。再者海岸破壞對防衛工事的影響，足使反登陸作戰不利；也許敵人不來，但我們從長遠來看，國土日漸縮小，百年之後「三萬六千平方公里」還剩多少？深值我們提高警覺。從臺灣海岸的侵蝕與地層下陷，看出對防衛作戰、國家安全有嚴重威脅者，鈕先生為第一人，足證其致學為大於微，以國土縮小來印證影響國家安全因素之多元化、複雜性。

參、國家安全範圍——確保國家安全之途徑

由於威脅國家安全因素的複雜與多面性，造成國家安全範圍在界定上的困難，可以用「其大無外，其小無內」來形容。但鈕先鍾先生認為在不同的時代背景，應有不同的界定重點，才能因應當時國情。例如一九四七年美國通過「國家安全法案」時，當時的國家安全放在國防、外交兩個範圍上。惟晚近以來許多國家的內部事務，例如因發展失控造成的社會動亂、內部權力鬥爭形成的叛變或武裝衝突，甚至社會安全制度、恐怖主義的猖獗、環保、核能安全等問題，都幾乎可以和國家安全畫上等號，所以現在談我國國家安全的範圍，比較合理與適合時代的界定，應包含國際安全、軍事安全和內部安全三個範疇，這同時也是確保國家安全的三個途徑。⓫簡要申論如後。

一、國際安全

「國際安全」（International Security）是國外學術界近十多年來才出現的新名詞。[12]名詞觀念雖新，但透過國際間國與國的關係互動取得安全，古已有之。國際安全也有許多不同形式，例如中立化（Neutralization）、中立主義（Neutralism）、同盟條約、區域安全或集體安全等。[13]

聯合國是目前最重要的國際安全組織，期能運用區域及集體途徑達成國際和平與安全，為聯合國最重要的任務。聯合國憲章第七章是「對於和平之威脅和平之破壞及侵略行為之應付辦法」，第八章是「區域辦法」。而在其憲章之第一條說：「維持國際和平及安全；並為此目的：採取有效集體辦法，以防止且消除對於和平之威脅，制止侵略行為或其他和平之破壞。[14]」

聯台國之理想頗高，但成就卻有限，臺海近年情勢緊張，仰賴聯合國發揮國際安全功能取得安全，希望似乎不大。而對區域性的「東協區域論壇」（ASEAN Regional Forum, ARF）與「亞太安全合作理事會」（Council for Security Cooperation in Asia Pacific, CSCAP）之加入則尚待努力。海峽兩岸若不能同時加入這些安全組織，無異是在國際與區域安全環境中，投入更多不安全變數。是故，如何運用國際及區域間之互動，適時調整我之國家安全戰略，乃為我必須全力以赴的工作。

二、軍事安全

軍事安全所指就是國家的建軍備戰，一個國家到底需要建立多少軍事武力，才能確保軍事安全。軍事上如何才「安全」？建立強大的三軍武力以備戰，使敵不敢輕啟戰端，若膽敢來犯，絕對能殲敵於國境之上或之外，固然可喜。然過於龐大的軍備，將間接的影響國家的經濟發展與人民生計，是故這支隨時備戰的軍事武力要多大，是許多國家傷腦筋的事。下表是目前幾個主要國家的建軍情形。⑮

如下表所示，各國依其內外環境的需要，建立其達成國家安全所要的三軍武力，以佔人口百分比來看，以色列最高，日本最低，以總兵力算，中共最高，以色列最少，日本因有「美日安保條約」保護故建軍較少，以色列雖兵力最少，但有全國皆兵的動員制度保障，全世界實無出其右者。

反觀我國目前面臨中共不放棄武力犯臺的強大威脅，民國八十五年三軍總兵力大約保持在四十二萬。按「十年兵力整建計畫」，民國一百零二年約三十萬兵力將再以「降低兵力目標」及加速現代化兩者併行，以謀提升戰力。要確保軍事安全，除現役的三軍武力外，整體國防體系的建立，與後備動員制度的有效，才是保持軍事戰力源源不斷的關鍵，只有如此才能做到「平時養兵少，戰時用兵多」的要求，解除國家的戰爭威脅。

三、內部安全

「內部安全」是一個很籠統的名詞，有內容但其體事項不夠明確。基本上是指所有影響國家安全事務中，扣除國際環境因素及國家建軍備戰之外，國家內部事務中影響國家安全部份，才是內部安全要探討的重點。

但所謂「國際環境」、「軍事安全」與「內部事務」，在許多個案研究上都發現有內外互動或連結關係，明顯的實例是恐佈攻擊事件，其事件發生地點在「國內」，但指揮策動機關總是在「國外」，而整體國防雖屬內部安全，但又為「軍事安全」之基礎。但無論如何，內部安全系統如果能運作甚佳，對威脅內部安全事件的防制仍然很有幫助。

附表　各國兵力及結構比

國名	中華民國	以色列	美國	中共	南韓	日本	法國	德國
總兵力（人）	42萬5000	14萬	202萬8000	320萬	65萬8000	24萬6000	43萬1700	40萬8200
陸（人）	28萬9000	7萬	83萬7000	220萬	52萬	15萬6000	26萬900	28萬7000
海（人）	6萬8000	3萬	66萬6000	35萬	6萬	4萬4000	6萬4900	3萬1200
空（人）	6萬8000	4萬	52萬	37萬	5萬3000	4萬6000	9萬1700	9萬
三軍比	6.8:0.6:1.6	5:2:3	4.1:3.3:2.5	6.8:1.1	8:0.9:0.8	6.3:1.7:1.8	6:1.5:2.1	7:0.7:2.2
佔總人口百分比	2%	3.1%	0.8%	0.3%	1.5%	0.2%	0.8%	0.6%

註：以一九九六年為準（二〇〇六年我國兵力已降至三十五萬，中共約二百三十萬。）

這個「內部安全」系統可以分成三個層次：基本社會與政治制度結構的穩定程度、民防與保防。

㈠基本社會與政治制度結構的穩定性：

穩定是安全的基礎，不穩定常會潛藏不安全因素，所以社會的穩定性和政治發展（Political

Development）是有關係的。發展程度愈高，民主與法治程度愈高，人民的政治活動，如人民團體組織、示威、遊行、選舉與罷免等，都能在法律規範內運作；與人民生活息息相關者，如警備、治安、保安、獄政、司法及其他公權力的執行，更能得到人民信服。一個民主法治成熟的國家，社會穩定性愈高，發生影響國家安全事件（如叛變、內亂、暴動或其他暴力攻擊等）的機率則愈低，若有也會在「危機處理」過程中妥善解決，以確保社會內部之安定。

㈡民防：

「民防」（Civil Defence）的定義乃指政府在戰爭中如何保護人民，提高存活率，並維持政府活動功能，以隨時應付戰時動員，並確保快速復元的措施。[16]這是傳統對民防的理念，限於自我保護措施，並無與敵對抗之意。惟現代民防理念已提升為一種「非暴力防禦手段」，並將一般人民與敵人的直接、間接對抗行為，視為民防之一部份，故現代民防之目的，不在改變敵人意志，而在減緩敵人達成其目標，減弱敵人繼續作戰的能力。

基於以上理由，我們可以確信民防可以維護內部安全，確保國家安全。其一，民防是整體國防之一環，民防擔負將社會力量轉化成軍事力量的責任。其二、民防雖不直接攻擊敵人，但可以妨礙入侵敵人的行動，帶給敵人威脅和嚇阻作用。其三、民防可以培養國民意志，削除國民恐懼，在佔領區中可強化抗敵心理。

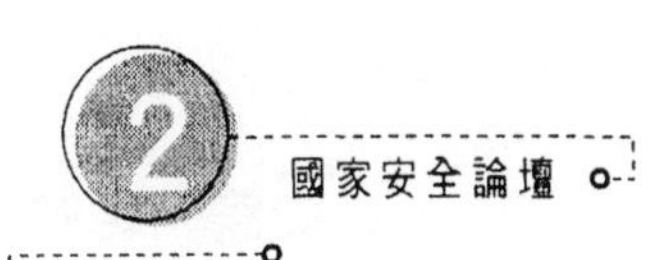

(三)保防

保防就是保密防碟，民間少數人有一種誤解，以為只有國防、軍事上才須要保防，其實在政治、經濟、科技、社會等領域中也須有保防作為。也許有的人又說，現在戒嚴時期已過，動員戡亂也已終止，何須「保密防碟」呢！非也！以老牌民主國家英國為例，其政府基於國家安全或商業機密理由，目前仍有大約250條「守密條款」的法令，保障官方可不向大眾洩漏有關軍售、政府決策過程及有關公共安全事項。其「新聞自由法」也規定不得危及國家安全，或洩漏商業機密。⓱

我國目前的保防工作除現有「國家安全法」、「陸海空軍刑法」、「總動員法」及其他有關法令規章外，最有其體功能的是最近（85年元月12日）立法院通過的「國家安全法部分條文修正案」，增訂「間諜條款」。本案主要是有鑑於現行法律對於為中共當局蒐集、交付「國防機密」之犯罪，規定固然甚為完備，但對於「非國防秘密」之「公務秘密」，則尚不夠完備，行政院特於國安法中增訂「間諜條款」，希望藉此維護國家安全和社會安定，其重要內容有：

第二條之一，人民不得為大陸地區行政、軍事、黨務或其他公務機構，或委託之民間團體刺探、蒐集、交付或傳遞關於公務上應保密之文書、圖書、消息或物品，或發展組織。

第五條之一，意圖危害國家安全或社會安定，違反第二條之一規定者，處五年以下有期徒刑或拘役，得併科新臺幣壹百萬元以下罰金。[18]

根據調查局分析，目前中共對臺滲透形態包括：政治與經濟滲透，深入黑社會組織對我進行廣泛社會秩序破壞，間接獲取我方有關軍事、兵力部署，軍事設施及武器裝備機密。在調查局的呼籲及法務部的推動下，立法院終於通過「間諜條款」，相信我國的保防工作不僅有法可依，且更落實，國家安全會更有保障，這是國民應有的共識。

結語

在訪問鈕先鍾先生的談話過程中，他強調國家安全的範圍雖大致可分成國際安全、軍事安全和內部安全三方面，但此三者界線或定義都有愈來愈模糊的趨向，或者說範圍愈來愈廣泛較妥當，因為三者之間的連絡互動關係愈來愈多，且愈複雜，有的事件根本分不清楚是屬於內部安全，還是國際安全，或者是軍事安全！

鈕先生此言似乎「語帶玄機」，使筆者仍有疑惑。但大約在訪問過後五個多月，美國發生兩件嚴重威脅國家安全事件，使我頓悟一些關於國家安全的道理，更佩服鈕先生思考問題的深遠。第一件是美國駐沙烏地阿拉伯軍事住宅區，遭受恐怖攻擊（臺北時間85年6月26日清晨3點30分），廿三名美軍慘死，三百多人受傷，柯林頓總統已指派聯邦調查局支援沙國調查處理中。第二件是美國中央情報局局長約翰杜意奇，在參議院政府事務委員會（華盛頓時間1996年6月25日）聯誼會上表示，國際恐怖組織與「他國」正運用電腦網路系統，破壞美國的國防、軍事、戰略、及能源、交通、電信、銀行與商業等整體國家安全系統；目前已由國防部、中央情報局的配合，在國家安全局之下成立一個專門反擊「電腦戰爭」的組織，以防堵對美國國家安全的威脅，進而確保國家安全。⓳類似這種「硬殺」與「軟殺」的威脅國家安全事件，在現代社會可能很難排除發生的可能性，尤其在國防、軍事與政治領域內發生機率應屬較多。「迨天之未陰雨，徹彼桑土，綢繆牖戶。」我國誠宜儘早有備，建立制度，落實執行，才是確保國家安全較佳之途徑。（本文原刊，陸軍學術月刊，375期。）

註譯

❶訪問鈕先鍾先生是在民國85年元月16日上午10點到12點，地點就在臺北市羅斯福路鈕先生的居所。由臺灣大學中校教官陳福成擔任主訪問，筆者陳梅燕負責記錄。事先做好的訪問計畫內容有國家安全涵義、國家安全範圍、國家安全政策與制度、國家安全戰略及影響國家安全因素。本文因限篇幅，僅先從涵義，影響因素及範圍論述之，再者本文不以記錄形

式發表，而作成論文格式，乃希望對鈕先鍾先生國家安全理念有所闡揚，並與各家之說比較。

本文之撰寫還有一個目的，鈕先鍾先生高齡八十餘，仍手不釋卷，著作無數，他不僅是目前國寶級的戰略學大師，也是活的「中國近代戰略發展史」，深受當代各家學者尊敬，希望本文能對鈕先生的國家安全理念留下一些記錄，並有所闡揚。

❷臺灣研究基金會編輯部，國防白皮書（臺北．前衛出版杜，1995年7月初版），頁18。

❸曾復文，「90年代中華民國國家安全戰略分析」，民國83年10月13日臺灣大學演講。

❹本文引用鈕先鍾先生講話詞，其記錄均在筆者處存放備查，加註說明，以示負責。

❺國軍教戰總則，第一條「國軍使命」。

❻雲五社會科學大辭典，第四冊，國際關係（臺北．臺灣商務印書館，民國74年4月增訂三版），頁214。

❼前南斯拉夫分裂成五個國家：（括弧內為獨立日期）

(一)克羅埃西亞共和國（1991年6月25日）。

(二)斯洛維尼亞共和國（1991年6月25日）。

(三)波士尼西亞赫塞哥維納共和國（1991年12月20日）。

(四)馬其頓共和國（1991年11月20日）。

(五)南斯拉夫聯邦共和國（包括塞爾維亞、蒙地尼哥羅，及科索夫和弗依弗丁納二自治省）

（1992年4月27日）。詳見82-83年國防報告書，頁13。

❽同❶。

❾同❻，頁216。

❿附圖及相關資料參考成功大學及海洋工程研究所教授郭金棟的研究報告；楊秋蘋，「寶島，正在一寸寸地縮小」，中國時報85年6月18日，第七版；聯合報85年6月21日，第19版報導。

⓫同❹。

⓬同❷，頁21。

⓭中立化的地位必須由條約形成，必須某國自己有意願才能造成這種地位，某國也不能片面宣告或取消中立化。至於中立主義，是國際政治上一國採取不涉入國際間同盟或衝突的政策，做為一種政治理論根據。瑞士就是中立化國家，目前的不結盟國家就是中立主義。趙明義，「國家安全的選擇途徑」，復興崗論文集，第十六期（民國83年6月30日），頁1-15。

⓮聯合國憲章，丘宏達編，現代國際法基本文件（臺北，三民書局，民國80年3月四版），頁9-39。

⓯陳福成，防衛大臺灣：臺海安全與三軍戰略大佈局（臺北．金臺灣出版公司，1995年11月1日），頁104。

⓰民防有關資料參考政治作戰學校研究部政治研究所，國家安全學術研討會論文集（民國85

年6月7日），頁5-15至5-18。

⓱中國時報85年5月30日，第33版。

⓲自立早報85年元月13日，另見當日國內各報。

⓳自立晚報85年6月26日，第12版；另見當日或次日國內各報。

訪當代戰略家鈕先鍾教授談國家安全問題

民國八十五年初，我仍任職於台灣大學之際，教育部軍訓處處長宋文將軍正推動「軍訓課程六大領域」改革，我受命負責「國家安全」課程撰寫，由當時的台大總教官李長嘯將軍指導，並由好學不倦又體貼的陳梅燕小姐（時任台大教官）擔任我的助理。

於是我和陳梅燕立即積極展開準備（蒐集資料，並訪問對國家安全素有專研的學者），在準備過程中最彌足珍貴的是訪問到當代「戰略國寶」鈕先鍾教授，事後陳梅燕小姐有一篇訪談心得刊在「陸軍學術月刊」（八十五年十一月十六日，第375期），寫得文情並茂；惟陳梅燕小姐的「訪談心得」只寫出訪問內容的一半，另外一半內容仍留在訪談筆記中，塵封的記憶已過5年多，適值新政府成立後也重視國家安全，我趁機整理這段訪談，以免年代更久後「史料流失」，那才是國家安全的損失！

訪問鈕先鍾先生的時間是民國八十五年元月十六日上午十到十二時，地點是鈕先生的台北居所（以下訪問人陳福成簡稱「陳」，被訪問人鈕先鍾簡稱「鈕」，訪問內容依順序共10個問題。陳梅燕小姐擔任記錄，並偶有寒暄、倒茶等，其禮貌性對話內容從略）。因所訪談材料廣泛，本文約略修整，但不失鈕教授之原意。

㈠陳問：國家安全的定義頗為分歧，比較適當的解釋應怎樣說？例如至少為多數人可以接受的。

鈕答：社會科學領域內要對一個「東西」下定義，都是非常困難的，強國和弱國，大國和小國，對國家安全的界定都不一樣。還有，不同的時代背景也有不同的解釋，這沒有關係，只要合乎國情、合於本國需要就好。如果要找個比較適當的定義，則依國防白皮書所述較好（事後我特別詳查當年度國防報告書）。

國家如同個人，「安全」是她的基本需求，只是國家的安全問題很複雜，牽涉的變數也多，基本上國家安全是為對抗威脅，最重要的威脅是針對「國家利益」（指生存、發展）而言。沒有威脅，就不會產生安全問題，當然安全也有廣狹之別，狹義是國防軍事範疇；廣義則包括「政、經、軍、心」，所謂「四大國力」領域。

㈡陳問：據我目前看過的資料中，把國家安全區分成集體安全、軍事安全和公共安全三方面，是否周延？

鈕答：美國在一九四七年通過「國家安全法案」，把國家安全區分成國防、外交兩部份。冷戰後期（一九七〇年後）則區分為三：軍事、外交及經濟。進入後冷戰時代，包括國內動亂、叛亂、農、學運、恐怖分子等，都可列入威脅國家安全因素的範圍。

但比較周延應區分國際安全（集體及區域安全）、軍事安全（一國之軍事武力）、內部安全（國家軍事武力以外之因素），惟這三個領域也有很多灰色地帶，如何解釋受人為影響很大。

㈢陳問：所謂「國家安全政策」是如何制訂出來的？

鈕答：政策如何制訂端看國家的制度如何運作。例如總統制國家由總統主導；內閣制國家由內閣首長（首相）主導；共產國家當然由共產黨的最高掌權者負責，我們是「雙首長制」或「混合制」，所以情況又不一樣了。

就理論上講，我國和美國，國家安全會議應該是國家安全政策的制訂者，其主導者都是總統。只是每任總統好惡習慣不同，國安會的功能顯得起起落落，這說來話長，而且有許多趣事可說。

㈣陳問：內部安全（國內安全）政策如何制訂？

鈕答：國家安全除軍事以外，還有很多，爭議也多，如政治、經濟、文化、農、工、學運……等舉不完。很難明確地說是那些與國家安全有關，但也不能說無關，大陸淪陷你可以說是政治問題不能解決所造成的，也有人說是學運造成的，都有道理。

所以要有個標準，就是若影響程度達到「影響國家生存」，就該列入內部安全政策的規劃。例如學生依法定程序進行示威遊行，在主管機關（內政部、警察局）能力規範之內，都不涉及國家安全政策。但若示威遊行時情況失控失序，危及整個社會的政經秩序，國家安全會議就該插手，因為此時的內部安全政策是國家安全政策的一環。

(五)陳問：國防、軍事政策如何制訂出來？

鈕答：各國的國防、軍事政策制訂，大體上都是該國國防部的職責，但實際上也隨權力核心所在而有改變。所謂「國防」和「軍事」只是範圍的廣狹，惟制訂因素類似，不外是依據立國思想、國際環境及任務、可能的威脅來源、國家利益和國家目標、歷史與地理因素，還有軍事戰略計畫等。所以國防、軍事政策的產生是由許多複雜變數及因果關係所造成，縱使專制國家也要考慮上述因素。

就我國現況而言，國防、軍事政策的制訂，是以中共武力犯臺為假設前提，其他都是次要。特別是國際任務的承擔因我非聯合國會員國，故也不須予以考慮，對國防政策制訂沒有影響，其他國家如美、日，就有很大的影響，因為要負責區域（集體）安全的重任。

(六)陳問：國家安全體系下的外交政策如何產生？我國非聯合國會員國，多數國家與我國也沒有邦交，等於是長期處於外交孤立狀態，這是否表示一種「危險」，即對國家安全的一種威脅？

鈕答：外交是國家間關係的工具，範圍也很廣泛，並非每一項外交工作都和國家安全有關係。但外交政策的制訂必須以國家目標為前提，有了國家目標才易於訂出合理可行的外交政策。不管任何國家外交政策的目標，不外安全、福祉、維護主權、爭取邦交國及輿論，還有提高國家的國際地位。

關於我國不是聯合國會員國，當然表示一種危險，是一種對國家基本需求（安全）的威脅，否則我國何需每年花大筆錢買武器，成為全球最大武器裝備進口國？還有，國家定位和目標都不明確，也會使外交政策制訂困難，外交政策之目標也不明確，這也是一種危險和威脅。

(七)陳問：國家安全制度向來都很敏感，又像藏寶盒中的寶物，不知我國已往對這項制度的建立經過如何？

鈕答：所謂「制度」有很多解釋，許多人認為要在憲法架構下，依一定法律程序制訂者才叫制度，這是指現代的看法。反問，許多國家頒制憲法是近數十年的事，那麼沒有憲法之前的數百年，乃至數千年，都不算制度嗎？所以現在我們說的「國家安全制度」，要把範圍縮小，是指民主政治制度架構內，為國家安全之需要，在民意機關監督下所建立的制度（含機關、運作）。如早期的中央軍事委員會、國防會議，後來的國安局、國安會都是。

這些單位早期確實像藏在黑盒子中的寶物，惟國家領導人是用。這好像是沒辦法的事，各國情況也差不多，當國家民主化加速，這些制度會愈趨健全合理。

(八)**陳問：那麼，我國國家安全制度現況如何？在制度安排上算不算合理（合乎民主原則）？**

鈕答：一個國家的民主政治制度發展是否成熟，大致上可以判斷這個國家在這方面制度是否合理，或令多數人滿意。試問，我國民主政治制度建立已經成熟了嗎？你們心中必已有了答案，那麼國家安全制度是否合乎民主原則？你也有答案了。

我大膽認為，我國從解嚴後，民主化有很大進步。但國家安全制度（國安會、國安局、軍情局、調查局）的人治色彩依然過於濃厚，這些單位是要為國家服務的，現在似乎專為一黨一人服務，這是不合理、不合民主制度的，有賴各位後進去改良。

(九)**陳問：所謂「國家安全戰略」是甚麼？**

鈕答：沒有甚麼「國家安全戰略」，這是一個錯誤使用的名詞，實際上就是「國家戰略」，講的就是國家的「政、經、軍、心」四種戰略的運用。

陳註：鈕先生並不承認「國家安全戰略」一詞可以合法使用，但在民國八十五年前後之際，國內已有少數幾位學者正在研究「國家安全戰略」。例如美國大西洋理事會顧問曾復生博士、經建會副主委薛琦先生、三軍大學戰爭學院院長徐博生中將等人。我在二〇〇〇年三月出版《國家安全與戰略關係》（時英版）時，正式使用「國家安全戰略」一詞，見該書第六章。

⑽陳問：現階段我國是否有「國家安全戰略」？或有類似這種戰略？

鈕答：沒有，也沒有這種類似的戰略，因為朝野各派系沒有共識，就不能形成政策，沒有完整的政策就沒有這種戰略。我剛才說，「國家安全戰略」就是「國家戰略」，當國家定位與認同都不明確時，下面的政治、經濟、軍事和心理等各層面，也不容易有定位，因而戰略不易形成。

陳註：後來我綜合各家之說（主要是曾復生博士，提出我國的國家安全戰略，同前揭書，第六章。

以上是我在民國八十五年偕陳梅燕小姐訪問當代「戰略國寶」鈕先鍾教授的10個問題，內容稍加精簡（避免與375期重複），都仍未離鈕先生談話原意。我和鈕教授並無師生關係，只是一面訪談之緣，惟敬仰他以一生歲月，把西方戰略名著全部中譯引進國內，我國將校無一不讀他的著作，他真是「布衣而為將相帥」。在我所著《國家安全與戰略關係》一書第五章有較詳盡的介紹。

從文學作品的表現看國家安全程度之淺析

壹、前言

國家安全（National Security）常被認為只是國防、軍事上的重要課題，是政治學的範疇，與文學是兩個完全不同之領域，二者似乎「風馬牛不相及」。這其實是很表象的認識，若稍加探究，即可發現二者幾乎有「皮」與「毛」的直接關係。

國家安全是保障國家生存、獨立與領土完整，不受外力入侵或干涉，維持國家在國際間的地位，保存傳統文化與生活方式，以確保國家的長治久安與永續發展。❶從國家安全的範圍來看，自國家的形成→整合（若整合未成則分離或再整合）→統一（和平與安全）→腐化、惡化→崩解的全部過程，都是國家安全研究的對象，並置重點於如何使國家維持長治久安，使其人民之生命與財產確保安全。❷

而文學作品是人「情」的表達，中國人自古以來就認為文學作品是為「情」而作，「情」

也是作品的主要內容。❸詩大序曰；「情動於中，而形於言，言之不足，故磋歎之⋯⋯」❹就「樹」的觀點言，人經由文學作品表達了人生過程中，所有快樂到悲哀、正面到負面的各種「情」。但就「林」的觀點言，文學作品更表現了更多國家、社會、政權與人之「情」。故詩大序又曰：「情發於聲，聲成文，謂之音。治世之音安以樂，其政和；亂世之音怨以怒，其政乖；亡國之音哀以思，其民困。」❺

約言之，從文學作品的表現中，我們可以發現國家安全之程度。當國家建立以後，其和平安全時期的文學作品常常表現出活潑、安祥與壯麗之氣氛。當國運開始衰敗、動亂，戰爭頻仍，人們悲觀思想濃厚，文學作品的內容常是頹廢、墮落的。當國家即將傾覆或已經亡國，則文學作品中高唱亡國悲歌有之，低泣權力與愛情不再有者有之，描述那大動亂時代中的妻離子散有之。總之，在國家發展的過程，各階段都可能面臨不同程度的安全威脅，從那個時代的文學作品可以清楚的看到。但論到恆久性，文學比國家更能成為永恆。當所有強權都覆亡了，當宋代英雄慨嘆：關山夢斷何處，塵滿舊貂裘。誰才是製造永恆的工程師？胡品清肯定的說「文學作品才是真正具有那種能力的東西。」❻文學作品豐富我們的心靈，美化我們的人生，超越政治鬥爭之「黑」及亡國之「痛」。文學作品使露珠凝為堅不可破的鑽石，使凋萎的蓓蕾轉為不朽的花朵，使飄忽的雲凝定，使美麗的瞬息成為永恆。❼

本文從國家發展的各階段，因國家承受不同程度的安全威脅，簡要化約成和平安全時期

（太平盛世）；戰爭、動亂（或稱亂世）；亡國等三個時期。「觀賞」國家安全受到各種不同程度威脅時，人們在文學作品中的「情」意表達。許多文學作品針對有關國防、軍事、戰略或戰爭的描述，甚至是理論指導，亦為本文所賞析。

貳、太平盛世的文學表現

中國歷史上儘管有一治一亂的惡性循環，惟各朝代大體上有若干太平盛世的時日，能維持較久而有代表性者，應是漢、唐、宋、明、清等五代，舉前兩者述之。

漢代是東周至秦五六百年大亂後，一個新的長期太平統一時代，中間雖有幾度的變亂，也還有三百多年的太平期。漢代因獨尊儒術，文學也「儒教化」了；再者為謳歌太平盛德，乃發展出一種典雅富麗的辭賦文學。政府要點綴太平，文人要求取功名，都得競相作賦，尤其漢武帝前後是賦的黃金時代。文學史家都說；「漢是賦的時代。」例如司馬相如、賈誼、董仲舒、劉向、揚雄、班固等人，都是有名的賦家。但因他們作賦僅在頌揚太平盛世，獻給皇帝作娛悅耳目，討取功名，漢代文人的賦便與明清文人的八股文同樣沒有價值了。

兩漢文壇原是辭賦與樂府詩的天下，前者是官方文學，貴族社會的時髦妝飾品；後者是民間文學，這才是有其真正文學價值的詩歌（實即一種民歌）。如江南可採蓮：

江南可採蓮，蓮葉何田田！
魚戲蓮葉間，
魚戲蓮葉東，魚戲蓮葉西，
魚戲蓮葉南，魚戲蓮葉北。❽

民歌來自民間，匯聚了廣大民眾的心聲，反應社會各階層之民情，如這首江南可採蓮，雖無深意，音節好聽，讀來樸實自然，體現民間生活工作的愉快心情。也有感人的悲劇詩歌，如描寫戰爭殘忍的戰城南：

戰城南，死郭北，野死不葬烏可食。為我謂烏，且為客豪，野死諒不葬，腐肉安能去子逃？水深激激，蒲葦冥冥。梟騎戰鬥死，駑馬徘徊鳴。梁築室，何以南，何以北？禾黍不獲君何食。願為忠臣安可得？思子良臣，良臣誠可思，朝行出攻，暮不夜歸。❾

縱觀漢代文風的發展，恰似漢家國運，前漢承戰國之雄風，如日之升；後漢啟六朝之華靡，而有純文學的產生。但以樂府詩對我國文學史的影響最大，如相和歌、清商曲、雜曲等三部分是樂府詩的精華，在文學上都有很高的評價定位。也許這是太平盛世的「副產品」。

大唐，是我國歷史上重要的盛世時代。雖有安史之亂，並未搖撼大唐帝國的統治權，二百多年間大體是個思想自由（三教並立），國家富強，人民生活安樂的時代。文學作品有了嶄新的面貌，造就了詩歌的黃金時代。據全唐詩不完備的記錄，已有詩人二千二百餘家，錄詩四萬八千九百餘首之多，超過前代一千多年詩史的總成績。⑩山水田園派王維、浪漫派李白、寫實派杜甫等人，都是中國歷史上永恆的詩壇名家。

根據文學史的習慣，用一種方便而不甚合理的區分，把唐代文學分成初唐、盛唐、中唐和晚唐四期，其實這與大唐帝國所面臨內、外安全威脅程度是有關的。

初唐（高祖武德元年—玄宗先天元年，西元六一八—七一二年）是有名的太平盛世，如四傑（王勃、楊烱、盧照鄰、駱賓王）與四友（李嶠、蘇味道、崔融、杜審言）是此期間的文壇代表。初唐文風以繼承齊梁一派為主流，文體精美，方便歌功頌德，討取歡心。

盛唐（玄宗開元元年—寶應元年，西元七一三—七六二年）是詩的黃金時代。永垂不朽的詩人，如李白、杜甫、王維、孟浩然等人，都在此期間大放光芒。例如杜甫親自經歷過安祿山稱帝之亂，「朱門酒肉臭，路有凍死骨」是他對當時的社會寫實。先有李林甫當國，後有楊國忠掌權，玄宗迷戀聲色，戰亂死傷狼藉，他的愛國狂熱抒放成千古傳誦的好詩：

國破山河在，城春草木深，感時花濺淚，恨別鳥驚心。烽火連三月，家書抵萬金，白頭

搔更短，渾欲不勝簪。（春望）

中唐（代宗大歷元年—武宗會昌六年，西元七六六—八四六年）正是安史之亂以後，國家元氣大傷，州將跋扈，內部安全的威脅程度日愈升高。韓愈是中唐的文壇領袖，不論大歷詩人或元和詩人都受到韓愈古文運動的影響；元白（指元稹與白居易）所領導的新樂府運動也如火如荼地展開，詩人的作品為反映當時的社會現況，如白居易在新樂府序說：「總而言之，為君、為臣、為民、為物、為事而作，不為文而作也。」[11]看來國勢日衰，詩人也很「操心」。

晚唐李氏政權已日薄崦嵫，指望政治清明已經不可能，文化學術隨之衰落，文學作品開始傾向六朝唯美主義，杜牧、李商隱、溫庭筠等寥寥數位，點綴著孤寂落莫的詩壇。「十年一覺楊州夢，贏得青樓薄倖名」是杜牧的艷麗，「春蠶到死絲方盡，蠟炬成灰淚始乾」是李商隱的戀愛史。當社會黑暗，國家不安，文風趨向唯美，人們的逃避心理古今似乎大同小異。

參、大動亂分裂時代的亂世文學表現

中國五千多年的歷史發展，治亂循環之故，每到朝代更替便有戰爭動亂。例如漢末大亂，文人寫的是亂世的社會生活，不是悲壯高曠，便是淒涼悲哀，乃有所謂「建安文學」（獻帝建安元年—二十五年，西元一九六—二二〇）。曹操就是建安文壇的代表人物，他的短歌行「對酒當歌，人生幾何？譬如朝露，去日苦多。」風調悲壯，氣魄沈雄。但中國歷史上堪稱「大動亂分裂」的亂世時代，應以魏晉南北朝最有代表性，次為五代十國。

魏晉南北朝三百多年，是中國歷史上的政治黑暗時代，也是一個大動亂大分裂時代，更是老莊思想獨尊之時代。何晏、王弼等人的無為，阮籍、陶淵明等人的無君，列子的頹廢，這些是政治思想的主流代表，國家存在與否，安全與否，都是無意義的話題。

反映在文學上，實有兩個特色。第一、文學表現脫離現實社會，接近自然，有強烈的厭世思想；第二、不以致用或載道為目的，傾向形式的唯美主義。一言以蔽之，是藝術至上的純文學時代。

陶淵明是個澈底的自然主義者，受老莊哲學陶冶很深，「桃花源記」及「閑情賦」都是不朽作品，股試再讀他的飲酒歌：

結廬在人境，而無車馬喧。問君何能爾，心遠地自偏。採菊東籬下，悠然見南山。山氣日夕佳，飛鳥相與還。此中有真意，欲辨已忘言。

大變亂時代人的厭世隱逸思想濃厚，人們都想脫離現實的社會生活。再者，亂世的社會或道德規範也常處於崩解狀態，正好乘亂去作「性」的追求，在文學上表現成一種平民文學，偷情戀歌特別發達。如當時的子夜歌：

誰能思不歌？誰能饑不食？日冥當窗戶，惆悵手不億？……氣清明月朗，夜與君共嬉。郎歌妙意曲，儂亦吐芳詞。

西晉永嘉之後，中國分裂成南北兩大政治集團，因南北民性全然不同，文學作品也表現不同風格，南方多情溫柔，北方則另一番天然境界，如邊塞民歌：

敕勒川，陰山下，
天似穹廬，籠蓋四似野。
天蒼蒼，野茫茫，風吹草低見牛羊。

魏晉之際由何晏與王弼帶起的「正始文學」，充滿老莊玄風；而「太康文學」的言不由衷，喪失文人的尊嚴它是文學創作的致命傷。但南朝的「宮體詩」走向享樂和縱樂的路上，為整個社會帶來一片淫逸之風。宮體詩正是標準的「亡國之音」，如陳後主的玉樹後庭花、臨春樂。陳亨國最短，只有二十一年（五五七—五八八年），其宮體詩最風靡。

五代十國是中國的另一段大動亂時代，政治史上的黑暗，卻是文學史上的燦爛時期。此期間的帝王將相內心牽掛的不是國家安危，而是遊樂藝術，他們是政治上的昏君，藝術上的忠臣。例如後唐莊宗李存勛、後蜀主孟昶，皆負文名。當宋太祖遣曹彬圍攻南唐，後主李煜雖見國家將亡，他還是載歌載舞，飲酒作詞。蔡絛西清詩話載：

> 南唐後主在圍城中，作臨江仙詞，未就而城破。嘗見其殘稿點染晦味，心方危窘，不在書耳。藝祖（趙匡胤）曰：「李煜若以作詩工夫治國家，豈為吾所俘也？」⑫

總的來說，在大動亂大分裂的亂世，不僅帝王將相，就是一般文人，對治國平天下的道理已經徹底摧破，對維護國家安全也澈底喪失信心。君臣民相率走入純文學領域，追求另一種安慰或成就，如魏晉南北朝流行的自然主義，五代十國流行的浪漫主義。

肆、「亡國文學」的表現

首先要正名的，並不是指有那一種會造成亡國的文學，國家會滅亡，罪在人，不在文學。

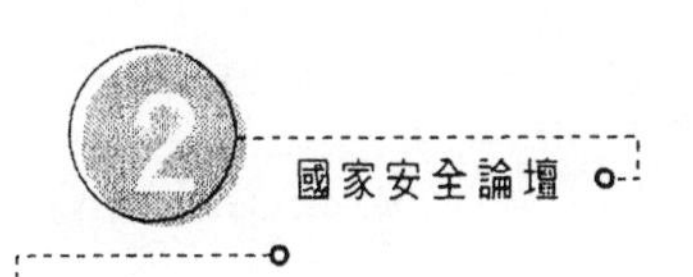

而是指國家面臨衰亡或已經亡國，文學家透過文學的一種情意表達；或以政權衰亡為主題，或以亡國過程為背景來構思文學作品之內容。孔尚任的「桃花扇」有一段話：

哈，哈，誰是天子誰是臣？誰是侯生、李香君？而今國亡家破，還戀著那割不斷的情根慾種，豈不可笑？癡蟲啊！癡蟲啊！你倒回答我，如今國在那裡？家在那裡？君在那裡？父在那裡？偏偏就這一點花月情根，剪他不斷嗎？⑬

桃花扇就是一部以明朝亡國為背景的戲劇文學。中國歷史上朝代替換頻繁，有一朝亡又有一朝興，故為亡國留下「見證」的文學作品應是歷代都有。晚唐杜牧的泊秦淮對亡國有一種美麗的詠嘆：

煙籠寒水月籠沙，夜泊秦淮近酒家。
商女不知亡國恨，隔江猶唱後庭花。

五代鹿虔扆（後蜀太保）描寫亡國的感傷，真情真意，用詞清婉，別饒風味。他的臨江仙：

全銷重門荒苑靜，綺窗對秋空。

翠華一去寂無蹤。玉樓歌吹，聲斷已隨風。
煙月不知人事改，夜闌還照深宮。
藕花相向野塘中，暗傷亡國，清露泣香紅。

但因亡國才造就出文學極品者，是南唐李後主。他在沒有亡國以前的詞也多是綺艷輕浮之作，亡國被俘後，宋帝封他為「違命侯」，他才感覺到生活的悲苦，而使作品提昇到登峰造極的境界，他的詞是古今中外的文學「聖品」。舉讀他的虞美人：

春花秋月何時了？往事知多少！
小樓昨夜又東風，故國不堪回首月明中！
雕欄玉砌應猶在，只是朱顏改。
問君能有幾多愁？恰似一江春水向東流。

李後主在歷史上的定位，政治領域是「亡國之君」，文學領域是「永恆不倒的君主」。司馬遷亦曰：「昔西伯拘羑里，演周易；孔子絕陳蔡，作春秋；屈原放逐，若離騷；左丘失明，厥有國語；孫子臏腳，而論兵法。」[14]真是「失之東隅，收之桑榆」，亦可見不同領域，價值差異之大。但國家面臨危亡而不能奮起救亡，終致亡國，總是人間最大的悲劇。因為

「國」與「家」的連結關係已不能截斷，國亡也會帶來許多「家亡」慘劇。

歷史上也有一種國亡「文」亦亡的奇妙關係。漢唐是我國歷史上的盛世，但大漢末路過了「建安文學」，待曹氏父子及「建安七子」（孔融、阮瑀、陳琳、王粲、徐幹、應瑒，劉楨），都先後殂落，燦爛的文壇便如雲雨消散了。大唐帝國隨著晚唐的戰亂，一切文化學術也隨之衰落。宋代是詞的黃金時代，而詩發展到宋代卻已是末流，所幸四百年的宋代詩壇還有歐陽修、王安石、蘇東坡、陸游等人撐起一片天。但宋末文天祥、謝翱等人一走，所謂「宋詩」也隨宋亡而結束。豈不「國亡詩亦亡」？

秦始皇在他消滅六國、統一天下之後的第八年（秦王政三十四年，前二一三年），下令「有文學詩書百家語者，蠲除去之」，頒佈「挾書律」。於是收去詩書百家之語，「若有欲學者，以吏為師」，以愚百姓，使天下無以古非今。原來自古以來的統治者就知道「文學詩書」與國家興亡有密切關係，但「以愚百姓」的辦法反陷國家於危亡，吾人應深思之。

總之，亡國悲歌是悽慘的，文學表現也多哀怨。在當前的民進黨「去中國化」政策下，教育部長杜正勝也頒佈「挾書律」，去除各級學校的中國文學，其陷國家於衰亡而不自知也。

伍、文學作品的另類表現－國防軍事上的理論指導

中國歷史源遠流長，我們的聖賢才智，歷代著述，大多圍繞著一個主題，治亂興廢與世道人心。因此，用文學表現方式記述有關國防、軍事、戰爭的作品，真是不計其數。如尚書「牧誓」、駱賓王的討武曌檄、左傳「秦晉殽之戰」、司馬光的赤壁之戰、諸葛亮的隆中對，都還是當代文學領域的重要教材。今舉隆中對一文加以解析以窺文學作品的另類表現。

「隆中對」又叫「草廬對」或「茅廬對」，是三國劉備三顧茅廬時，孔明向他提出的「興復漢室」「統一中原」的國家戰略構想。⑮從戰略指導觀點解析隆中對一文如次：

一、國家目標：興復漢室。

二、全般情勢分析及預測：

㈠**敵情**：

1. 自董卓以來，天下豪傑並起，跨州連郡者不可勝數，曹操比於袁紹則名微而眾寡，然操遂能克紹以弱為強者，非惟天時，抑亦人謀也；從此天下必將有變。

2. 今曹已擁百萬之眾，挾天子以令諸侯，此誠不可與爭鋒。

(二)世局：

1. 孫權據有江東，已歷三世，國險而民附，賢能為之用，此可以為援而不可圖也。

2. 荊州北據漢沔，利盡南海，東連吳會，西通巴蜀，此用武之國，而其主不能守，此殆天之所以資將軍，將軍豈有意乎？

3. 益州險塞，沃野千里，天府之土。高祖因之以成帝業，今劉璋闇弱，民殷國富而不知存恤，智能之士思得明君。

(三)國力：

將軍既帝室之胄，信義著於四海，總攬英雄，思賢如渴。若跨有荊益，待天下有變，舉荊益之眾以向宛洛」秦川進出，則百姓必簞食壺槳以迎，而霸業可成，漢室可興矣。

三、國家戰略構想⑯

(一)先取荊州，保其巖阻，西和諸戎，南撫夷越，外結好孫權，內修政理，以為基業（復興基地）。

(二)待天下有變時，命一上將，將荊州之軍，以向宛軍，將軍身率益州之眾以出秦川。

「隆中對」表現出對國防、軍事或戰略上的理論指導，牧誓與討武曌檄之類的作品則是一種革命號召。

陸、結語

在本文的研究中，發現當國家處於和平安全狀態時，文學作品的表現常用在歌功頌德，或貴族與文人的娛樂品。當國家安全面臨強大威脅，開始有戰爭或社會動亂時，文學不是描寫戰爭的慘狀，就是揭發社會的黑暗面。當戰亂持續下去，國家危亡，人們對現實社會的一切都徹底失望後，厭世思想濃厚，文學作品的表現不是趨向自然主義便是浪漫主義。這些現象其實正說明「人」、「家」與「國」的密切關係，是禍福與共的一個整體。

滿清末肇以迄民國以來，中國飽受內憂外患之苦，也算是個大動亂大分裂的大時代。秋瑾女俠感懷「國破方知人種賤」。⓱甲午一戰，臺灣割日，丘逢甲賦春愁詩：「春愁難遣強看山，往事驚心淚欲潸；四百萬人同一哭，去年今日割臺灣。」⓲國家安危影響文人寫作情緒，作品的表達自然也反映出國家安危的現況，這似乎是古今中外頗為一致的現象。西方中世紀但丁的名著神曲（The Divine Comedy）用黑森林、豹、獅子和母狼，象徵當時意大利的腐敗、縱慾、戰亂和貪戾。⓳國家安危與文學的永恆性都有至高無尚的價值，若能兩者兼有，那才是人間的真善美！

註譯

❶Norman J.Padelford and George A. Lincoln, International politics (United States Military Academy Press, 1954) PP.289-290

❷關於國家安全可見本文作者另著。軍訓處編，國家安全概論（臺北：幼獅出版公司），本書預定於民國八十六年七月正式發行，九月起做起全國各大學、專科及高級中學之軍訓課本。

❸高明，中華文化問題之探索（臺北：正中書局，民國七十六年十一月臺初版），頁一九一。

❹羅有桂、瞿毅註譯，大學國文選（臺南：南臺圖書公司，民國七十一年十月），頁八～十五。詩大序之作者，聚訟紛紜，鄭玄詩譜及昭明文選，謂卜商所作。卜商（西元前五〇七～？），字子夏，春秋衛人，孔子弟子，少孔子四十四歲。

❺同❹，頁八。

❻胡品清，西洋文學研究（臺北：臺灣商務印書館，一九九四年一月，初版六刷），頁一三二。

❼同❻，頁一三三。

❽孟瑤，中國文學史（臺北：大中國圖書公司，民國82年6月四版），頁八二。

❾同❽，頁八六。

❿胡雲翼，中國文學史（臺北：順風出版社，民國63年7月），頁八一。

⓫同❽，頁二七〇。

⓬同❿，頁一一三。

⓭孔尚任，山東曲阜人，孔子六十四世孫（清順治五年—康熙五十七年，西元一六四八—一七一八年）。孔氏寫桃花扇不但重曲文，也重說白，由一個小人物之觀點來悼念大明朝的亡國，甚見真情。本文引用，張曉風，戲曲的故事（臺北：時報文化出版公司，民國76年元月15日），頁二三一。

⓮漢、司馬遷，「史記」，史記卷一三〇，太史公自序第七十（臺北：宏業書局，民國79年10月15日），頁三三〇〇。

⓯諸葛亮，字孔明，謚忠，世稱武侯，瑯琊陽都人（今山東沂水縣南）。生於光和四年（西元一八一年），歿於建興十二年（二三四年）五丈原軍次。劉備三顧茅廬時為建安十二年冬十月（二〇七年），傳世之作有諸葛亮兵法等。見諸葛兵法（臺北：南京出版公司，民國67年3月）。或見三國志，諸葛亮傳。

⓰國家戰略（National strategy）是建立國力，藉以創造與運用有利狀況之藝術，俾得在爭取國家目標時，能獲得最大之成功公算與有利之效果。國防部，美華華美軍語詞典，聯合作戰之部（臺北：國防部，民國66年6月），頁六四三～六四四。

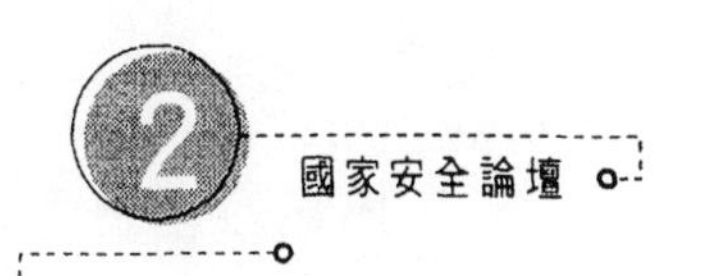

⓱秋瑾，字璿卿，更字競雄，號鑑湖女俠，浙江紹興人。早年參加同盟會的革命運動，光緒三十三年（一九〇七年）六月初四被捕，就義時三十一歲。

⓲丘逢甲，字仙根，原籍廣東，長於臺灣苗栗，生同治二年，卒民國元年（一八六三—一九一二）。清廷割臺時，力倡抗日，建共和國，唐景崧任大總統，逢甲任大將軍。後兵敗脫身歸粵，著有念臺詩集。

⓳但丁，神曲，張明賢譯（臺北：正文書局，民國66年10月1日三版），第一篇。公元二千年後，筆者眼見統治者腐敗，以現代詩形式出版「春秋記實」一書（時英，二〇〇六年九月），其心情亦同但丁，以文學批判政治之黑暗，期待以「春秋正義」喚醒國人也。

釣魚臺與國家安全

壹、前言

轟動全球的兩岸三地「保釣運動」，到民國八十五年九月「保釣號」總指揮陳毓祥犧牲，及十月間中日第二次漁權談判會議結束，而暫告沉寂。此時，我們應重新以冷靜、理性的心情來檢視保釣運動的真相，較能直指問題的本質。為何小小的釣魚臺列嶼（日本稱「尖閣群島」），會牽動數個大國與地區（中共、美國、日本、香港、英國及我國）之間的角力互動？甚至不惜以「武力展示」或動員其總體國力，相互較勁。激憤已過，國人似乎未能層次分明地疏理出問題的本質。

保釣運動基本之本質就是國家安全（National Security），包含三個層次之範疇：國家主權、國防安全與經濟利益❶其茲事體大，本文由此切入研析。

貳、釣魚臺的地理位置

釣魚臺列嶼在臺灣東北方，距離基隆一〇二浬、浙江寧波二八〇浬、日本九州五〇〇浬。該列嶼由五個小島及三個礁岩所組成，由西向東依序為釣魚臺、飛瀨、北小島、沖北巖、南小島、沖南巖、黃尾嶼、赤尾嶼。各島以釣魚臺面積最大，為四點三八三八平方公里，周長一三點七公里，標高三八三點一公尺。總面積約六平方里（均見附表一、附圖一、附圖二）。

附表一：釣魚臺列嶼各島面積與位置島名面積

島名	面積	周長	標高	經緯位置			
	(平方公里)	(公里)	(公尺)	極東	極西	極南	極北
釣魚臺	4.3838	13.70	383.1	123° 32′ 48″	123° 30′ 27″	25° 45′ 26″	25° 46′ 31″
黃尾嶼	0.9091	5.83	116.9	123° 41′ 56″	123° 41′ 08″	25° 55′ 45″	25° 56′ 21″
赤尾嶼	0.0609	2.70	84.0	123° 34′ 09″	124° 33′ 50″	25° 53′ 54″	25° 54′ 06″
北大島	0.3267	4.85	127.4	123° 35′ 48″	123° 35′ 15″	25° 45′ 45″	25° 45′ 21″
南小島	0.4592	4.83	148.8	123° 36′ 29″	123° 35′ 36″	25° 44′ 25″	25° 44′ 47″
沖北巖	0.0183	1.25	27.0	123° 35′ 44″	123° 35′ 26″	25° 48′ 01″	25° 48′ 10″
沖南巖	0.0048	0.83	13.4	123° 37′ 12″	123° 37′ 05″	25° 46′ 31″	25° 46′ 35″
飛瀨	0.0008	0.20	3.0	123° 33′ 39″	123° 33′ 32″	25° 45′ 23″	25° 45′ 27″
合計	6.1636	34.19					

資料來源：依據聯勤測量署民國六十七年七月製印之釣魚臺列嶼（一萬分之一）特種圖所得。
本文轉引，張延廷，「釣魚臺的主權爭執」，問題與研究月刊，第三十四卷第七期（民國84年7月），頁一四。

附圖一

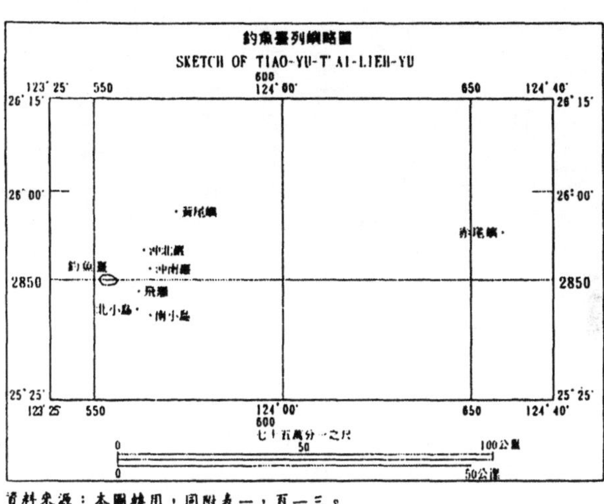

資料來源：本圖轉用，同附表一，頁一三。

參、釣角臺與國家主權

主權（Soverignty）是近代國家構成要素之一，概約有最高、永久、普遍、無限制、不可分割和不可讓與等特性。此即國家主權說（National Soverignty）❷，而國家主權的體現和運作就是管轄權（Jurisdiction，或稱法權 Legal Power），管轄的客體分為人和領土兩部分。後者即領土主權（Territorial Severeignty），凡國家對領土內的人民、事務或團體有排他性的佔領、管理及處分，為尊重一個國家領土主權的完整，其他國家未得該國同意，不得在該國領土內行使管轄權。可見領土和主權不可分，亦可稱「主權領土」（Sovereign territory），我們可以說

「領土是隸屬於或在國家管轄權或主權之下的領域。」[3]

釣魚臺不論從歷史、地理、法理或國際法上看，都是我國固有領土主權領土，為我國家主權行使之客體（對象），均無疑義。日本之強佔釣魚臺雖也宣稱擁有主權，其實漏洞百出，根本等於提出「釣魚臺是中國領上」的「佐證」。此處從正反兩面論證之。

一、釣魚臺是我國領土主權的史實與根據

㈠明永樂元年（一四〇三年）「順風相送」航海圖、明嘉靖十三年（一五三四年）陳侃著「使琉球錄」、嘉靖四十年（一五六一年）明將胡宗憲編「籌海圖篇」及四一年郭汝霖編「重編使琉球錄」等史料，都記錄釣魚臺是中國領土。

㈡清康熙廿二（一六八三年）汪楫著「使琉球雜錄」指出，赤尾嶼和久米島間海溝為中外之界；慈禧太后將釣魚臺列嶼賞賜盛宣懷家族為採藥之用；大陸轉進時尚有部分國軍進駐釣魚臺；民國六十二年行政院將該島劃歸宜蘭縣頭城鎮大溪里十三鄰；直到民國七十九年十一月間尚有我國空軍飛行員張延廷君多次駕**RF-104**，飛赴釣魚臺執行偵察、偵照任務。[4]

㈢釣魚臺雖隨馬關條約割讓日本，但亦隨開羅會議、波次坦宣言與美日安保條約規定，奪取中國之領土均要歸還中華民國。一九七一年六月十七日美日兩國簽訂「琉球歸日」條約（**Okinawa Restored to Japan by U.S.A; Ryukyu**），一併把釣魚臺之行政權「交還」日本，違反

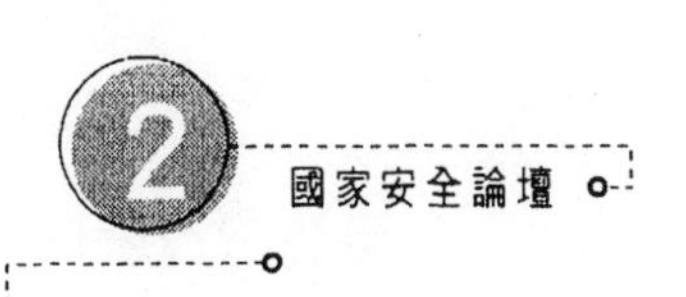

前述會議及宣言所揭櫫之原則。中華民國亦發表聲明，堅決反對，絕不放棄釣魚臺的領土主權。

㈣從地體結構上看，釣魚臺列嶼位於我國水深二百公尺的大陸礁層（大陸棚）上。按聯合國一九五八年「大陸礁層公約」及一九八二年「海洋公約法」，領海深度二百公尺內，其權利即為附近國家所有。❺我國於民國五十八年七月亦發表此項領海主權聲明，並未有任何國家（含日本在內）提出異議。❻

從明、清、民國以來各項史料、國際法及地體結構檢視，釣魚臺是中國領土真是鐵證如山；日本所稱擁有主權，其實無「法」亦無「據」。

二、日本強佔釣魚臺的兩手策略：竊與搶

㈠早在馬關條約前，明治十八年（一八八五）、明治廿三年（一八九〇）、明治廿六年（一八九三），沖繩縣知事分別有三次呈報內務卿、外務卿，把釣魚臺納入日本版圖，日本官方尚未同意。直到明治廿八年（光緒廿一年，一八九五）元月廿一日，內閣會議通過。把釣魚臺列嶼劃入版圖，此時日中戰事已定，日本穩操勝算，可以逕行竊搶，無所顧慮。

㈡日本竊搶釣魚臺後，何時改名為「尖閣群島」（Senkaku Islands）？查閱日本典籍，似在明治三十一年（一八九八）才出現「尖閣群島」一詞，用以取代釣魚臺列嶼。❼一九三九年「大日本府縣別地圖並地名大鑑」並無釣魚臺列嶼，也未見「尖閣群島」之名。日本京都

大學人文科學研究所的地理學家及研究人員，均認為釣魚臺是中國領土。❽

㈢日本大正四年（一九一五），臺灣總督府殖產局「臺灣の水產」刊物中，供認「尖閣列島漁場…為以臺灣為根據地的鰹漁場…最重要的遠洋漁場之一。」❾明白的將釣魚臺劃為臺灣的鰹漁場範圍。一九四一年當時的「臺北州」與琉球的沖繩縣亦曾發生主權爭議，一九四四年東京法院判決，沖繩縣敗訴，「尖閣群島」屬「臺北州」。可見從日本的史實來看，也一樣證明釣魚臺的主權是歸屬臺灣。

從日方相關史料亦證明釣魚臺主權屬於中國。中共也曾引用歷史緣由、海洋大陸架屬性，說明釣魚臺屬於中國。勿論從任何一方面說，日本強佔釣魚臺，並以武力驅逐我國登島的人民，等於是侵犯另一個國家的主權、領土之完整，此即聯合國大會於一九七四年十二月十四日關於「侵略」定義之意。❿日本違反戰後所簽訂的相關國際法，更違反了他們自己的憲法第九條，日本佔領釣魚臺，已經是在侵略鄰國，名符其實的侵略者，聯合國和美國是否公平地正視這個問題？

肆、釣魚臺與國防安全

日本、中共和我國都曾表示擁有釣魚臺，除了是主權宣示外，另一個重要的關鍵是國防戰略上的意義，更簡約的說，一百多年來的保釣運動其實是中日（甚至美國）之間國防戰略的較勁，所涉及到的是敏感的安全問題（含個別國家安全、區域安全）。可從三方面觀察。

一、武力展示（見附表二、三）

以第三次保釣運動（民國八十五年）為範例，中共雖因經濟理由採低調處理，制壓民間保釣，但南京軍區和東海艦隊均分別在釣魚臺群島海域巡弋，向日本宣示強大的軍事武力。[11]亦明白告訴周圍的國家，解放軍「不是省油的燈」。日本在釣魚臺及週邊地區則部署強大的戰力，包括自衛隊、保安廳及警察廳的部隊。我國為宣示維護領土主權決心，保護登島人員之安全，也部署強大的戰力，包括海空軍、保七及空中警察隊所屬的部隊。（見附表二、附表三）「武力展示」雖有備戰之意，也有嚇阻、警告的表示。

二、國防戰略（見附圖二）

日本近年之敢於積極企圖奪取附近鄰國之島嶼（如韓國之獨島、我國之釣魚臺），還是以其軍備擴張政策下的國防戰略考量。若日本佔領釣魚臺，可在島上設立海空監控偵搜設備，或岸基反艦及對空導彈，可以控制或封鎖臺灣北部地區軍經設施及海空航道。

附表二：我軍警待命搜救保釣船隊部署狀況

調派單位	兵力	部署待命區	功能
空中警察隊	AS-365 直升機	台北松山基地（距釣魚臺約一小時航程）	直接前往釣魚臺救援非屬軍機，為搜救主力
空軍	① S-70C 直升機	台北松山基地（距釣魚臺約一小時航程）	直接前往釣魚臺救援非屬軍機，為搜救主力
	中興教練機	桃園空軍基地	海上搜尋，無武裝
	② S-2T 反潛巡邏機	花蓮空軍基地	海上搜尋預備兵力
	F5E/A 戰機	桃園及花蓮基地	海上搜尋預備兵力
	③ E-20 空中預警機	台灣東北空域	掌握釣魚臺海空動態
保七總隊	警艇	棉花嶼一帶海域（距釣魚臺七至八小時航程）	直接前往釣魚臺救援非屬軍艦，為搜救主力
海軍	④東偵艦（巡防艦及驅逐艦二至四艘）	台灣東北海域（距釣魚臺約五至六小時航程）	海上搜救預備兵力

資料來源：聯合報，85年10月8日

附表三：日本動員海陸空單位部署狀況

調派單位	部署實力	功能
海上保安廳	逾五十艦船艦	在釣魚臺海域加強巡邏戒備，驅趕台港來船。
警察廳與沖繩縣警署	三百人機動那隊	在來人登陸釣魚臺後，於島上執行驅趕任務。
自衛隊	六架E2C空中預警機	於那霸軍用基地待命，隨時準備升空，對前來抗議的船隻與飛機實施偵查、警戒任務。
	空峰野戰那隊	已進駐琉球，在情況失控時，出兵協助警察廳。

資料來源：同附表二。

再者，可以保障一千浬航道，使其勢力範圍向西南延伸三百多浬，不僅對臺灣造成立即威脅，且大大有利於南進（不論軍事、政治、經濟）。日本右派勢力至今仍企圖南侵，或重新殖民台灣及東南亞。

就我國而言，喪失釣魚臺等於對國防安全產生威脅，也因防空識別區（ADIZ）減少一度

（約六十浬），戰略縱深的縮短，影響我方空中早期預警能力，造成我空軍訓練空域的受限。

按我國目前的飛航情報區（FIR），東至東經一二四度，防空識別區卻僅到一二三度。[12]空軍曾評估將我防空識別區，由東經一二三度向東再進推一度，期與飛航情報區相符，國防部長蔣仲苓也表示贊同，以維護我國戰略產資。[13]惟多因釣魚臺問題，尚未提出重劃案。

對中共言，企圖利用釣魚臺實施軍事演習，具有封鎖臺日航道，並對臺灣形成戰略孤立或戰略包圍的態勢，這是一張「一箭雙鵰」的牌。日前中共的海上調查船頻繁進出釣魚臺附近水域，另一目的是為建立人工島作勘探準備，做為對臺、日偵搜的軍事前進基地。[14]

圖二：釣魚台週邊地略形勢圖

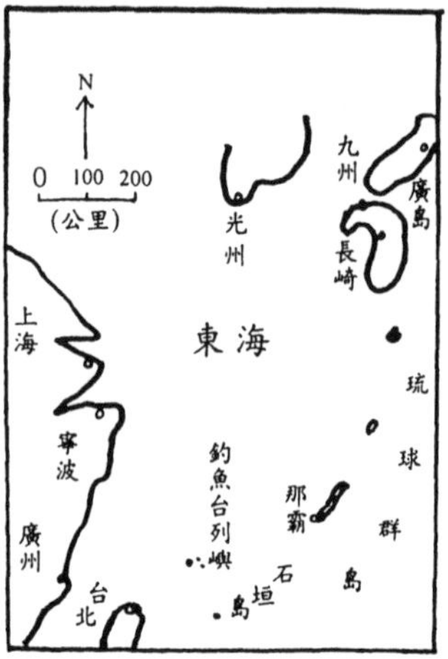

伍、釣魚臺與經濟利益（附圖三）

經濟利益是日本覬覦釣魚臺列嶼的重要原因，對我國構成的影響及危害可分二方面說明。

一、二百浬經濟海域

日本政府於一九九六年七月二十日正式劃定二百浬經濟海域，其排他性經濟海域達四百五十一萬平方公里，面積是世界第六位。若以釣魚臺為中心，臺灣本島有一半將被劃入日本經濟海域；以與那國島為中心，臺灣全島都被劃入。最立即而明顯的危害是漁權，南方澳一千五百多艘漁船中，四成以釣魚臺為主要作業區，大型圍網、延繩釣、拖網等大型船隻幾乎全仰賴釣魚臺豐富的漁場，我國漁船進入釣魚臺海域都被日本軍艦驅離。⑮直到八十五年十月間中日第二次漁權談

附圖三　日本宣布二百浬經濟海域對台灣影響圖

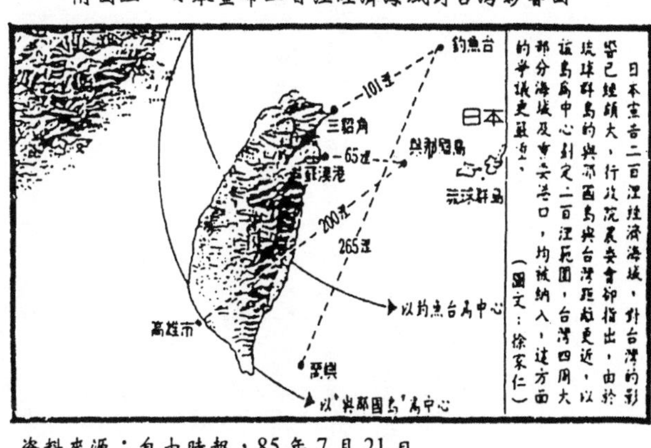

資料來源：自由時報，85年7月21日

判，雙方達成「我漁民可在傳統漁場內捕魚」的共識。⑯同時我方代表團得以到東京宣達我國擁有釣魚臺主權，也算是一項良性進展。

二、爭奪我國東南大陸礁棚海洋資源

釣魚臺列嶼位於我國水深二百公尺的大陸棚上，與琉球群島隔著一條沖繩海溝（水深一千至三千公尺），琉球群島（國際上承認日本有管轄權，主權歸屬並未承認。）位於亞洲大陸板塊與太平洋板塊相接壤之邊陲地帶。所以日本一旦佔有釣魚臺，等於跨過千尺海溝而登上我國的東海大陸棚。配合二百浬經濟海域的宣示，與我國的經濟海域形成重疊現象，對於我國正在積極從事之東海大陸棚油氣探勘等海洋資源開發，亦企圖分得一杯羹。東海是亞洲海域內最後一個尚待開發的石油和天然氣的處女地。

可見釣魚臺地位之重要，若為日本佔領，不僅是我國海洋資源的喪失，更是海權之淪陷。

陸、結語

釣魚臺列嶼因與國家安全（國家主權、國防安全、經濟利益三個範疇）產生直接關係，才能吸引全體中國人的關注與熱情參與。目前保釣運動暫告沉寂，第二次漁權談判也只是解

決一部分打魚的問題，事情決非如此單純，更大規模的保釣運動他日必將再起，因為釣魚臺關係著國家安全各個層面上的問題。簡單再贅數語，為本文之結語，更為他日保釣運動再起之參考。

第一、釣魚臺純屬中國之主權，兩岸三地及全球的中國人應不分彼此，共同一心參與支持，何須再分兩岸你我？國內亦不分黨派一體參與才對。畢竟，只有大團結才能成事。

第二、我國對釣魚臺主權須有明確肯定的認定，法律和外交立場必須嚴正，「光是抗議是不夠的，因為只有抗議，沒有交涉，在國際上將被解釋為爭取主權不積極而視同放棄。」⑰故除抗議（政府與民間）外，依國際法相關原則、歷史先占、大陸礁等理由，經由外交以和平方式索回該列嶼，應為當前較佳方式。

第三、積極建軍備戰，畢竟和平手段與外文解決仍須以強大武力為後盾。觀察歷史發展，捍衛主權並不能單憑外交談判或一紙約定，真正的實力才能保持談判成果及約定可靠。特別是維護國家安全，更不能光靠條約或一席會議，強大的總體國力才是真正的安全保障。

第四、國內的保釣運動被統獨問題的爭議，模糊了焦點，看不清事情的本質。釣魚臺自始至終都是臺灣的屬島，國內各黨派、各方人馬，都應摒棄統獨心結，齊一行動，保釣才有成果。釣魚臺早已納入臺灣省宜蘭縣頭城鎮大溪里十三鄰，不論那一黨派，是統是獨，有能改變此一事實者乎！

註譯

❶關於國家安全的定義及涵義，可見作者別文，陳梅燕，「訪鈕先鍾談國家安全」，陸軍學術月刊，第卅二卷，第三七五期（民國85年11月16日），頁九－一七。同時也收在本書。

❷涂懷瑩，「主權」，政治學，第三冊，雲五社會科學大辭典（臺北：臺灣商務印書館，民國78年一月，八版），頁六七。

❸馬起華，政治學原理，上冊（臺北：大中國圖書公司，民國74年5月），頁五二二。

❹張延廷，「釣魚臺的主權爭執」，問題與研究，第三十四卷，第7期（民國84年7月），頁一二－二三。

❺關於這兩個國際法，可見丘宏達，現代國際法基本文件（臺北：三民書局，民國初年3月，四版），第四章。

❻同❹，頁一六。

❼張彝鼎、丘宏達，「琉球與釣魚臺」，國際關係，第四冊，雲五社會科學大辭典（臺北：臺灣商務印書館，民國74年4月增訂三版），頁二五三－二五五。

❽同❹，頁一五。

❾同❼，頁二五五。

❿同❺頁四二五。

⓫自立早報，民國85年10月11日。

⓬防空識別區，著重整體空域的國防安定，由國防單位管制。飛航情報區，側重民用航空器的飛航安全，由民航單位管制。前者是二次大戰後，美國、加拿大首開風氣之先，劃定「防空識別區」，以加強防空；後者乃依據一九四四年「國際民航公約」，由「國際民航組織」（ICAO）劃定各國管轄的「飛航情報區」，我國「臺北飛航情報區」在民國四十三年正式建立，行政院大陸委員會，兩岸直航的問題與展望（臺北：陸委會，民國83年7月30日），第二章。

⓭中國時報，民國85年9月28日，第二版

⓮聯合報，民國85年9月21日

⓯聯合報，民國85年7月21日

⓰中國時報，民國85年10月7日

⓱中國時報，民國85年9月30日，第九版。

國家安全的另類威脅：極激宗教運動

——兼談宗教與國家整合的關係

「國家整合」（National Integration）是把文化及社會中分離不相屬的部分，納入單一的疆域，並建立起國家認同的過程，其事關萬端，困難重重，常是經歷數百年的整合而未果，甚至國家造成爭戰、動亂、分裂，於是亡國，能不慎乎！國家整合的基本困境不外：種族主義的困擾、多元性語言障礙、地域觀念之衝突、歧視性的社會階級與歧異的宗教信仰等五項，本文僅針對宗教一項申論之。蓋因冷戰結束後，宗教又再度成為各族群間新的意識形態，各國陷於紛擾不安，舉凡波士尼亞內戰，以巴對抗、各地的恐佈攻擊、局部衝突和分離主義都和宗教有關係。宗教真的成為國家整合和國家認同的障礙嗎？還是國家安全的新威脅？極端與激進宗教運動是在分裂國家嗎？

壹、何謂「宗教」（Religion）

宗教起源於神話，偏重信仰（Faith），依據文化人類學（Cultural Anthropology）的解析，宗教是人類在所有時空中創造出來不可見的實體世界（A World of Unseen Entities），幫助人們解釋世界是如何產生的，人類和自然物種（Natural Species）及自然力是如何發生關係的。因而宗教可以形成某種型態的控制力，維持人群的社會道德與秩序，亦能增強人生有限的能力，提高安全感、歸屬感和生命的意義。宗教對國家整合才形成一股潛在而不可忽視的潛力，此種潛力，有時和文化又是一體的，例如中華文化、印度文化等，即「孵」出了不同「神」觀。

但是，不同的神觀，也將使宗教對國家整合產生不同的影響力。當我們在討論宗教經驗、信仰與價值時，都必須涉及「神」的觀念，神學（Theology）即成為宗教本身的一種信仰理論或教理根據，例如下列分辨：

一、有神論（Theism）：主張神（上帝或其他稱謂）是萬有的造物主，神是全知、全能、全在的，有神論還區分多種派別，如一種神論（猶太教、回教、基督教）、二神論（拜火教）、多神論（印度教、中國民間信仰）等。

二、無神論（Atheism）：宇宙世間無神，或有神也是人創造出來的，故中國人說「封神」榜。中國民間信仰也常被歸入「無神論」，因為中國的神是人創造的。

神觀之影響基本教理、教義及信仰理論，宗教乃對國家整合有決定性的影響力。西方各教派堅持「神創造人」，堅持自己信仰宗教的真理性，因而發生許多宗教戰爭，西元六世紀到十六世紀曾有長達一千多年的政教紛爭，犧牲許多生命，許多政權也因而分合興亡，但中國人普遍認為並非「神創造人」，而是「人封神」，所以歷史上除魏晉南北朝有因佛教起爭端外，並不因「神」或「宗教」而有衝突，更沒有所謂「宗教戰爭」。宗教在中國的國家整合過程中並沒有形成障礙，反而成為凝結中華民族團結的推手。唐代以後的「三教合一」，經一千多年的融合，現在大家才有「中華文化三要素：儒、佛、道」的共識。目前世界上固守主要宗教傳統的人口百分比如「表一」。❶

表一：固守主要宗教傳統的世界人口百分比

年 宗教	1900	1970	1980	1985 (估計值)	2000 (估計值)
1. 西方基督教	26.9	30.6	30.0	29.7	29.9
2. 正統基督教	7.5	3.1	2.8	2.7	2.4
3. 回教	12.4	15.3	16.5	17.1	19.2
4. 無宗教信仰	0.2	15.0	16.4	16.9	17.1
5. 印度教	12.5	12.8	13.3	13.5	13.7
6. 佛教	7.8	6.4	6.3	6.2	5.7
7. 中國民間信仰	23.5	5.9	4.5	3.9	2.5
8. 部落的宗教	6.6	2.4	2.1	1.9	1.6
9. 無神論	0.0	4.6	4.5	4.4	4.2

來源：David B. brrett. ed. World Christian Encyclopedia: A comparative study of churches and religions in the modern world A.D. 1900-2000（Oxford：Oxford University Press. 1982）

政治學大師 Samuel P. Huntington 在「文明衝突與世界秩序的重建」研究顯示，在快速現代化社會，如果傳統的宗教無法適應現代化要求，則西方基督教和回教便有擴張的潛力。回教人口成長也將高過基督教，到公元二〇二五年達世界人口百分之三十。

貳、宗教對新興國家「國家整合」的影響

在新興國家，宗教信仰仍然與一般人民生活密不可分，且與政治權力的變遷有相當程度的關係，大致上可分兩種情形。

一、同一國之內存在許多具有相互排斥的宗教

有此類情形的國家很多，如美國、中國、印度、前蘇聯及今俄羅斯，均分別對國家整合與國家安全造成各種不同程度的影響，舉印度為例如「表二」說明。

印度的宗教結構有印度教、回教、基督教、錫克教、佛教、耆那教等，其中為數最多的是印度教。因各教派存在太多差異及排斥，自然在政治權力和政治利益都形成「非整合」狀態，政教衝突的結果是帶來不安、動亂與戰爭。直到二十世紀的九〇年代，仍經常有大規模暴動、暗殺，實在是國家整合難以突破的困境。[2]印度政局始終不安、經濟落後、貧窮、實與宗教最有關係。印度文化以宗教為主體，凡社會倫理、政治經濟、律法風俗、文學藝術，莫不為宗教精神貫穿和統攝。特別是基於印度教義所劃分的階級制度（Caste system），把人分成四個等級：

(一)婆羅門（Brahman）：僧侶、經師階級

(二)剎帝利（Kshatriya）：王室、官吏、軍人。

(三)吠舍（Vaisya）：農、商、平民。

(四)首陀（Sudra）：皂隸、下等賤民。

印度社會目前仍有約三千種不同的「卡斯特」（Caste），每一個都有呆板固定的世襲職

業，人種等級的區分到了進入二十一世紀的今天，依然牢不可破，形成政治和法律上的不平等。❸

表三　新興國家多元宗教與衝突之狀況

表二　印度的宗教結構

宗教	人數（Number）	總人口中百分比
Religion	百萬（Millions）	(Percent of Total Population)
印度教（Hindu）	453.4	82.72%
回教（Muslim）	61.4	11.2%
基督教（Christian）	14.2	2.6%
錫克教（Sikh）	10.4	1.89%
佛教（Buddist）	3.8	0.71%
耆那教（Jain）	2.6	0.48%
其他（others）	2.2	0.40%

註：十表示有，一表示無

二、無政治因素而宗教本身產生分裂

新興國家的宗教信仰，有時候沒有政治權力鬥爭的因素介入，而是宗教本身的分裂，導致國家整合的困難，如「表三」❸，有些國家雖有兩個以上的主要教派，但仍然可能產生分裂或未分裂的兩種狀況，有些國家如巴基斯坦、伊拉克、敘利亞、葉門、比利亞、馬達加斯加等國，國內並無兩個以上教派相抗衡，但其教內產生的分裂現象，仍然給她們的國家帶來整合危機。可見宗教意識形態的分歧，固然不利於國家的整合，同一宗教內部相互不妥協的權力鬥爭，也對國家整合產生障礙，或為國家帶來內部動亂，威脅國家安全與社會安定。

	國家	兩個以上宗教	主要宗教內有分裂狀況
亞洲	緬甸	+	−
	中共	+	−
	印度	+	−
	印尼	+	+
	伊朗	+	+
	馬來西亞	+	−
	尼泊爾	+	−
	巴基斯坦	−	+
	菲律賓	+	−
	斯里蘭卡	+	+
	泰國	+	−
中東	伊拉克	−	+
	黎巴嫩	+	+
	敘利亞	−	+
	葉門	−	+
非洲	喀麥隆	+	−
	查德	+	−
	鐘荷美	+	−
	依索匹亞	+	−
	迦那	+	−
	幾內亞	+	−
	象牙海岸	−	−
	肯亞	+	−
	賴比瑞亞	+	+
	利比亞	−	+
	馬達加斯加	−	+
	馬拉威	+	−
	奈及利亞	+	+
	塞內加爾	+	+
	獅子山	+	−
	南非	−	+
	蘇丹	+	+
	坦桑尼亞	+	−
	多哥	+	−
	烏干達	+	+
	阿聯大公國	+	−
	上伏塔	+	−

參、極端回教與目前世界各國動亂

目前世界上的極端回教國家，都已被自由世界稱為「革命輸出國」，如美國國務院列名的支持恐怖活動國家：伊朗、伊拉克、利比亞、敘利亞、蘇丹、北韓、古巴等，事實上，整個回教世界依其暴力程度可概分三類：

㈠溫和保守派：巴林、阿曼、沙烏地阿拉伯。

㈡親西方國家：土耳其、埃及、摩洛哥。

㈢極端回教國家：伊朗、伊拉克、阿爾及利亞、蘇丹。

這三類以極端回教國家的暴力程度最高，在世界上許多地方製造恐怖活動，對國家安全、社會安定，甚至國家整合的衝擊最嚴重，在極端回教國家中，最恐怖也最占上風的是「回教基本教義派」，目前正在擴張勢力，而其中最有名的是公元二千年創下「九一一事件」，老美為此發動阿富汗戰爭的「蓋達」組織，首腦是賓拉登，出版界已有許多研究，尚有下列組織。

㈠哈瑪斯（HAMAS）：一九八七年成立於迦薩走廊，全名是「回教抵抗運動」，成員來自埃及的「回教兄弟會」，其相關團體是「回教聖戰組織」，該組織活動範圍在以色列及占領區，經費來自伊朗幕後支持。哈瑪斯主張消滅以色列，建立橫跨地中海到約旦河的回教國家，揚言報復英國人和猶太復國主義，仇視美國，並且不承認以色列與巴解在一九九三年達成的自治協定。

㈡回教救國陣線（FIS）：阿爾及利亞最大的在野黨，於一九九一年的全國初選獲壓倒性勝利，但阿國政府隨即宣布取消大選，回教救國陣線憤而轉入地下，從事恐怖活動，主席馬達尼揭示：「沒有典章，沒有憲法，只有可蘭經」。[5]特別仇視法國人，認為法國支持政府軍，該陣線相關團體有二：

回教救國軍：專攻擊政府軍。

武裝回教團體（GIA）：暗殺阿國境內外國人。

回教救國陣線力斥西方國家道德沒落，認為一切都要回歸可蘭經的教義規範內，否則就是叛徒。

二、其他回教國家中的回教基本教義派

在整個回教世界中，基本教義派並不一定存在極端回教國家，親西方及其他國家也有基本教義派。

㈠蘇丹：屬回教正統派，親伊朗，接受伊朗資助訓練回教革命狂熱分子，亦庇護巴勒斯坦激進團體。

㈡伊朗：回教什葉派，屬回教非正統，以回教革命基地自居，是主要的革命輸出國。

㈢黎巴嫩：回教真主黨，什葉派居多，由伊朗和敘利亞支持，主張從地中海岸到敘利亞成立回教國家。

㈣埃及：伊斯蘭團體，反對親西方政策，欲推翻總統穆巴拉克的親西方政府，建立純回教國家。

蘇丹回教陣營領導人曾說，西方國家對回教的恐懼更甚於共產主義的恐懼，因為西方只知道應付物質的挑戰，卻不知如何應付精神挑戰。❻這個說法頗有一些道理，回教激進分子在歐美各地製造恐怖攻擊，如紐約世貿中心大爆炸、法航劫機、巴黎地下鐵及凱旋門爆炸案，已讓西方各國「國國自危」。

若從更高更早的歷史視野探索，可以說是回教世界和基督世界的「千年鬥爭」，是兩個神（阿拉、天主）的對決，而人類只是在打「代理戰爭」。不幸的是，近三百年來，基督世界因工業革命而富強，創造了「西方資本主義」巨獸，回教世界面臨被壓迫，被「和平演變」的命運，只好起來反抗。恐怖主義是「弱勢者」與「強勢者」對決，唯一可用，且最厲害的武器，阿拉的子民用的愈來愈純熟了。

肆、回教的血腥邊界與原因探討

從一九七〇年代「回教復興」（Islamic Resurgencer）運動以來，❼全球風起雲湧，回教徒已達世界總人口五分之一。但回教也在許多國家、地區及非回教團體間，造成更多衝突動亂，如波士比亞、俄羅斯、土耳其等，莫不為回教與其他教派存在高度敵意而引燃戰火，以下從經驗觀察和原因探討分述之。

一、回教徒暴力衝突的經驗觀察

經驗觀察的目的是要獲取證據，進而解釋現象，回教徒在回教國家及其他國家與地區，所發生的衝突可做如下觀察。

(一)在一九九三到一九九四年間的五十場種族衝突中，回教徒捲入二十六場，其中十五場是回教徒和非回教徒之間，回教徒的衝突，是完全非回教徒的三倍。

(二)在一九九二年發生的二十九戰爭，在十二場文明內部衝突中，有九場是發生於回教徒和非回教徒之間，證明回教文明比其他文明有更多戰爭。

(三)統計一九二八年到一九七九年間，回教國家的一四二次危機，有七十六次訴諸暴力。

(四)比較各國處理危機時訴諸暴力的程度，回教國家是百分之五三點五，英國百分之一點五，美國百分之一七點九，前蘇聯百分之二八點五，顯示回教的暴力程度甚高。

二、回教徒暴力傾向的可能原因

要評估歷史上不同文明的暴力傾向，很難做的客觀合理，西方在長達一千年的政教之爭，基督徒也曾大量殘殺基督徒、其他民族及異教徒。那麼，現在我們如何解釋回教徒這種高暴力傾向呢！只能說是一種可能原因。

(一)回教是「劍的宗教」，崇尚武力，有高程度的窮兵黷武傾向，如「表四」所示。❾穆罕默德本人身後有「無情戰士」、「軍事指揮官」之名，回教教義對非信徒主張發動聖戰。

(二)回教政教合一，並和其他宗教劃清界線，結果其他各種教派想和回教共存都很困難，例如華人在世界各地與各種教派相處都能適應或同化，唯獨與回教（如印尼、馬來西亞）共處，都常發生排華暴動及暴力事件。

表四：回教國家和基督教國家的軍力比及軍力指數

	平均軍力比	平均軍力指數
回教國家(n=25)	11.8	17.7
其他國家(n=112)	7.1	12.3
基督教國家(n=57)	5.8	8.2
其他國家(n=80)	9.5	16.9

來源：James L. Payne. Why Nations ARM (Oxford: Basil Blackwell, 1989), pp. 125, 138-139.在那些回教徒與基督教徒國家中，有80%以上的人口信守著明確的宗教。

㈢回教國家的解釋是，在十九、二十世紀西方帝國主義擴張，許多回教國家都是被壓迫者，受到打壓的族群，但這卻不能解釋蘇丹、埃及、伊朗及印尼等國家回教多數和非回教少數間的衝突。

㈣政治學家Samuel P. Untington認為，回教是世界各國不安的源頭，因為它缺乏一個主導的中心，各回教國家都在回教世界競逐響力，都希望出線成為回教領袖，卻也沒有任何權威可以出來解決衝突。

㈤回教年輕人在回教復興中也舉足輕重。如「圖一」所示，自一九七〇年代開始回教國家年輕人數量呈高峰膨脹的態勢，比其他國家高出很多，年輕人是搞抗議運動、製造動亂衝突及投入革命行列的主力。

㈥從工業革命後這三百歷史看，英、美資本主義國家（即基督世界含天主教），因科學進步，而強大，在叢林法則下，回教世界成為弱勢者。自然面臨壓迫，甚至產生存在的危機。弱者為求生存，當然要全力反

圖一　15到24歲年輕人占總人口比率

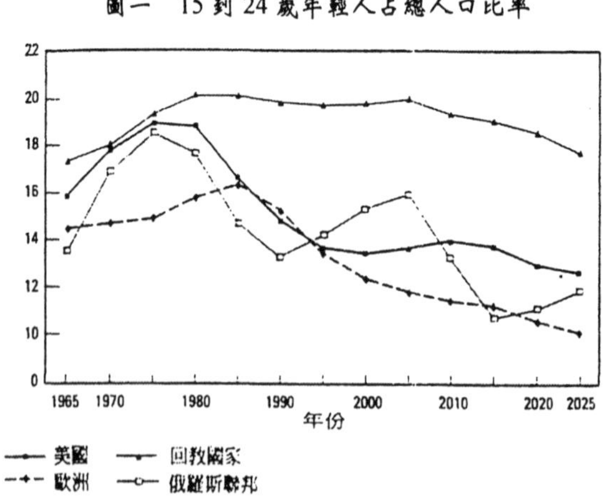

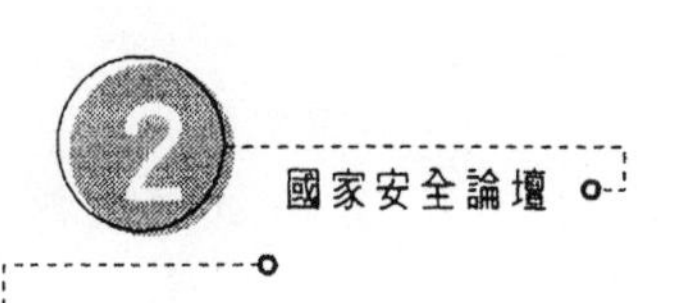

擊，暴力成為必須選項。

伍、普世基督教界的激進宗教運動

「基督教界」（Christendom）是一個涵蓋各基督教會的概括性名詞，一九四八年「普世基督教會協會」（World Council of Churches）成立時，曾規定會員教會儘量擴張範圍，入會基礎即「承認耶穌基督為上帝與救主」。因此「基督教界」的範圍包括東正教會、羅馬天主教會、信義宗教會、改革教會、浸信會等，「激進宗教運動」（Radical Relgious Movement）為近世的一項全球性宗教入世運動，基督教界受到激烈影響，激進宗教狂熱成為基督教各教會的普遍現象。

追究事情的本源，近世的激進宗教運動為近代人文主義（Humanism）的延長和投射。人文主義的特質在強調人性建設的可能，肯定人性的價值，確認人與自然的二元論，推行現世社會改善的必然性和必要性，其對基督教界的啟示，便是將屬靈的關切轉向屬世的關心，這一吊詭性的倒置便產生了「批判性的反省」，從被泛稱「解放神學」（Theology of Liberation）或「革命神學」（Theology of Revolution），大量神職人員及教徒大舉從事政治社會運動，在整個運動中受到教宗的支持，而以起源於東歐的「基督徒與馬克思主義者對話」，及拉丁美洲「解放神學」的兩個運動最重要。

一、教宗聖若望廿三和保祿六世的教諭

宗教入世運動的開展，最具革命性轉變的，便是這兩位教宗相繼的兩大教諭：一九六三年「在地上的和平」（Peace in Terris）和「人民的進步」（populorum progressio），這兩大教諭成為宗教入世運動的指導綱領。

「在地上的和平」教諭為近代天主教人文主義的時代性教諭，若望廿三世呼籲和基督教各教會相互合作，甚至與馬克思主義信徒對話，共同創造理想社會，這個教諭也積極倡導社會應致力於正義、平等、自由的實現。

「人民的進步」教諭，在本質上是「在地上的和平」的闡揚與延續，進一步的鼓動「富人是窮人的竊賊」觀點，此教諭一出，華爾街日報的反應是「馬克思主義復活了！」[10]俄共領導人赫魯雪夫則表示歡迎。

二、「基督徒和馬克思主義者的對話」運動

這是一個複雜的激進神學運動，雙方各有其客觀因素，在共產國家方面因不能清除「人民的鴉片煙」——「宗教」，教徒的抵抗日益高漲，共黨被迫必須與教徒妥協，以獲取支持。

西方國家眼見近半個地球被赤化，不得不和解與妥協——承認事實的存在，梵蒂岡乃在一九六一、一九六三、一九六七年，三次發表教皇教諭，主張地上和平、反戰、反資本主義等，基督徒和馬克思主義的對話乃成為一九六〇年代前後的社會瘋狂運動。

更激進的觀點，雙方（基督教和馬克思信徒）還追本溯源，認為耶穌和馬克思之間有「先知性的聯繫」，共產主義是早期的「世俗基督教」，應該結束往昔的「兄弟鬩牆」（Fratricial War），使得雙方「互相豐富」（Mutual Enrichment）起來，在西方世界，特別是知識青年、工人、學生、黑人，對馬克思的狂熱在一九六八年達到頂點，社會運動演變成暴行、革命、顛覆現政權運動。馬庫色（Herbert Marcuse）、阿多諾（Theodor Adorno）等人，都是這一波運動的理論家與指導者。（註 11）

三、第三世界與拉丁美洲的「解放神學」運動

在這些地區，整個一九六〇年代中後期及七〇年代前期，激進宗教與馬克思主義結合成的左翼運動，真可謂澎湃洶湧，特別是拉丁美洲有百分之九十五天主教徒，使得羅馬天主教在拉丁美洲是凌駕一切之上的唯一勢力。由教會支持、掩護、推動的革命運動和和反抗運動真是不勝枚舉。

「解放神學」的要義是把教會視為「批判機構」（Institution of Criticism），「抗議踐踏

人性尊嚴，為眾多人民被凌辱而鬥爭，把人間的愛解放出來，建立人間成為上帝的國」是所揭櫫的神聖目標。

總的來說，激進宗教運動到一九七〇年代後期開始退潮，回首前塵，那到底是國際共黨的陰謀策動，還是基督教界的發展策略呢？至今仍是一個充滿弔詭性（Paradox）的問題，勿論是非，這一波激進宗教運動（回教與基督教界）對中國也好，對台灣也好，產生強烈的衝擊則屬必然。

陸、激進宗教運動對中國當代國家認同的衝擊

當近世激進、極端宗教運動，以自由、解放、正義或建立理想國度之名，介入各國政經社會運動時，衝擊力可能超越國家安全、國家認同之範疇，而達到國家版圖重新解組與整合，對中國的衝擊同樣是巨大的，目前更尚在漫延和發展中，此處試從對國家認同概述之。

「統一的中國」思想從周朝初年形成，到戰國時代孟子建立「中國統一思想」的理論基礎，秦漢後中國便是統一的國家，這個理念在歷史上垂二千餘年而未動搖。近代中國積弱不振，帝國主義與共產主義入侵，才產生國家認同問題，至今仍處分裂狀態，也許有無數複雜因素糾纏著。但把宗教這項因素單獨抽離觀察，區分大陸地區和台灣地區兩處，激進宗教運

動對中國當代國家認同的衝擊，仍然造成極大的困境

一、大陸地區激進宗教運動對國家認同的衝擊

在大陸地區激進宗教運動比較活躍地區是新疆和西藏，且分離主義意識高漲，都對中國的國家認同進行嚴厲挑釁。

新疆的分離主義始自大陸時期，但那並非宗教因素，而是蘇聯策動。⑫但現在宗教已是主要因素，極端的「回教泛伊斯蘭主義」與回教世界的「聖戰」遙相呼應，目前已是新疆分離主義的主要精神力量，為獨立建國發動許多流血暴動，如一九六二年伊犁暴動、一九八〇年代喀什兩次暴動、一九九七年伊寧大暴動，都因回漢關係或宗教因素引暴。⑬

對付新疆的分離主義，特別是「人民的鴉片煙──宗教」絕無妥協，一九九〇年三月十一日「新疆日報」公布的「六點行動方案」中，就強調「黨絕對在宗教之上」。

有關回教必須接受嚴格規範，是故每次暴動中共都採嚴厲鎮壓、集體審判及快速處決政策，一九九七年二月伊寧暴動，中共就處決了百名回族分離主義分子。⑭新疆獨立運動半個世紀以來愈演愈烈，因素多而糾結不清，惟極端回教的「世界革命」政策是難以應付的外環境，光是鎮壓、處決是不行的。

八十六年三月流亡的西藏政教領袖、第十四世達賴喇嘛，接受中國佛教會理事長淨心長

老邀請，來台訪問六天。訪台期間達賴多次表示「主張自治，不主張獨立」，西方及某些台灣用陰謀理論解釋，認為他仍扮演藏獨的「白手套」角色，中共則解讀為「台獨與藏獨」的合流。[15]各方認知差距太大，而西藏境內人民為維護傳統宗教信仰，抗暴運動也始終沒有停止。西藏是政教合一的社會，表示政治與宗教都是藏人所堅持的，如何能不危及國家認同正考驗漢藏人的智慧，外界也在由此觀察中共改革開放的程度與方向。

隨著改革開放，中國的繁榮崛起，進入廿一世紀，西藏和新疆的分離主義已經降溫，加上西藏鐵路的通車，相信都有利於國家的整合和統一。畢竟回教在中國有久遠的歷史，也有很多信眾，因為中華文化儒家文明的關係，伊斯蘭也會變得溫和而有包容力。

二、台灣地區激進宗教運動對國家認同的衝擊

外來宗教各教派對「中華民國在台灣」產生國家認同問題，最嚴重的是前述的「基督教界」（含解放神學），在台灣以「台灣基督教長老教會」（以下簡稱長老會）最激進。[16]以下是長老會近數十年來的「解放運動」。

民國六十年底，我國退出聯合國，長老會（高俊明主持）發表宣言，主張「人民有權決定他們自己的命運」。民國六十一年初，四位長老會牧師到美國成立「台灣人民自決運動」，此即後來的「自決派台獨」，此四人當時神職如表五。

表五「自決派台獨」神職人員

姓名	曾任神職
黃彰輝	長老會總會長、台南神學院院長、「普世教協」神學基金會主席。
黃武東	長老會總會議長、總幹事。
宋泉盛	台南神學院院長。普世教協信仰與教訓委員會副主任。
林宗義	教徒、牧師。

民國六十六年八月，高俊明等人發表「台灣基督教長老教會人權宣言」，主張「使台灣成為新而獨立的國家」。

長老會對後來的「高雄事件」和「中壢事件」也都積極介入，並未隨西方激進宗教退潮而中止活動，台灣地區解嚴後，長老會反而有更大活動空間，最近的活動是在美國當選「世界歸正教會聯盟」主席的宋泉盛（與表五同），於民國八十六年十月二十三日回台會晤李登輝先生要求公民投票展現台灣人自決精神，但李先生認為現在族群和諧最重要，實施公民投票並非最好時機。⑰

二〇〇六年秋，施明德發起「倒扁運動」，百萬人響應，要推翻貪污腐敗的陳水扁貪腐政權。此刻高俊明仍說，倒扁會給國家帶來不安全，可見這些長老會成員多麼護著貪腐政權。這些人左一句上帝，口說「貪財是萬惡之源」，卻說一套做一套，抓著貪腐政府吃香喝辣。他們殊不知貪污腐敗不僅失去統治合法性，也會導致國家衰亡，滿清不是如此嗎？

所以，很可惜的，台灣基督教長老教會，因李登輝、高俊明等這些投機份子，已成為一個極激進教派，支持分離主義和貪污腐敗的教派，他們為社會帶來動亂分裂，其成員應設法和李高等人切割，深刻反省。

當人類邁向二十一世紀文明，總覺得人類文明是不是在輪迴中，又要向前回到中古時代，宗教不是再度走上國際舞台的中央嗎？在東歐，尤其波蘭，教會勇敢的站在第一線與共產政權對抗，成為左右全局的力量。梵蒂岡就認為，整個東歐的變革都是由教宗若望保祿二世所帶動。然而，教宗也在呼籲建議「歐洲基督化」（**Christian Europe**）。如果歐洲真的基督化，則歐洲的一千多萬回教徒及少數族群教派怎麼辦？至少回教基本教義派也在構想把歐洲伊斯蘭化。到時難到再透過一場宗教戰爭來決定「市場」或地盤嗎？這恐怕是難以避免，更大的戰火還在後面呢？

另一個實例，伊朗狂人何梅尼因「魔鬼詩篇」違反可蘭經教義，通令全世界回教徒追殺作者魯西迪，何梅尼真正的本意在說：「主權獨立」的國家，不再是主權獨立的國家，所謂的「國家」都是臣屬於他的教派之下，他的確回到中古時代，強調教權高於政權。若政教之爭再起，我們豈非永無寧日！

柒、結論：向儒家文化取經。

「大未來」一書的作者**Alvin Toffler**看準人類的大未來：我們正在用我們的新知識，顛覆我們這個世界，準備創造一個新文明。[15]明日文明必然更好，讓全人類活的更好，否則如何日「新」乎？是故，諸種排他性宗教必須學習共存與尊重，降低對國家的安全威脅，減少對國家的認同問題，應有利於國家之整合。必竟「凱撒的歸凱撒，上帝的歸上帝」，誠如台北地方法院對「宋七力案」的判決，是「審判犯罪，不是審判宗教」，藉神蹟歛財，就是犯罪。[19]同理政教分離，各教共存，相互尊重，人類才有大未來，使宗教戰爭永成歷史。[20]

本文比較了「阿拉世界」和「基督世界」，發現這兩個人類社群文明（也是兩個絕對唯一的神：阿拉和基督，其實我很不願這樣講，因為錯不在神，真正犯錯的是我們「人」啊！）陷入了永無休止的相互毀滅鬥爭，雙方都認為自己是「唯一真理」，對方是魔鬼，但責任較大的一方，吾人認為是英美這些資本主義國家，企圖利用本身的強大，對阿拉伯世界進行「和平演變」，甚至利用「武力演變」（如入侵阿富汗、伊拉克）。而二〇〇六年八月的「以黎戰爭」不也相同嗎？

事實上阿拉和基督兩個世界的總人口，雙方都各有十多億，要消滅對方是不可能，也沒有必要。當他們的命題陷於無解之際，何不來向中國儒家取經，儒家文明主張包容、共生和尊重，政治上以仁政和人本為核心理念。西方有很多政治家、思想家已經起步，向儒家文明取經。

註釋

❶杭亭頓（Samuel P. Huntington），文明衝突與世界秩序的重建（The Clash of Civilizations and The Remaking of World Order），黃裕美譯（台北：聯經出版公司，一九九七年九月），第三章。

❷彭堅汶，孫中山三民主義建國與政治發展理論之研究（台北：時英出版社，民國76年12月），頁八八—九三。

❸印度教所設計的階級制度，使國家之內的政經地位不平等。譬如，婆羅門的一切財產和收入可以免稅，其他階級要繳納約六分之一的生產所得給政府，一個首陀如殺死另一個首陀，他可以捐獻十條牛給婆羅門來贖罪；如殺死一個吠舍，則送一百條牛，如殺死一個剎帝利，

則送一千條牛，但如殺死一個婆羅門，唯有以生命抵償。好像只有婆羅門才算真正的人，類似不平等的階級劃分，其他尚多。見江炳倫，亞洲政治文化個案研究（台北：五南圖書公司，民國78年6月），頁六九—八三。

❹同❷。

❺崔小菇，「極端回教派與世界動亂」，中央日報，民國84年9月13日，第九版。

❻同❺。

❼「回教復興」的意義和影響力，已和「美國革命」、「法國革命」或「俄羅斯革命」一樣重要，甚至與「宗教改革」（Protestant Reformation）等量齊觀，見❶書，第五章。

❽參閱❶書，第十章。

❾同❽，頁三五三。

❿關於激進宗教運動可參考南方朔，帝國主義與台灣獨立運動（台北：黎明文化出版公司，民國70年12月），頁一一五—一六四。

⓫陳榮灼、蔡英文、黃瑞祺、羅曉南編譯，當代社會政治理論對話錄（台北：巨流圖書公司，民國75年10月），第九篇。

⓬新疆的分離主義較早是民國三十二年，俄共策動獨立「東土耳其斯坦人民共和國」，後經國民政府派兵敉平。見前國防部長郭寄嶠上將口述，敉平新疆偽「東土耳其斯坦人民共和

國」經過紀要（台北：國防部史政編譯局，民國78年11月1日）

⓭九〇年代新疆境內的獨立運動組織有二：一為「東土耳其斯坦人民聯合民族革命陣線」，屬激進派，領袖是穆赫里西（Yucubek Mukhlisi）。另一為「自由維吾爾斯坦黨」，領袖是瓦西多夫（Ashir Vakhidov），是穩健派。還有一個流亡在土耳其的「聯合全國革命陣線」，見中國時報，民國83年8月5日；中央日報，86年2月13日。

⓮中央日報，86年2月13日。

⓯亞洲週刊，一九九七年三月三十一日—四月六日，頁六—廿三。

⓰長老會（Presbyterian Church）源自十六世紀法國神學家喀爾文（John Calvin, 1509-1564），是比路德教會（The Lutheran Church，在台灣稱信義會）更激進，素有激進主義的教派。長老會在英國稱「清教徒」（puritans），十七世紀參與英國革命，部分遷移北美洲殖民地，成為美國獨立革命最大的宗教勢力。台灣的長老會也常引證這段歷史，認為台灣要獨立建國；而喀爾文的「反抗暴君論」則成為長老會的理論依據，其實這是長老會的「誤用」，因為喀爾文的反抗暴君是宗教，非政治因素，真正更激進的反抗暴君論，應屬我國孟子的「暴君放伐論」。賦予人民反抗，放伐暴君及革命的理論依據。

⓱自由時報，民國86年10月25日，第二版。

⓲艾文・托佛勒（Alvin Toffler），大未來（Powershift），吳迎春、傅凌譯（台北：時報文

化出版公司，民國84年3月30日），頁四六二。

⓳ 中國時報，民國86年10月31日，第九版。

⓴「宗教戰爭」在人類歷史上似已久遠，但最近一九九〇年的波灣戰爭即險些遊走於宗教戰爭的邊緣，這年八月伊拉克海珊即構想以回教世界領袖自居，號召全世界回教徒對以美國為首的西方國家發動回教聖戰（Jihad），現代版的宗教戰爭已是山雨欲來風滿樓，美國宗教團體質疑盟軍行動是否符合傳統「正義之戰」（Just War）準則，部分希臘正教與基督教人士更斥之為「道德淪喪」了。

按「正義之戰」準則，是基督教神學家阿圭納（St. Thomas Aquinas, 1227-1274）所建立：第一、戰爭必須由國家當局策令進行；第二、戰爭原因必須出於正義；第三、戰爭結果必須益於人民。後來天主教徒再添四項：第一、戰爭必須是「最後手段」；第二、必須具有成功之可能；第三、戰爭帶來的善果必大於其所引發的惡果；第四、戰爭不得傷及無辜。合乎以上七項才算正義之戰，也是發動戰爭的標準。

針對這七項標準，美國辛辛那提一位主教畢拉茲克認為，多國部隊用武，可能已違反「最後手段」及「戰爭結果好壞比例」二原則。各地教會發起反戰示威，預測戰爭將有十萬人傷亡，羅馬耶蘇會宣稱，造成廣泛傷害的戰爭，皆不能稱「正義之戰」，但也很多教徒主張嚴厲制裁伊拉克才是正義。布希總統在一九九一年元月發表過一次演說，尋求基督教義中的「正義之戰」泉源，也針對「最後手段」和「戰爭結果好壞比例」提出解說。

波灣戰爭正式開打後，盟軍對有關宗教事宜也很小心。美軍共有隨軍神父一百一十名，一九九一年二月在一處美、英、沙、科四國部隊共用的空軍基地餐廳中，美軍一位神父主持禱告儀式，開始時口稱「噢！上帝！阿拉！」，結束時用阿拉伯語說，「願所有人的上帝保佑我們所有人。」在盟軍方面是如此的圓融了教派間的堅持，才未陷入海珊宗教戰爭的「阱」中。

在海珊方面他的「聖戰」未能得逞，主要是回教的「Jihad」觀念已經式微，再者海珊使用有毒武器（化武）、虐待人質和俘虜，在科威特大規模破壞自然生態，都不合回教「聖戰」教義，按可蘭經解釋，回教徒認為世界分兩大部分，其一為「回教王國」（Dar Ul-Islam），其二是「戰爭王國」（Dar Ul-hard），這表示回教徒必須以武力征服回教世界以外地區，但這個理念也隨回教帝國的衰落而式微。而聖戰（Jihad）的宣戰權者在哈里發（Caliph，穆罕默德之後裔及繼承者，或舊回教國家統治者的稱號。），從一九二四年之後已不復存在。以上原因使海珊的宗教聖戰打不起來，人類免去一場可怕的宗教戰爭，使雙方在軍事、政治領域內較勁，在最少傷害範圍內終戰，這是世人對這場戰爭的肯定。

本文詳註波灣這場遊走宗教邊緣的戰爭，仍在期盼永遠不要再有宗教戰爭，以及政教分離的必要及其重要性，唯其如此事情（指戰爭、國家整合、認同、安全等事宜）才好解決。

戰爭文選

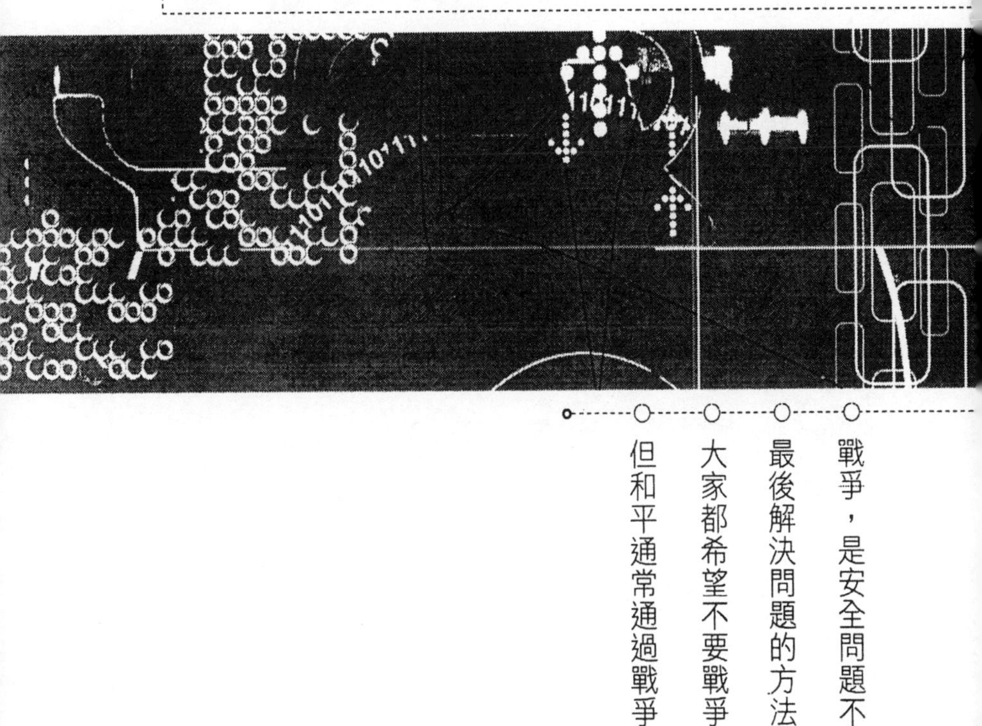

戰爭，是安全問題不能擺平
最後解決問題的方法
大家都希望不要戰爭
但和平通常通過戰爭才能得到

北伐的意義與功能

前言

「天下大勢，分久必合，合久必分」是古今中外歷史的常態，尤其中國更明顯。而解決統一問題，當政治方法用盡，啟動戰爭達成統一目標，更是中國歷史的常規，北伐正是這種史例。

一般所瞭解的「北伐」，通常限於先總統蔣公在民國十五年至十七年的北伐，因為此次北伐獲得全國統一，對中國邁向一個現代國家影響至鉅。 國父孫中山先生所主持的兩次北伐，因受客觀環境的影響而中挫，常被研究北伐的人忽略，導致一般人的誤解，不知 國父曾有兩次北伐，實則 國父與蔣公的北伐均同一北伐戰事，兩人北伐中間尚有兩次「東征」，均屬北伐範疇之內，故本文所言北伐，指 國父在民國十一年北伐行動開始，到民國十七年底由蔣公領導的中國統一為止。

再者，北伐統一行動，是民國初建以後邁向現代國家的關鍵戰爭，尤其從政治發展（Political Development）觀點上有重大意義及功能，亦為本文討論之重點。

北伐經過概述

民國成立以後，一些舊政客或因思想落伍，或因只顧私利，國家實際上仍處於分裂狀態，如民國四年袁世凱稱帝，民國六年張勳擁立滿清廢帝溥儀復辟，段祺瑞廢除民元約法造成南北分裂，及各地區軍閥割據爭戰年年，都使人民如在水火，國家建設不能推動，共黨紅禍日漸滋長，各列強待機刮食中國，故到民國十年時，廣東、廣西大致規復，中山先生乃宣示北伐之必須：「夫統一中國，非出兵北伐不為功，兩湖既促我出兵，則今日之機局，正如天造地設，總之，北伐之舉，吾等不得不行，且處偏安，只能苟且圖存，而非久安長治，能出兵則可以統一中國。……我國尚有多數同胞，猶在水深火熱也。」[1]這是國父在護法不成，軍閥混亂狀況下，政治途徑已不能促使中國統一，決心用武力北伐，統一全國的開始，以下簡述北伐統一的全部過程。

一、國父第一次北伐

北伐既經決定，十一年一月卅日，蔣公與胡漢民先生在桂林謁見國父，商討北伐軍出師日期，決定於二月三日出發，並交待陳炯明主持兩廣，負責軍隊餉械補給，李烈鈞攻江西，許崇智出湖南，中山先生則親率艦隊由上海進長江，在江西與北伐軍會師，繼進中原，❷北伐軍初依作戰計畫進行，三月，發生陳炯明非但未支持北伐軍需，且勾結唐繼堯等人阻擾北伐，刺殺第一師師長鄧鏗。❸北伐軍決定先班師回粵，改道贛南北伐。❹

六月，北伐軍已到江西，陳炯明擴大叛變，於十六日凌晨發動攻勢，攻擊總統府及孫先生所居之「粵秀樓」，所幸孫先生已先乘艦泊碇於黃埔外海，北伐軍雖回師平亂，惟距離遙遠，彈缺馬困，戰事一再失利，到八月十四日孫先生只好離粵去上海。❺這是北伐第一次中挫，事後中山先生發表宣言，指陳炯明「阻我前進，絕我歸路」，但地方自治絕非軍閥用割據可以藉口，北伐大業另當再舉。❻

二、國父第二次北伐：

十二年元月北伐軍收復廣州，陳炯明遁往惠州，十三年九月，張作霖、盧永祥討伐曹錕、吳佩孚，並請中山先生共舉，孫先生認為此乃北伐良機，決心再舉北伐，命胡漢民留守廣東，譚延闓為北伐軍總司令，以佔領南昌與東南各義軍會師長江為目的。[7]正當北伐軍向贛、湘挺進之際，馮玉祥在北京發動政變，迫使曹錕停戰，並連絡張作霖、段祺瑞等人電請 國父北上，共謀國是，廣州大元帥決議北上謀求和平統一中國，並發表北上宣言，此次北伐暫告中止。

三、蔣公東征，消除北伐後顧大患

孫中山先生北上，又復臥病，陳炯明趁機再起，於十四年元月七日自稱為救粵軍總司令，自潮、汕及江西三路進攻廣州。 蔣公為消除北伐大患，遂有兩次東征。第一次自二月上旬到三月下旬，歷經廣九路、淡水、海豐、潮汕地區，棉湖等戰役，校軍克復梅縣，叛軍退走江西，訃傳 國父逝世北平，戰事乃告一段落。第二次東征在十四年九月上旬到十五年二月下旬，經惠州、潮汕戰役，擊滅陳炯明叛軍，殘部悉數繳械，十一月規復廣東，次年二月肅清海南島，廣東完成統一。東征的完成便是北伐準備的就緒， 蔣公北伐的序幕於焉展開。

四、蔣公率軍北伐，統一中國

此次北伐歷時最久，規模最大，對中國近代政治發展影響最深，自民國十五年七月一日國民政府下達動員令，到十七年十二月廿九日張學良通電服從國民政府，全國統一，歷時兩年半，概述如後：

㈠北伐前各軍閥兵力情勢：吳佩孚以武漢為根據地，勢力範圍有豫、那、湘、陝、川、黔等六省，兵力廿餘萬；孫傳芳控有蘇、浙、皖、贛、閩五省，兵力廿餘萬；張作霖號稱「東北王」，兵力卌五萬；馮玉祥控有綏、寧、甘，兵力約十萬人；閻錫山佔有山西一省，兵力約十二萬人，各大軍閥總兵力約百萬，政府軍在北伐初期為十五萬人。❽

㈡出師北伐與江南底定：自十五年七月一日國民政府下達北伐動員令，以蔣公為北伐軍總司令，兵分三路，中央軍以武漢及武勝為目標；右翼軍以南昌及九江為目標，並由福建、浙江轉進的一個軍配合，收復上海、南京；左翼軍以沙市、荊州為目標。十月大敗吳佩孚，十一月孫傳芳幾遭北伐軍全殲，月底上海光復。

民國十六年元月，　蔣公親自指揮進攻南京，由何應欽負責東路軍總指揮，　蔣公兼任中央軍總指揮，三月六日克蕪湖，十七日克當塗，廿三日南京光復，自此長江以南完全底定，四月十八日國民政府遵奉國父遺教，奠都南京，並發表「建都南京宣言」，政府根基奠定，最有利於繼續北伐。

㈢渡江北伐，完成統一：十七年春，國民政府特任馮玉祥為第二集團軍總司令，閻錫山為第三集團軍總司令，李宗仁為第四集團軍總司令，蔣總司令兼任第一集團軍總司令，揮軍渡江，革命軍總數六十餘萬人，張作霖部亦傾其主力約六十萬，軍心散漫，已成強弩之末，

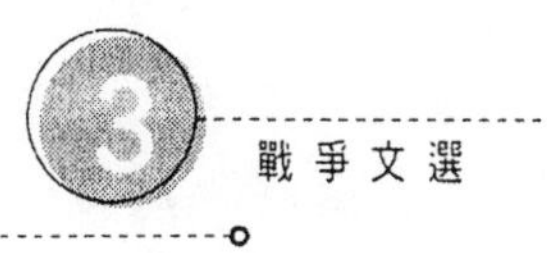

革命軍五月一日會師濟南，月底已將奉軍主力包圍於天津、北平，六月二日張作霖見大勢已去，逃回東北，四日被日本人炸死在瀋陽附近，八日北平光復，十二日天津光復。

各軍閥殘部北竄，革命軍大舉追擊，張學良憤父之慘死，又激於國仇，最主要是實力已不能和政府軍抗衡，十二月廿九日通電服從政府，願意推行三民主義，北伐正式結束，全國統一。

北伐的現代意義

北伐雖已結束半個多世紀，但其現代意義則是萬古常新的，中國若想成為一個現代國家，吾人若想成為一個現代國民，我們必須深體這些意義，並能力行實踐。

一、中國是一個完整的生活領域不容割據：

我國自秦漢以來，都是一個民族造成一個國家，❾換言之，便是一個統一的國家，歷朝歷代所有的割據分裂都是暫時的，終將回歸統一的狀態，才能「國泰民安」。北伐只是這個理念的實現，蓋因民國創建以來，內受軍閥，外受帝國主義侵略，國家始終處於分裂狀態中，蒙古、新疆、東北、臺港、南北政府等，都曾在不同政權統治下。一個完整的生活領域長久被割據，中國那能不亂？人民豈有好日子過？北伐告訴世世代代中國人，國家要統一，才能進行全面建設，國民才有生存的尊嚴。

二、安內自強，才能攘外抗侮：

北伐前後內憂外患甚為危急，國內政客、軍閥與列強侵華相互依賴，內外孰重？在當時曾有爭議。但中山先生認為只要國民能覺悟自強，軍閥與帝國主義終不能得逞，他在民國十三年的「北上宣言」中明確說出「帝國主義之援助，終不敵國民之覺悟，帝國主義惟能乘吾國之未覺悟以求逞，軍閥亦惟能乘吾國民之未覺悟以得志於一時，卒之未有不為國民覺悟所屈伏者」❿。故當時有國際共黨在中國滋長，有各國在華勢力範圍，有種種不平等條約，若國民不能覺悟，國家不能團結安定，所有問題亦無從解決，北伐是解決這些問題的第一步。

三、從挫敗中檢討建軍之重要：

民國初建後，政府並沒有一支可用的軍隊，所有兵力都由各地區大小軍閥掌控，這是地方割據與護法無成的原因，但到民國十一年中山先生第一次北伐，因陳炯明叛變而中敗時，就準備要建立一支政府可用的軍隊，⓫十三年黃埔軍校及校軍逐次建立，以後的東征、北伐得以完成，這在國家初建及發展過程中有重大意義。其一，現代化軍官扮演現代化和進步的角色，他們向落伍腐敗思想挑戰，促進社會改革和國家統一；⓬其二，社會發展初期是靠軍人建立制度的良機，社會進入中產階段時期中，軍官團常成為一種比較明確的制度。⓭因為建軍是國家統一及政治發展中的關鍵因素，黃埔建軍之後軍閥次第消滅，國家得以統一。

四、武力統一仍須普遍民意支持：

北伐前後，各大軍閥勢力如張作霖、孫傳芳、曹錕、吳佩孚等，都在北伐軍之上。為何最後統一中國的是蔣公所領導的北伐軍呢？這個道理其實很簡單，用現代術語就是獲得普遍民意的支持。當時一般青年及知識份子，對思想陳舊落伍的政客，對割據一方的軍閥早已深惡痛絕。「黃埔建校正符合蓬勃的二十年代青年運動……全國各地愛國青年群集廣州。」⓮可見黃埔建軍與北伐統一，同當時的思想潮流及民意取向是相結合的。

北伐對近代政治發展的功能分析

政治發展通常是指政治現代化（political Modernization）。⓯在國家建立過程中，在民主政治建立、大眾動員與參與（Mobilization and Participation）、行政與法律之發展，軍事與政治的區隔等方面的進步過程。國內學者也認為政治發展不但是一種「總體政治學」（Macropolitcs）同時也是研究國家建立全面現代化的理論。[16]

北伐則是中華民國誕生後，正式完成的國家統一，就政治發展階段言，其功能也是永垂不朽的，故深值彰顯之。

一、校軍的意識形態凝聚成團結力

在現代社會談意識形態（Ideology）可能得到負面效果，但在發展中國家（特別是中國），則有正面功能，蓋意識形態便是一種主義（Ism），其主要功效約有左列幾項：[17]

㈠顯示精英分子（Elites）奮鬥目標，促使人民團結，培養國家認同感（National identity）。

㈡激發全民精神，消除次殖民的自卑感（The Sense of Inferioty）建立新自尊（Dignity）。

㈢規範共同行為，溝通上下觀念。

黃埔建軍後，由於有完美的意識形態做共同的信仰，不但足以形成團結，且地方割據局面亦當驟減。

二、完成統一奠定訓政基礎：

中山先生的建國藍圖三步驟：「軍政、訓政、憲政」。民國建立後十餘年始終不能進入訓政時期，主要原因是軍政時期的障礙——軍閥，沒有完全消滅。北伐為訓政創造良好的環境，十七年八月四日北伐初成，中國國民黨在南京舉行中央委員會通過，依據建國大綱設立五院；十月三日中央常會通過訓政綱領。廿年六月一日國民政府頒布中華民國訓政時期約法，規定人民受四權訓練。⑱訓政推行有成，北伐統一實居第一功。

三、促進國家整合

北伐是經由武力的統一，而國家整合（National Integration）範圍則較廣較深，包含政治、民族、價值、領土、精英與大眾、語言、文化、行政區域等方面之整合。⑲可見國家整合乃是形成民族國家的必要過程，若缺少國家整合，則政治發展必然充滿困境危機。國父在建國理論所強調的民族、領土、軍政、內治、財政之統一，⑳便是強調國家整合的必要過程，進而邁向三民主義建國的目標。在此一建國過程中，可以確定，沒有北伐或北伐不成，國家整合定然不能進行。

四、爭取「黃金十年」奠定抗戰基礎

一般學術界稱近代史上的「黃金十年」（Golden decade），或稱「艱苦十年」（Strenuous decade），是指北伐成功後開始進入訓政（Political tutelage）到對日抗戰爆發的十年間。由於當時的領導階層已經感受到日本侵華的急迫性，乃能把握這「艱苦十年」加緊建設，厚植國

力。而這個建設必須在國家整合，統一相當程度下，才能進行的，下圖可以看出整合程度與社會安定的相關性。

由於北伐成功，完成國家統一，促使國家整合指數的提高，才有黃金十年建設。如政治符號（Political Symbal）的增強、推行地方自治、制定「五五憲草」、提高政治參與（Political Participation）及文教財經建設等，才足以打破日本三月亡華的迷夢。

國家整合與安全指數圖

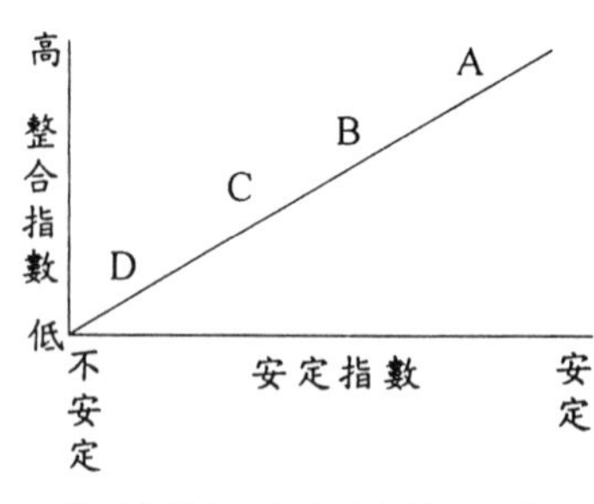

資料來源：江炳倫著政治發展理論

五、廢除不平等條約

此處不必再傷痛追憶近代有多少不平等條約，但吾人要知道尊嚴是靠「國力」才能立足國際的，在國際上沒有國力便不能平等相處。完成北伐統一中國，便是向國際展示國力的良機。果然各國見我北伐有成，國家逐日邁向統一，漸漸以平等待我，甚至有主動放棄或廢除不平等條約。例如十六年北伐軍收回漢口、鎮江。

再者十七年五月三日濟南慘案等發生後，國際輿論一致遣責日本，不得已而撤退山東全部日軍；七月外交部發布關稅自主宣言，美國首先承認中國國家關稅完全自主；十八年五月外交部正式照會美、英、法、荷、挪威、巴西六國，收回上海臨時法院；六月開始與英國交涉收回威海衛、廈門等租借地；十二月開始與各國交涉廢除在華的領事裁判權（Extraterritoriality）。不平等條約的廢除持續到抗戰勝利，才得以全部完成，並與各國重訂平等新約，北伐統一為此歷史任務建立了最有利之條件。蔣公在「中國之命運」一書上說：「不平等條約撤除的光榮紀錄，是我們中華民族歷史上起死回生最重要的一頁。」[21]若無北伐統一，便沒有這「一頁」是必然的邏輯思考。

北伐統一最重要的歷史意義，應是再一次宣示中華子民及國際社會，中國統一的必然性和必要性。在中國歷史上，分裂表示動亂不安，統一表示穩定安全，因此任何分裂國家的企圖，不可能長期被全中國人接受。若政治方法不能解決統一問題，必以武力達成之（如北伐及歷史上的統一之戰），這是給那些合獨政客最嚴厲的警告。

結論

關於「北伐、東征」一詞，國內實無人不知。軍事學家論戰史常限於作戰經過，或兩軍勝負雙方之探討；史學界寫近代史又是從歷史觀點，講述北伐對近代政治發展的意義及功能，以下再贅述數點為本文結論：

一、北伐的現代意義包含「無限的未來」，不因走向未來，而使「現代」變成「過去」。

若那一代的中國人忘記這些意義，則那一代中國人可能會重溫戰亂與屈辱之苦果。

二、北伐統一後，在政治發展上有了如北伐對近代政治發展的若干功能，都是因北伐成功所帶來的直接功能（Function），絕非北伐所產生的附加價值（Valueadded）。

三、北伐統一後，若無內亂外患（指日本、共黨）導致國家戰亂分裂，則我國家整合早已完成。可惜！至今國家仍處於分裂狀態，國際上仍有不平等待我之情事，想當年中國國民黨北伐宣言中「造成獨立自由之國家」㉒，其目標尚未達成，國人仍須努力。（本文原刊：陸軍學術月刊，84年3月16日，31卷。）

註譯

❶國父全集第二冊，448——450頁．中國國民黨中央黨史委員會．民國七十年八月再版。

❷同❶，國父全集第一冊，853頁。

❸呂實強．「孫中山先生之兩次北伐」．近代中國雙月刊．七十期，民國七十八年四月三十日出版．13頁。

❹同❸，13頁。

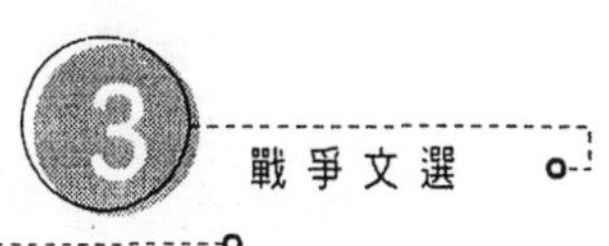

❺同❸，15頁。

❻國父全集．第一冊．848——852頁•黨史會．七十七年三月一日再版。

❼國父革命軍戰史第二部．北伐統一第二卷．第五章．第一節．黎明文化公司六十九年四月五日出版。

❽李守孔•中國近代史．第四章，第三節．三民書局．六十四年七月再版。

❾同❻，2頁。

❿同❻，921頁。

⓫同❸，16頁。

⓬Samuel Huntington著。江炳倫、張世賢、陳鴻瑜合譯，轉變中社會的政治秩序．第四章．211頁．黎明文化公司．七十四年十二月三版。

⓭同⓬，211——243頁。

⓮F.F.LIU, A Military History of Modern China．梅寅生譯，中國現代軍事史．臺北．東大圖書公司．七十五年版．8頁。

⓯Luciatn W. Pye; Aspects of Political Development．一版．臺北．虹橋書店．七十二年六月十六日．33——44頁。

⓰彭堅汶．孫中山三民主義建國與政治發展理論之研究，臺北．時英出版社．七十六年十二

月出版，28頁。

⓱彭堅汶，「從政治發展看中山先生的建國思想」，近代中國雙月刊，20期，六十九年十二月卅一日出版，95頁。

⓲涂懷瑩，中華民國憲法原理，初版，臺北，自印本，六十九年九月，357——361頁。

⓳同⓰，63頁。

⓴同❻，780——782頁。

㉑張其昀主編，蔣總統集，第1冊，147頁，臺北，國防研究院暨中華大典編印會，五十七年三月，第三版。

㉒同❻，914頁。

對「戰爭與和平」理念之體認

前言

由於人類具有競爭發展之慾望，亦有求生存之本能，加上有各種利益之爭，及因地域不同造成的偏見，戰爭在人類歷史上始終近似連續，或循環的發生。戰爭亦為多數人所深惡痛絕，傷亡破壞更是永遠存在的惡夢，和平乃成為人們所追求，而永久和平更是最高的目標。如何達到這個目標?用戰爭手段?或用和平手段?深值吾輩軍人思考，蓋「兵者，國之大事，死生之地，存亡之道，不可不察也。」

戰爭之意義與功能

大凡一種連續存在或在歷史上各階段經常出現之事物，必有其存在之意義及功能，此處所指之意義與功能，是指當時的時空環境裡，可能具備相當程度的正面價值，此種正面價值若未被多數人所肯定，便很難動員大量人力物力來參與。戰爭便是，試論如后：

一、進步與昇華

中外思想家對戰爭讚美，對和平非議之最者，首推黑格爾（Georg Wilhelm Friedrich Hegel, 1770~1831）。他認為戰爭足以達成絕對自由，是達到完美的過程，一個民族之不肯冒「死」者終亦不能偷「生」。他對和平亦有微詞，「和平過久則人人祇知自私自利，除生命財產外將不知其他之寶貴。」黑格爾之歌頌戰爭，因能使國家與國民產生進步與昇華。觀察世界近代歷史，許多新國家之建立，邁向現代化之過程中均曾透過戰爭之運用。在思想之爭方面，各類型的傳統主義（如獨裁、專制、帝國及共產主義等）均曾被戰爭摧毀；自由主義及人道、民族或三民主義才有傳播之機會。

二、統一與分裂

中國在戰國時代由很多國家經由不斷紛戰，形成戰國七雄局面，最後決戰結果由秦統一中國。此為經戰爭導至政治統一之典型，所以國父孫中山先生才說：「中國自秦漢以來便是一個統一的國家。」在近代如美國獨立戰爭，及殖民地欲脫離其母國，均以戰爭達成。在人

類建立國家之過程中，似不斷循環運用。所以，在政治學上「國家」便是武力之產物，沒有經過戰爭洗禮，國家無從誕生。

三、民主與專制

無可置疑地，民主政治已是當代政治思想的主流，最為多數人所認同的政治制度，與生活方式。這是自 1848 年馬克斯與恩格斯發表共產主義宣言以來，民主與共產之事長達百餘年，經過若干戰爭流血，民主成為一種共識。假如戰爭之運用過於頻繁，則民主與法治亦可能遭受破壞，且不斷戰爭必然招致獨裁，此為政治家、軍事家在運用戰事之同時，所必須的理性思考。

惟全世界有眾多國家和民族，各種異文化不下千百種，政治制度亦不能用所謂「民主、專制」的二分法加以切割，若不能相互尊重，也必然帶來更多戰爭。

四、經濟利益之考量

古來國家之所以發動戰事，經濟利益有極大之因素，在十七世紀以後的各殖民地母國都為取得原料、建立產品之市場與銷售管道，不惜一戰。更多使人迷惑的因素，如戰事有助提昇國家工業水準，解決失業問題，到底此種價值多少，深值吾人警惕。

本段所述，戰爭是否有這些意義或功能，應屬極大的迷思（Myth）性問題，不過孫子的「慎戰」原理可提供我們一個較為正確之思考方向。

英美資本主義國家，向來以劫取全球經濟利益為目標，企圖對阿拉伯世界進行「和平演變」，控制石油市場，入侵阿富汗、伊拉克；弱勢一方（伊斯蘭）只好採取恐怖攻擊，戰爭便永遠打不完。

以不戰手段達到和平

畢竟和平是人們所希望，永久和平雖仍不可得，暫時和平也是可貴的。以「不戰」手段達到臨時和平，是目前國際上各國所常採用的手段。所謂「不戰」，並非放棄所有國防武力，不做任何防衛禦敵之準備：

一、權力均衡

依每一國家的軍備與軍事潛力加以估計，使各主要大國與各小國之間取得一種均衡，是「權力均衡」一詞的含義。就靜態意義言之，是各獨立政府保持和平共存的一種情況；就動態意義言之，是各獨立政府為保持這種情況所採取的政策。近代如1922年華盛頓軍備會議曾對英國、美國、日本、法國、義大利等五個海權國家，做了如下的對比決議：五比五比三比一・七五比一・七五。

在中古時代（十五、十六兩個世紀）的義大利各邦及我國春秋時代也曾是權力均衡。但此種構想極易遭受破壞而失衡，舉凡獨裁專制的軍事天才出現、攻擊性的軍事武器問世、政治或宗教意識型態過度狂熱等因素，都使均衡情況不能維持，和平成為短暫。

二、恐怖均勢

特指第二次世界大戰後的民主與共產對峙過程中。以美蘇為首的核武競爭雙方都承認其恐懼心，一旦動用毀滅性武器奇襲對方，也難逃對方用地下或海面下的核武報復。於是開始戰略武器限制談判，簽訂核子禁試條約，雙方為了避免核武的天生危險，保持「最低限度的嚇阻力」，此即恐怖均勢，或恐怖和平。

直到 1990 年代，共產主義式微，蘇聯解體後．美蘇的恐怖均勢告一段落。此其間除「古巴危機」外，至少保持雙方均勢，使民主與共產兩大陣營沒有發生全面性戰爭，人類可免於遭受核武毀滅的劫難，這不能說不是恐怖均勢的功能。

三、中立主義

通常各小國或弱國保持中立狀況，乃為其國家之存在及安全，他們相信遭到攻擊時，其強大的鄰國會伸出援手，以免遭到戰爭的蹂躪。中立國是否須要建立其國防武力？答案是肯定的。其軍事力量必須足可保衛國家本身安全及其邊疆之穩定，否則其不戰的希望可能破滅。如1815年的瑞士、1839年的比利時都是鮮明的例子。

以上所舉都要靠保持武力以達到「不戰」目的，1949年以後的臺海局勢是另一種型態的「恐怖均勢」，中共在有形武力方面比我強大是不爭的事實，惟其武力犯臺始終未付諸行動。一方面是我保持強大戰力，足以抵抗入侵，另一方面中共若武力犯臺，必然在軍事與政治上付出慘痛代價，利弊分析結果只好保持「恐怖均勢」。中外戰史證明，想要「不戰而屈人之兵」，只有保持強大戰力一途。

永久和平的追求

此處所謂「永久」，很難肯定其時間有多長久，但是很值得追求的目標，縱使目標尚未達成，其中間過渡性的組織，當然也算是人們在永久和平道路上，所做出的重大努力。概述

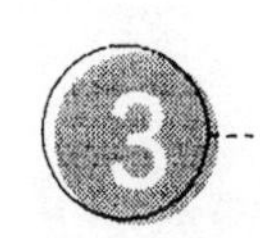

如下：

一、國際組織架構之安排

例如使一個國家加入國際性或地域性聯盟，以獲得集體安全之保證，此在當代之國際社會甚為流行。如北大西洋公約、華沙公約、聯合國等。有時一個國家同時加入數個國際性或區域性組織，可以產生重疊會籍（Overlapping Membership）作用，對於達到較長久的和平效果均大。假如此類型的政治或軍事組織，其運作能以民主方式進行，則民主政治得以發展，對邁向永久和平的功能更大。

二、普遍宣揚「地球村」理念

由於交通、資訊的發展，人類科技不斷突破時空上的限制，居住於地球上各區域、各種族的人們，溝通交流已極方便。例如非洲某地區有飢荒，地球上各角落的人們便能迅速透過衛星傳播，給與愛心與必要支援。

再者如「環保理念」已能有世界性的共識。凡此對各國相互了解，減少戰爭，達到永久和平有很大功能。

三、正確認識「世界大同」的真諦

許多人認為必須所有國家都實行相同的政治制度，甚至限制在相同的思想或意識型態之下，才稱「世界大同」，這是很大的錯誤。如果能從民主理念來思考，「大的原則同」，容忍「小處的不同」，相信對世界大同會更有信心。

例如：目前世界大致有以下幾種主要的文化型態，英美資本主義（基督教界）、阿拉伯（伊斯蘭教）、非洲（部落信仰）、中國（儒、佛、道、回等信仰）及印度、打丁美洲等。各種文化及宗教背景，當然有不同的政治制度，不同的制度只是「小異」，而人民能過好日子，各民族都平等有尊嚴，大家都美滿，這便是「大同」了。

結論

本論文研究戰爭之意義、和平之追求等問題，試擬以下四點為對「戰爭與和平」戰爭理念之體認

一、雖然軍人事業在戰場，沒有戰爭便失去最重要的舞台，但吾等軍人仍不願見到戰火

焚燒，希望世界永久和平。孫子兵法的「慎戰」原理是我們對「戰爭與和平」的最高指導原則，蓋「兵者，國之大事，死生之地，存亡之道不可不察也。」亦如先總統蔣公說「對於異族，抵抗其武力，而不施以武力。」又說：「和平未到絕望時期，決不放棄和平；犧牲未到最後關頭，決不輕言犧牲。」中華民族天性重視自衛，反對侵略。

二、凡戰爭要能得到真正之和平，決定戰爭應以「非危不戰」為前提，且戰爭「貴勝不貴久」，並修其功而勿陷於「費留」。

三、戰爭所導至進步與昇華，只是一種「副作用」，不是正常的功能。戰爭亦能促進國家統一與民主，那畢竟也是下策。例如兩德統一，建立其民主政體亦未透過戰爭手段，未來中國之統一，雖不能完全套用「德國模式」，至少是很有參考價值的。

四、軍人最大的職責是維護和平與追求和平，防止戰乎的發生，是故，軍人也要理解民主政治的基本理念，支持政治家用政治方法解決問題，反對用武力解決爭端，此亦對和平之最大貢獻。（本文原刊：陸軍學術月刊，83年元月16日，30卷。）

參考書目

一、戰爭之研究，上下冊，三軍大學印，七十一年五月。

二、蕭公權著，中國政治思想史，上冊，聯經出版公司，七十一年版。
三、徐瑜編撰，孫子兵法，時報文化出版公司，七十六年元月十五日，初版。
四、張其昀主編，蔣總統集，三版，國防研究院暨中華大典編印會印，五十七年三月。
五、呂亞力著，政治學方法論，三版，三民書局，七十四年九月。

對「常與變」戰爭理念之體認

前言

「常與變」是戰爭哲學，乃至戰爭科學或戰爭藝術中所經常討論的範疇；所謂「常」，是指變動性少而能形成某種原則或理論者而言，如現代戰爭中武力與國民必須結合，國防與民生必須合一，是現代國家建立武力之「常」規；所謂「變」，則是指戰爭之創機應災，出奇制勝，「戰勝不復」，上「九天」，下「九地」，而敵人不可知，由此贏得戰爭勝利，達到和平。

一、戰爭之常何在？

約米尼（Antoine Henri Jomini，1779～1869）曾說：「我有資格大膽宣布，憑著 20 餘年的經驗，使我深信戰爭確有若干基本原則，若是違反了就一定會發生危險；換而言之，若能

善加運用，則幾乎一定可以獲致成功。❶

此種基本原則，在我國孫子兵法中有明顯的律定。按現代軍事概念把戰略區分為四個層次：即大戰略、國家戰略、軍事戰略及野戰戰略。❷孫子建立的戰略原則如下：

㈠**大戰略**：

在建立並運用同盟力量，爭取同盟目標。

謀攻篇：「上兵伐謀，其次伐交。」。

軍事篇：「不知諸侯之謀者，不能豫交。」

九地篇：「不爭天下之交，不養天下之權，信己之私，威加於敵，故其城可拔，其國可毀。」

九變篇：「屈諸侯者以害，役諸侯者以業，趨諸侯者以利。」

大戰略之原則，在對國際形勢的全盤考慮、設計、部署，蓋國際間各國常因利而合，因害而分，故趨利避害是大戰略部署的主要原則。

㈡**國家戰略原則**：

在建立並運用國力，爭取國家目標，此與大戰略銜接，兩者互為表裡，如始計篇內五事中的「道、將、法」三者，便是國力培養之要則；「道者；令民與上同意。」使國民有共同

一致之理念；「將者，智、信、仁、勇、嚴。」，是培養將校的標準；「法者，曲制、官道、主用。」，是國家建立，武力所不可少的兵制。

作戰篇：「國之貧於師者遠輸，遠輸則百姓貧，近於師者貴賣，貴賣則百姓財竭……百姓之費，十去其七，公家之費，破車罷馬。」，蓋國家戰略之運用，包含政治、經濟、心理等諸多要素，運用不當，將導致社會失序，通貨膨脹、供需失調、生產力降低、人口大量移動，終至國家淪亡。

(三)軍事戰略原則

建立並運用三軍之軍事力量，以爭取軍事目標，如軍形篇中：「兵法云一曰度、二曰量、三曰數、四曰稱、五曰勝；地生度，度生量，量生數，數生稱，稱生勝。」，此為軍事戰略計畫的五個要素，度是狀況判斷，量是持續戰力的大小，數是敵我相對有形力的數量，稱是敵我相對精神力和物質力的比較，綜合比較前四項，便可先「勝」。在現代軍事戰略之作業程序上，我國的指參作業與歐美等國雖有細部不同，但此項原則仍為各國軍事戰略原則所認同。

如兵勢篇中：「兵之所加，如以碫投卵者，虛實是也。」，乃指集中絕對優勢兵力，指向敵之弱點，此為古今戰爭之常道。

(四)野戰戰略原則

運用野戰兵力，爭取戰役、會戰或作戰目標，而支持軍事戰略，在孫子兵法中對野戰戰略講得最多，幾乎佔全書一半，而又以地形講的最多。他在「軍爭」、「九變」、「行軍」、「地形」、「九地」篇中分別將「山、水、澤、陸、澗、井、牢、羅、陷、隙、道、掛、支、隘、險、遠、散、輕、爭、交、衢、重、圮、圍、死」等廿五種地形，分別詳述，可見其非常重視地形之利用。地形可輔助兵力不足，亦可使戰力不能發揮。

此外，「兵之情主速，乘人之不及，由不虞之道，攻其所不戒也。」，是機動原則；「知戰之地，知戰之日，則可千里而會戰。」是對外線作戰原則的提示；「使敵人前後不相及，眾寡不相恃，貴賤不相救，上下不相收，卒離而不集，兵合而不齊。」，是內線作戰原則。

以上所舉是孫子兵法在戰略各階層中所建立的原則，再更簡約言之，孫子的戰爭原理有四：慎戰、先知、先勝、主動。而慎戰是不經易開戰，先知是戰前知己知彼，先勝是不戰而勝，或戰而連勝，主動是致人而不致於人。這便是戰事之「常」自孫子以來兩千多年，東西方的戰爭「常規」變易不大。

二、國軍與共軍戰爭「常規」（原則）之比較

中共於民國三十六年十二月在其黨中央報告中，提出「軍事十大原則，據以指導其軍事作戰❸，韓戰時期其人海戰術深受聯軍火海之重創，後為適應現代戰爭之要求，加上韓戰的

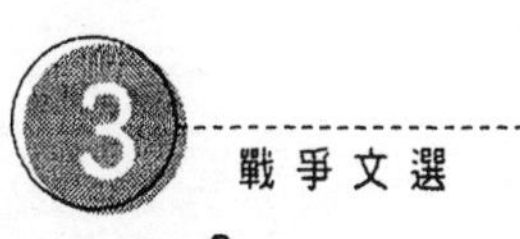

實戰實證，及數十年之作戰經驗，於民國六十三年元月經「中共中央軍委會」正式發布，稱「新十大軍事原則」同❸表㈠。

表㈠所列，第1條是古今作戰之常規，不變之法則。第3、5、6條是優勢作為與殲滅主義；第2、7、9條是提示機動作戰，第4條乃精神戰力之發揮，第8條是先勝之條件，第10條乃指戰俘轉化為己用。

表一　中共「新十大軍事原則」

項次	內容
(1)	「保存自己，消滅敵人」為一切戰役戰術總方術。
(2)	敵強我弱打游擊戰，條件有利打運動戰。
(3)	殲滅敵有生力量為主，不以奪城奪地為目標。
(4)	部隊要有一往無前，連續作戰的精神。
(5)	集中優勢兵力，各個殲滅敵人。
(6)	傷其十指不如斷其一指，力求全殲，不做漏網。
(7)	快打速戰，以便迅速轉移兵力，殲滅其他敵人。
(8)	不打沒把握的仗，不輕易打，打則必勝。
(9)	先打弱小孤立之敵，後打堅強集中之敵。
(10)	優待俘虜，瓦解敵人。

表二　中共與我戰爭原則比較表

項次	我戰爭十大原則	中共戰爭十大原則
(1)	目標原則與重點	目標：主在殲滅敵人有生力量
(2)	主動原則與彈性	主動：迫敵追隨己方意志
(3)	攻勢原則與準備	攻勢：殲敵主要手段，以求全殲
(4)	組織原則與職責	殲滅：逐次殲滅或小型殲滅
(5)	統一原則與合作	協同：兵軍種協同一致
(6)	集中原則與節約	集中：形成局部優勢，企圖決戰
(7)	機動原則與速度	變化：戰術靈活，行動自由
(8)	奇襲原則與欺敵	奇襲：秘密神速，出敵不意而決戰
(9)	安全原則與情報	連戰：不休息接連打幾個戰
(10)	士氣原則與紀律	士氣：戰爭勝負決定性因素

本表僅指共軍之軍事原則，而在戰爭原則上，並無明顯具體之敘述，依其軍事原則與戰略戰術思想之運用，研判共軍十項戰爭原則，並與我戰爭十大原則比較，如表(二)[3]，比較二者，除第4、7、9項不同外，餘皆相同。我為「組織、機動、安全」，共軍為「殲滅、變化、連戰」。本論文所研究戰爭之「常」中，自孫子的戰略原則與戰爭四個原理，到中共戰爭十項原則與我戰爭十大原則，詳加研判觀察，在軍事戰略和野戰戰略之層面上可謂概同，

這也證明了戰爭之「常」即戰爭原則是可以建立的。最大之不同，在「慎戰」思想。孫子認為「兵者，國之大事，死生之地，存亡之道，不可不察也。」所以要慎戰。因為「亡國不可以復存，死者不可以復生」，所以要慎戰。因為伐兵攻城都將造成「殺士卒三分之一，而城不拔者。」所以要「上兵伐謀，其次伐交」，達「不戰而屈人之兵」的意境。這是以「仁道」思想為出發點，以愛惜民命為考量所建立的戰爭哲學。「慎戰」可謂孫子兵法的第一原理。

三、戰爭之變因何在？

「變」是常的相對概念，從變的概念來觀察戰爭，便足以推翻一切戰爭原則。到底變因何在？吾人試從時間、空間、量變、性質及其他因素來加以探討。

㈠時間因素：

孟子早有一治一亂之說，吾人觀察中國近二千多年的治亂循環，此誠為卓見。❺他又有五百年為一治亂循環之史實觀察，「五百年必有王者者興，其間必有名世者。」同❺，孟子明言一治一亂，為一整齊固定之週期運動，言下之意戰爭乃固定在某一週期內會發生，此雖未全合歷史事實，應視為重大之警惕。學者研究西洋戰史，發現約每五十年爆發一次大戰，其原因是兩代之演進不同而造成，勇士們討厭戰事，促使他們的兒子反對戰爭，而他們的孫子所受的教育是戰爭富有浪漫氣氛。同❶此種預測雖不能證明五十年內肯定有一大型戰爭要發生，但至少說明了時間使人成長，也使人老；使一個民族或國家發展，也使她衰老。老了須要新生，這個過程的變數極多。

㈡空間因素：

就空間區域來觀察，人種複雜的地方易有戰爭，如中東地區。各大國地理位置接合地點，亦是會戰集中地方，如德、法交界處的亞爾薩斯——洛林（Alsace-Lorrain）地帶、奧、俄及土耳其三國交界的北巴爾幹。新國家誕生處，如十九、二十世紀的亞、非、中南美洲等地區，更是戰禍連年。空間複雜，使戰爭變因增加。

㈢量變因素：

量變之趨向，是朝向多元與增加，包含兵力、火力、武器、裝備及一切可供戰爭運用之物質。在十九世紀末期，世界八大強國軍隊數量平均為五十萬人，第一次世界大戰爆發前之各國兵力平均增兵十萬。到1937年，全世界常備兵約八百萬人，完成訓練的後備部隊高達三千萬人。兵力、火力之增加更不可估計。

到了晚近以來，各國講求總體戰，與全國動員能量之提昇，因量變所造成的戰爭變數必然大增。自東西兩德統一及蘇聯解體後，共產主義已幡然式微，東西方和解，各國裁軍再成為目前趨勢，惟區域衝突增加，其量變雖趨向減少，但可能更為多元。

㈣各種不同性質之因素：

如政治因素，政客喜歡利用戰爭來維持地位。又有經濟因素，十九、二十世紀殖民地許多戰爭，均為爭奪經濟利益。其他如因民族、宗教、意識型態、文化等因素引起的戰爭，在人類生長的舞台上，未曾有過休止符。

以上所舉各項因素，其本身便有很大變數，各個因素之間造成相乘積，其變數可能是無窮的。

四、孫子兵法論「變」

孫子兵法對於「變」道之論，以九變篇最為傳神。所謂「九變」，明代張居正曰：「九者，數之極，變者，不拘常法，臨事遇變，從宜而行之謂也。王陽明先生則曰：「九者，數之極；變者，兵之用。」❻可見用兵以奇才是制勝之道。孫子認為「變」是在某種狀況下，所必須推翻一切常情常理常規者，就「常」而言，「行軍由途，敵軍可擊，必攻之城，必爭之地，君命當受」，此皆當然之事理。但當某種「狀況」發生，即變成「途有所不由，軍有所不擊，城有所不攻，地有所不爭，君命有所不受。」

此種用兵上造成一百八十度之大轉變的依據何在？狀況判斷之依據又何在？地形篇有答案。孫子說：「戰道必勝，主曰：無戰，必戰可也。戰道不勝，主曰：必戰，無戰可也。故進不求名，退不避罪，唯民是保，而利於主，國之寶也。」，約而言之，變與不變的考慮，端在「戰道必勝」、「唯民是保」、「而利於主」的三個標準上。

變術對地形、治兵、用兵產生絕對性之影響，孫子詳加闡釋。「將通于九變之利者，知用兵矣，將不通于九變之利者，雖知地形，不能得地之利矣，治兵不知九變之術，雖知地利，不能得人之用矣。」，此指出一個戰場指揮官必須通權達變之重要性，不知變術之用，雖佔地形要點也不能得地利，縱使佔盡地形之利，也不能得有用之兵力，實務獲得戰爭之勝利。

孫子兵法其他各篇中論「變」之處亦多。如兵勢篇言五味之變、五色之變、五聲之變，必奇正用兵，奇正互相變化，才能如日月江河一般，永無止境。虛實篇曰：「戰勝不復，而應形於無窮。」，更是古今兵家用兵之法門，此種能因敵之變化而取勝者，孫子名之曰：「神」。

五、結論

本論文戰爭的「常」、「變」之道研究，吾人可以確認戰爭之常道是可以建立的，而戰爭之變數亦是無窮盡的，二者的平衡點在那裡呢？用以下五點體認提供參考：

㈠戰爭之「原則」並未經充分的實證，其可變性甚大。縱使「定律」或「理論」，仍然可以經由「重建假設」→「實驗觀察」→「求證」→推翻錯誤的定律→成立新的定律。何況「原則」？

㈡「常」可守，不可固守。蓋固守於某一常道，必拘泥於形式法則而欠靈活變化；而戰爭原則亦須理解領悟，先能知，才有可用，若不知，則無可變。

㈢「變」可變，不可亂變。首應知變，變常會出現在「空間的接合部，時間的連接點，人的連結處，狀況之改變時」。故先知變，才能準備應變，進而制變與用變。

㈣「常」與「變」並非兩個各自的獨立體，二者實有相互消長之關係，成相互循環之狀態，有互補作用，更是利害一致。在戰爭中必奇正常變互用，乃能取勝。

㈤人生即戰場。在任何人生所面對的領域中，除用兵作戰外，餘如求學讀書、婚姻生活、接物交友，乃至出世入世等，同樣要面臨常與變的問題。如何守常應變，而達全勝，應為最高目標與原則。（本文原刊：陸軍學術月刊，82年8月16日，29卷。）

註釋

1、戰爭藝術，三軍大學印，序第三頁，民國七十三年八月。
2、孫子兵法，八十八頁，時報文化出版公司，民國76年1月15日。
3、中共陸軍編裝及戰術第二輯，陸軍戰術之部，十三頁，三軍大學印，六十四年七月版。
4、戰爭之研究，上冊，第二、四章，三軍大學譯印，民國71年5月。
5、中國政治思想史，上冊，第一篇，第三章，第四節，蕭公權著，臺北市聯經出版公司，民國71年版。
7、孫子今註今譯，第四篇，第八節，魏汝霖註譯，臺灣商務印書館，民國76年4月修訂三版。欲詳知中國兵法之妙，可參閱作者另著，中國四大兵法家新詮，台北：時英出版社，二〇〇六年九月。

福煦元帥戰爭論之探究

前言

福煦元帥（Marshal Foch）是法國十九世紀的軍事家，亦為1918年之協約國聯軍總司令，統率500萬聯軍打敗世界巨強——德國，舉世知名的名將。他的戰爭思想、理論對現代國防、軍事、戰略等方面均有深遠之影響，惟國內除在民國四十五年由國防部印行福煦元帥「戰爭論」，及七十四年由陸軍總部重印外，似鮮有針對福煦元帥戰爭論之研究者，在國內兵學研究「市場」上，頗有遺珠之憾。

本文除前言。結論外，概分福煦元帥事略、思想背景、戰爭思想精華、大軍作戰理論、戰爭原則、述評等各節研究之，期能闡揚其思想與理論，以為當代各家論兵作戰之參用。

福煦元帥事略❶

福煦（Foch），1851 年10月2日生於法國塔爾布（Tarbes）。父，拿破崙・福煦；母，莎菲・泰布勒。當普法戰爭起，元帥正當二十歲青年，毅然自動從軍參戰，1878 年為砲兵上尉，1885 年入陸軍大學，兩年後以第四名畢業，1895 年任陸軍大學助理教官，1903 年當砲兵第三十五團長，任內完成「戰爭指導」一書。

1911 年任第十四師師長，兩年（1913）後任第二十軍團長，第一次世界大戰爆發，率領第二十軍團參戰，1914 年任第九軍司令官，1917 年任參謀總長。次年（1918）任凡爾賽最高軍事會議議長，並被推為聯軍總司令，是年8月授任元帥，11月接受德國之休戰書，締結休戰條約。

1929 年3月20日，福煦元帥在法國舉國上下哀悼中，結束其光榮之一生。

福煦元帥思想淵源

在福煦事略提及普法戰爭時，他是自動參戰的，但法國戰敗在福煦心靈上產生強烈打擊。

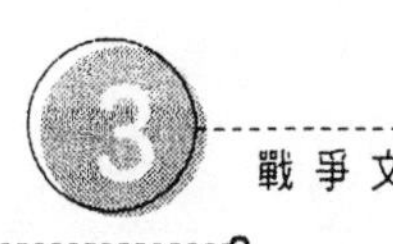

後來到陸軍大學當教官，開始研究法國戰敗之原因，發現德軍的用兵思想來自德國兵學家克勞塞維茨（Carl Von Clause-witz, 1780-1831）的「戰爭論」，但克氏的理論依據是出自拿破崙的用兵思想。可惜到了普法之戰時，法國人早把拿破崙的用兵思想忘得一乾二淨，反被德軍學去用來打敗法軍。福煦在痛定思痛之後，把研究普法戰爭兩軍得失，和對克勞塞維茨「戰爭論」的研究心得，編成他的陸軍大學講稿，成為「戰爭原理」和「戰爭指導」兩書，後兩書又合成「戰爭論」一書。❷

縱觀福煦元帥戰爭思想，主要表現在絕對攻勢主義，獨斷專行的主張、精神戰力的絕對地位、大軍會戰之進行及戰爭原則之確立等幾方面，福煦的這些兵學思想，正是克勞塞維茨思想的體現。更因「以敵為師」，重振法軍之積極精神。

福煦元帥戰爭思想之精華

普法戰爭時，法軍主張依火力摧毀敵之攻勢，並待敵之攻勢受挫才准許取攻勢，各級指揮官都以確保現陣地為滿足。偏偏碰到採「絕對攻勢」的德軍，法軍終於戰敗，應驗我國孫子兵法：「不可勝者，守也；可勝者，攻也。守則不足，攻則有餘。」❸為求扭轉守勢作戰思想，福煦發展他的積極攻勢思想，這就是絕對攻勢主義、獨斷專行、精神戰力。此三者是福煦元帥攻勢作戰思想的精華所在，闡述如後。

一、絕對攻勢主義

福煦元帥不滿於普法戰爭時代法軍的守勢思想，提出「攻擊！攻擊！攻擊！」的「絕對攻勢主義」。在他的著作中一再強調「作戰者，乃常行攻擊是也。」即使是守勢作戰，也「必須歸結於反擊或逆襲等攻擊動作，否則即無從獲得效果。」❹在絕對攻勢的理念指導下，積極的行動成為戰爭之根本原則，一切作戰過失中，最大的可恥者，莫過於欠缺攻擊精神。所以「絕對攻勢主義」也成為福煦元帥考核各級將領的重要指標，為把這種攻勢思想灌輸到他的部下，曾有一段逸事。

在第一次世界大戰時，福煦任第二十軍團長，「元帥像一陣風似的吹進他的所有下級司令部，他面孔顯得緊張，全身充滿一股勁，說話好像在放連珠砲，一位將軍很痛苦向他報告，若得不到增援，就要垮下來了。元帥回答：「攻擊！」一面作出激烈暴怒的姿態。這位將軍接著『但是……』『攻擊！』這位將軍還想力爭，元帥卻狂吼著『攻擊！攻擊！攻擊！』說完就衝了出去。」❺這雖是一則逸事，卻說明福煦元帥想要轉變法軍守勢作戰思想，成為積極的猛攻主義的企圖心之旺盛。

他的確能力挽狂瀾於既倒，他的攻擊思想建立在火力攻擊的基礎上，所以他在討論步兵

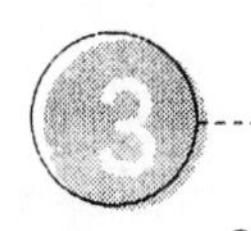

任務時，認為火力已經變成決定性因素，因為步兵的攻勢若沒有火力攻擊的支持，那麼愈是英勇的部隊，愈會受到相當大的損失。❻縱使在大會戰之中，更不能坐待敵人對我軍先發動攻擊，必須力求先敵發動攻擊為最必要，其他方面都要配合有利的攻擊而考量之。❼縱觀福煦元帥的「絕對攻勢主義」，不僅表現在攻勢作戰，也在守勢作戰中講求，尤其在戰機的把握上是「先敵發起攻擊」，不讓敵軍有先發動攻擊的機會。在福煦來看一切戰爭行為，「主動與先制」才是打敗敵人的法寶，欠缺主動與先制之作為，乃是軍人之恥。

二、精神戰力的絕對地位

福煦之重視精神戰力，係受克勞塞維茨的影響，但福煦更過之而強調「精神戰力具有左右戰爭的力量」，他把精神戰力與戰爭之間，幾乎是以「絕對主觀」的拉成等號：戰爭—精神力之領域。

勝利—勝者精神之優越，敗者精神之頹喪。會戰—兩個意志之爭鬥。❽

可見精神戰力在福煦戰爭思想中，已居有絕對地位。我欲為勝者，必須保持戰勝敵人之精神力，指揮官必須把這種精神力貫注到自己部隊中，故會戰乃在粉碎敵之精神力，發揮自己精神力。「必勝之意志，乃勝利之第一條件，兵卒應以此為第一要義。」❾這是福煦元帥最常用來訓勉部屬的名言，但福煦所堅持的「精神」力，絕非那種情緒性的固執，他引用克勞塞維茨的話來解釋精神，「所謂強固之精神，即使在最衝動的時候，亦不破壞精神之平衡的一種精神。」[10]所謂「精神戰力的絕對地位」，仍然在理性堅持之範疇內，福煦對精神力的重視，乃將1870年法軍的崩潰，歸於軍隊，及指揮官精神戰力的喪失。所以旺盛的精神戰力是否具備，成為福煦元帥考核各級將領的指標。

三、獨斷專行之觀念，乃積極軍紀之確保者

按福煦所提倡軍人之「獨斷專行」，乃指個人意志之表現，此種意志之發揮，係先推斷高級指揮官之企圖，而使自己之行動與之相符合。此一理念與國軍軍事思想要求，「指揮官之果敢決斷與臨機獨斷更為迫切，尤其不容層層請示而逸失先制好機。」[11]二者實精神相通，國軍軍事教育即培養各級幹部「果敢獨斷」，且在狀況變化之際，發揮獨斷專行精神，切勿等待命令，才不致延誤戰機。

惟福煦元帥所言「獨斷專行」更為廣義，乃軍人崇高的精神，此種精神雖與個人之性格須加以調整，但還是以個人精神為依據，此即「積極的服從」，與形式上的「被動服從」意義不同。所以福煦稱這種「獨斷專行」精神，為「積極軍紀之確保者」。[12]這種觀念係因確保主力行動，使一切戰鬥執行者得以協同動作之必要而產生。為何福煦稱「獨斷專行」是積極軍紀之確保？為何與達成任務有關係？福煦以1870年8月4日法軍第五軍團，接受命令後

未能達成任務來說明。如下圖⓭。

是日，第五軍團兩個師集結在薩爾庫米奴，一個師集結在毗西由。4日晚，軍團接奉命令：「全部兵力先向毗西由集中。再向萊希思奧亨前進。」目的只此一個，無論有何障礙必須達到此目的。

軍團接奉命令後，其第一、二師之兵力開始分批向第一目標（毗西由）前進。惟因有德軍斥候騷擾及部隊交接事宜未能處理，結果到了8月5日晚上，兩個師主力均不能到達第一目標完成集結，且兵力分散在薩爾庫米奴與毗西由之間，軍團任務即不能達成。

福煦元帥據此認定第五軍團的兩個師長（第一師長高斯、第二師長拉巴德），欠缺獨斷專行能力，無「積極軍紀」之作為，理由如下：

㈠遵守軍紀者，非指不違反軍紀不破壞秩序而言。如此對兵卒可謂充分，然對指揮官或高級指揮

薩爾庫米奴附近法軍第五軍團態勢
（1870年8月4日）

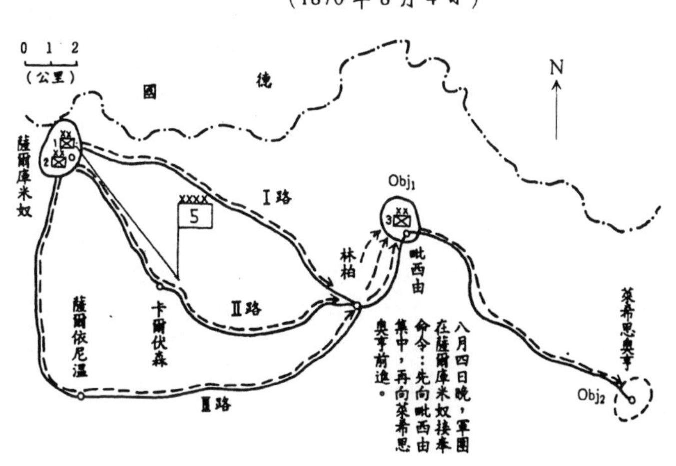

官而言，則絕對不足。

㈡遵守軍紀者，亦非將接收之命令，在正當或可能範圍內實行之。而係詳細研究上級指揮官之企圖，寫滿足這個企圖而盡最大之力也。

㈢遵守軍紀者，並非僅使自身不陷於危地，奉行可以實施之事項而已。

如福煦元帥之見解，第五軍團各指揮官僅為迴避責任之術，不足以言遵守軍紀。「積極之軍紀」為根據命令之精神而行動，必須反復檢討上級之命令，求取達成命令之方法。此即「獨斷專行，乃積極軍紀之確保」，為各級將校性格之基礎。

大軍作戰理論與過程之闡揚

福煦元帥的大軍作戰理論，基本上來自克勞塞維茨的戰爭思想，及毛奇（Moltke，1800-1891）的大軍作戰實務。克氏的大軍作戰理論強調兵力集中。形成局部優勢，快速機動，選定主目標，對敵行「側翼殲滅」。[14]毛奇的致勝之道，主張大軍在第一次會戰前，其動員、集中都要完成周到的準備，「周到準備，力強而後求戰」，行外線作戰「分進合擊」使戰力指向一點，造成包圍殲滅態勢，故毛奇被稱為「外線作戰」之鼻祖。毛、克二人不僅提出大軍作戰理論，也指出大軍作戰之一般過程。

福煦在大軍作戰理論與過程方面，則有更多闡揚，但福煦認為大軍作戰之精髓在會戰，所以說會戰可以改變一國之歷史。可以改變一國之政權。近代戰爭之目的，亦在迫敵追隨我之意志，能達到此目的者，厥為會戰，此即會戰之真諦。會戰之成功，在徹底把握「集中、統一、目標」三大要素。[15]

若將會戰再進一步分析，決定會戰勝敗關鍵在實施「決戰」，所以福煦說：「決戰攻擊在會戰中最為必要，不作決戰攻擊，則一無所成。一切之一切，唯有聽諸天命。」[16]只有實施決戰攻擊，可以達成作戰目的，有指導之會戰，即必須有決戰攻擊以竟全功。

對於大軍作戰之過程，福煦其實已有比前代兵學家們（如毛奇或克勞塞維茨）更接近現代的論著。在「戰爭論」一書提到會戰的過程是：會戰準備→會戰實施→追擊→擴張決戰攻擊成果。[17]

所謂會戰「準備」者，即為進行會戰所必須完成的集結與部署，這個階段總稱之「準備」。

所謂「會戰實施」，乃先從「機動」開始，即選定目標後，決然出其不意。投入一強大之集團。以行會戰，這是機動之要旨。接著「決戰」才是會戰之主體，所以福煦才會說：「唯有決戰攻擊，始有會戰，唯有決戰攻擊，始能保證達到戰爭之目的，始為殲滅敵人之手段。」[18]惟決戰也有固定的流程，準備完成→實施攻擊→攻擊完成（擴張戰果）。

以上是福煦對大會戰過程的規畫，與現代大軍攻勢作戰一般過程（如附圖）比較，已粗具模式。不論會戰之理論或過程，克勞塞維茨及毛奇等兵學家已有論述，但福煦有更詳細的闡揚，並更接近現代理論。

戰爭原則之確立

戰爭是否有某些原則可以依循？是很多軍事理論家研究的課題。福煦認為戰爭確實存在某些原則或理論，對於原則悉應遵守，但對於「理論」則彈性較大，因為它不能指示應行之方向，惟賴運用的人自由判斷，找出合理正確的途徑。所以福煦重原則而輕理論，他對攻防提出重要之「鐵則」：

防禦中，若有一點崩潰，則各點皆崩潰。進攻中，若突破其抵抗力之一點，則其全抵抗力亦必喪失。⑲

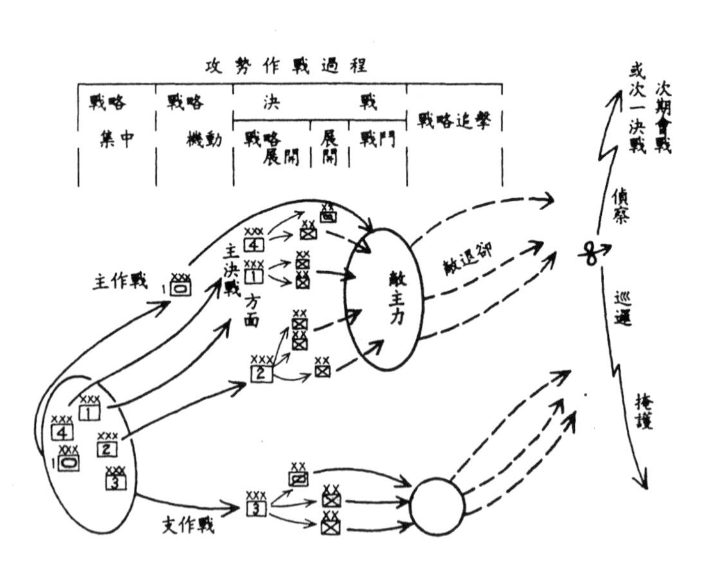

在千頭萬緒的戰爭行為中，福煦歸納成兩條攻防原則，上至將帥，下至兵卒，都應一體遵守。

第一、凡經決定攻擊，務須徹底遂行。

第二、防禦兵力有限，支持到最後為止。

用現代軍事術語來說明，戰爭不外拘束與打擊，內線與外線，或攻勢與持久，在主作戰方面形成局部絕對優勢，支作戰方面使用最小限度兵力。

此外，福煦的戰爭原則還有奇襲、同時不追求兩個目標、自由意志與安全、準備及機動會戰。綜合福煦的戰爭原則，與我國國軍戰爭原則頗為相近。

述評

誠如1918年9月1日，福煦在他的「戰爭論」第四版序中所說，支配戰爭原則的基本真理，有如木造、石造、鐵製或水泥鋼骨之建築物，又如和聲之原則之於任何種類之音樂，皆不因此而改變。⑳包含他的戰爭思想、大重作戰理論及戰爭原則，他都企圖從前代思想家的基礎上加以闡揚及簡化，誠為可貴，再贅數點為評。

一、「戰勝不復」，似在循環之中

用敵人的方法，擊敗敵人，戰史頗多實例。拿破崙用新戰法擊敗歐洲列國，不久列國習得拿破崙戰法，轉而擊敗拿破崙。克勞塞維茨把拿破崙的用兵理論化，成為德國兵學經典，用以打敗法國，福煦師承克勞塞維茨的戰爭論，據以打敗德國。「戰勝不復」，似在循環之中。

二、絕對攻勢主義的修正

福煦論「絕對」者，有猛攻主義及精神戰力，初期的絕對攻勢主義似有魯莽之嫌。但第一次世界大戰爆發之初，法軍造成慘重傷亡，乃對「猛攻」有了修正，開始重視彈性防禦，減少無謂犧牲，不與德軍硬拼，待敵我優劣態勢轉變才重新發起攻擊。可見致勝之道，客觀現實環境與物質條件仍須配合。

三、戰爭思想的包容性大

福煦戰爭思想雖有部份來自戰敗國的刺激，但大體上師承克勞塞維茨與毛奇，及拿破崙用兵實務的啟發，可以說鮮有創見。但他的特點是包容性大，經過戰場檢驗後開始有了改進，而不固執成見，融會貫通，才寫出更好的戰爭理論。

結語

大凡我們研究前人東西。若不對今人有所啟示、貢獻或實質上之利益，則研究再多也是一堆廢紙；所以今天我們研究福煦元帥的戰爭論，應該思考它如何可以運用在台海防衛作戰方面，能有實際的利益。吾人以為應有數端，條列如後為本文結語。第一、台海防衛屬守勢作戰，須提高精神戰力及攻勢作為的重要性；第二。中共武力犯台及國軍防衛，在兵力運用方面還是內線與外線作戰問題，故機動、速度與打擊力是有形戰力的建軍重點；第三、台灣地形受河川山脈分割，本、外島受海峽隔離，各級指揮官須有「獨斷專行」之能力，及「積極軍紀」之精神。第四、民心士氣必須鞏固，民族精神必須喚起。這是防衛作戰最堅強的戰力。（本文原刊：陸軍學術月刊，32卷，85年5月16日。）

註譯

❶福煦元帥事略，參考國防部印「福煦元帥戰爭論」，45年5月初版，陸軍總部74年元月印。

❷國防部印的「福煦元帥戰爭論」，是集元帥所著「戰爭指導」與「戰爭原理」二書之各一部而成，同❶，第10頁。

❸孫子兵法、軍形篇、徐瑜編。孫子兵法第163頁；台北：時報文化出版公司。76年元月15日版。

❹同❶，頁9章。

❺李傳薰，西方五六兵家思想研究，第90頁。台北：實踐學社，50年11月版。

❻同❺，頁91。

❼同❶書，頁200。

❽同❶書，頁205。

❾同❶書，頁205。

❿同❶書，頁207。

⓫國防部編審，陸軍作戰要綱——聯合兵種指揮釋要（上冊），第1～154頁。

⓬同❶書，173頁。

⓭1870年8月4日法軍第五軍團態勢，參考❶書，第8章說明及306頁附圖。

⓮克勞塞維茨（Carl Von Clausewitz），戰爭原理第二篇。（台北：國防部，45年7月）。

⓯同❶書，第9章，頁196～198。

⑯同❶書，頁221。

⑰關於福煦元帥大軍作戰過程，可參考其「戰爭論」第9章「會戰」，第10章「近代之會戰」。

⑱同❶書，頁226。

⑲同❶書，頁220。

⑳同❶書，序頁9。

陳福成生命歷程與創作年表

（只記整部出版著作）

民國四十一年（一九五二）一歲

△元月十六日，生於台中縣大肚鄉，陳家。

民國四十八年（一九五九）八歲

△九月，進台中縣大肚國民小學一年級。

民國四十九年（一九六〇）九歲

△夏，轉台中市太平國民小學一年級。

民國五十年（一九六一）十歲

△春，轉台中縣大雅國民小學六張犁分校二年級。

年底搬家到沙鹿鎮，住美仁里四平街。

民國五十一年（一九六二）十一歲

△轉台中縣新社鄉大南國民小學三年級（月不詳）。

民國五十四年（一九六五）十四歲

△六月，大南國民小學畢業。

△九月，讀東勢工業職學學校初中部土木科一年級。

△是年，開始在校刊《東工青年》發表作品。

民國五十七年（一九六八）十七歲

△六月，東工第一名畢業，獲縣長王子癸獎。

△八月三十一日，進陸軍官校預備班十三期。持續在校刊發表作品，散文、雜記等小品較多。

民國五十九年（一九七〇）十九歲

△春，大妹出車禍，痛苦萬分，好友王力群、鍾聖錫、劉建民、虞義輝等鼓勵下接受基督洗禮。

民六〇年（一九七一）二十歲

△六月，預備班十三期畢業。

△七月，同好友劉建民走橫貫公路（另一好友虞義輝因臨時父親生病取消）。

△八月，升陸軍官校正期班四十四期。

△年底，萌生「不想幹」企圖，四個死黨經多次會商，一直到二年級，未果，繼續

讀下去。

民六十四年（一九七五）二十四歲

△四月五日，蔣公逝世，全連同學宣誓留營以示效忠，僅我和同學史同鵬堅持不留營。（多年後國防部稱聲那些留營都不算）

△五月十一日（母親節），我和劉、虞三人，在屏東新新旅社訂「長青盟約」。

△六月，陸軍官校四十四期畢業。

△七月，到政治作戰學校參加「反共復國教育」。

△九月十九日，乘「二二九」登陸艇到金門報到，任金防部砲指部斗門砲兵連中尉連附。

民國六十五年（一九七六）二十五歲

△醉生夢死在金門度過，或寫作打發時間，計畫著如何可以「下去」（當老百姓去），考慮「戰地」軍法的可怕，決定等回台灣再看情況！

民國六十六年（一九七七）二十六歲

△春，輪調回台灣，在六軍團砲兵六〇〇群當副連長。駐地桃園更寮腳。

△五月，決心不想幹了，利用部隊演習一走了之，當時不知道是否逃亡？發生「逃官事件」，險遭軍法審判。

△九月一日，晉升上尉，調任一九三師七七二營營部連連長，不久再調任砲連連長，駐地中壢。

△十一月十九日，「中壢事件」，情勢緊張，全連官兵在雙連坡戰備待命。

民國六十七年（一九七八）二十七歲

△七月，全師換防到馬祖，我帶一個砲兵連弟兄駐在最前線高登（一個沒水沒電的小島），島指揮官是趙繩武中校。

△十二月十五日，美國宣佈和中共建交，全島全面備戰，已有迎戰及與島共存亡的心理準備，並與官兵以「島在人在，島失人亡」共盟誓勉。

民國六十八年（一九七九）二十八歲

△十一月，仍任高登砲兵連連長。下旬返台休假並與潘玉鳳小姐訂婚。

民國六十九年（一九八〇）二十九歲

△七月，換防回台，駐地仍在中壢雙連坡。

△十一月，卸連長與潘玉鳳結婚。

民國七〇年（一九八一）三十歲

△三月，晉升少校（一九三師）

△七月，砲校正規班結訓。

△八月，轉監察，任一九三師五七七旅監察官。（時一九三師衛戍台北，師長李建中將軍）。

民國七十一年（一九八二）三十一歲

△三月，仍任一九三師五七七旅監察官。駐地在新竹北埔。

△現代詩「高登之歌」獲陸軍文藝金獅獎。當時在第一士校的蘇進強上尉，以「青青子衿」拿小說金獅獎。很可惜後來走上台獨路，不知可還有臉見黃埔同學否？

△長子牧宏出生。

△年底，全師（193）換防到馬祖北竿。

民國七十二年（一九八三）三十二歲

△六月，調任一九三師政三科監察官（馬祖北竿，師長丁之發將軍）

△十二月，調陸軍六軍團九一兵工群監察官。

民國七十三年（一九八四）三十三歲

△十一月，仍任監察官。

△父喪。

民國七十四年（一九八五）三十四歲

△四月，長女佳青出生。
△六月，〈花蓮十日記〉（台灣日報連載）。
△八月，調金防部政三組監察官佔中校缺，專管工程、採購。（司令官宋心濂上將）
△九月，「部隊管教與管理」獲國防部第十二屆軍事著作金像獎。
△今年，翻譯愛倫坡（Edgar Allan）恐怖推理小說九篇，並在偵探雜誌連載，多年後才正式出版。

民國七十五年（一九八六）三十五歲

△元旦，在金防部監察官晉任升中校，時金防部司令官趙萬富上將。
△六月，考入政治作戰學校政治研究所第十九期三研組。（所主任孫正豐教授、校長曹思齊中將）
△八月一日，到政治作戰學校研究所報到。

民國七十六年（一九八七）三十六歲

△元月，獲忠勤勳章乙座。
△春，「蔣公憲政思想研究」獲國民黨文工會學術論文獎。
△九月，參加「中國人權協會」講習，杭立武當時任理事長。
△今年，翻譯愛倫坡小說五篇，並在偵探雜誌連載，多年後才正式出版。

民國七十七年（一九八八）三十七歲

△六月，政研所畢業，碩士論文「中國近代政治結社之研究」。到八軍團四三砲指部當情報官。

△八月，接任第八團四三砲指部六〇八營營長，營部在高雄大樹，準備到田中進基地。（司令是王文燮中將、指揮官是涂安都將軍）

民國七十八年（一九八九）三十八歲

△四月，輪調小金門接砲兵六三八營營長。（大砲營）（砲指部指揮官戴郁青將軍）

△六月四日，「天安門事件」前線情勢緊張，前後全面戰備很長一段時間。

民國七十九年（一九九〇）三十九歲

△七月一日，卸六三八營營長，接金防部砲指部第三科作戰訓練官。

△八月一日，伊拉克入侵科威特，海峽情勢又緊張，金門全面戰備。

民國八〇年（一九九一）四〇歲

△元月、二月，波灣戰爭，金門仍全面戰備。

△三月底，輪調回台南砲兵學校任戰術組教官。（指揮官周正之中將）（以後的軍職都在台灣本島，我軍旅生涯共五次外島，金門三，馬祖二。）

民國八十一年（一九九二）四十一歲

△三月，參加陸軍協同四十五號演習。
△六月，考入三軍大學陸軍指參學院。（校長葉昌桐上將、院長王繩果中將）
△七月四日，到大直三軍大學報到。

民國八十二年（一九九三）四十二歲

△六月十九日，三軍大學畢業，接任花東防衛司令部砲指部中校副指揮官，時中校十一級。（指揮官是同學路復國上校，司令官是畢丹中將）
△九月，我們相處的很好，後來我離職時，同學指揮官送我一個匾，上書「運籌帷幄，決勝千里」。可惜實際上沒有機會發揮，只能在紙上談兵，在筆下論戰，幾年後路同學升少將不久也退伍了。調原單位司令部第三處副處長。
△這年經好同學高立興的努力，本有機會調聯訓部站一個上校缺，卻因被一個姓「朝鮮半島」的同學「穿小鞋」，功敗未成，只好持續在花蓮過著如同無間地獄的苦日子。

民國八十三（一九九四）四十三歲

△二月，考取軍訓教官，在復興崗受訓。（教官班四十八期）
△四月，到台灣大學報到，任中校教官。當時一起來報到的教官尚有唐瑞和、王潤身、劉亦哲、吳曉慧共五人。總教官是韓懷豫將軍。

△四月，老三佳莉出生。她的出生是為伴我中老年的寂寞，從她出生到小三，洗澡換尿片三更半夜喝奶，全我包辦，三個孩子只有她和我親近。

△七月，母喪。

△十一月，在台大軍官團提報「一九九五閏八月的台海情勢」廣受好評。

民國八十四年（一九九五）四十四歲

△六月，「閏八月」效應全台「發燒」。

△《決戰閏八月——中共武力犯台研究》一書出版（台北：金台灣出版社）。本書出版後不久，北京《軍事文摘》（總第59期），以我軍裝照為封面人物，大標題以「台灣軍魂陳福成之謎」，在內文介紹我的背景。

△七月，開始編寫各級學校軍訓課程「國家安全」教材。

△十二月，《防衛大台灣——台海安全與三軍戰略大佈局》一書出版：（台北：金台灣出版社）

民國八十五年（一九九六）四十五歲

△元月，為撰寫軍訓課本「國家安全」，本月十一日偕台大少校教官陳梅燕拜訪戰略家鈕先鍾先生，主題就是「國家安全」。（訪問內容後來發表在「陸軍學術月刊第375、439期」

△三月，擔任政治大學民族系所講座。（應民族系系主任林修澈教授聘請）。

△《孫子實戰經驗研究》一書，獲中華文化總會學術著作總統獎，獎金五萬元。

△《國家安全》幼獅版，納入全國各級高中、職、專科、大學軍訓教學。

△四月，考上國泰人壽保險人員證。

△九月，佔台灣大學上校主任教官缺。

△榮獲全國軍訓教官論文優等首獎，《決戰閏八月》。

民國八十六年（一九九七）四十六歲

△元旦，晉升上校，任台大夜間部主任教官。

△七月，開始在復興廣播電台「雙向道」節目每週一講「國內外政情與國家安全」（鍾寧主持）。

△八月，《國家安全概論》（台灣大學自印自用，不對外發行。）

△十二月，《非常傳銷學》出版。

民國八十七年（一九九八）四十七歲

△是年，仍在復興電台「雙向道節目」。

△五月，在台大學生活動中心演講「部落主義及國家整合、國家安全之關係」。

△十月十七日，籌備召開「第一屆中華民國國防教育學術研討會」（凱悅飯店，本

會在淡江大學戰略所所長翁明賢教授指導下順利完成，工作夥伴除我之外，尚有輔仁大學楊正平、文化大學李景素、淡江大學廖德智、中央大學劉家楨、東吳大學陳全、中興法商鄭鴻儒、華梵大學谷祖盛（以上教官）、淡江大學施正權教授。）我在本會提報論文「論國家競爭優勢與國家安全」（評論人：台灣大學政治系助理教授楊永明博士），本論文為銓敘部公務人員學術論文獎，後收錄在拙著《國家安全與情治機關的弔詭》一書。

△七月，出版《國家安全與情治機關的弔詭》（台北：幼獅出版公司）。

民國八十八年（一九九九）四十八歲

△二月，從台灣大學主任教官退休，結束三十一年軍旅生涯。

「化敵為我，以謀止戰」（小說三十六計釜底抽薪導讀，與實學社總編輯黃驗先生對談。）；考上南山人壽保險人員證。

△四月，應國安會虞義輝將軍之邀請，擔任國家安全會議助理研究員。（時間約一年多，每月針對兩岸關係的理論和實務等，提出一篇研究報告（論文）。

民國八十九年（二〇〇〇）四十九歲

△三月，《國家安全與戰略關係》出版（台北：時英出版社）。

△四、五、六月，任元培科學技術學院進修推廣部代主任。

△六月一日，在高雄市中山高中講「兩岸關係及未來發展——兼評新政府的國家安全構想」（高雄市軍訓室軍官團）

△十一月，與台灣大學登山會到石鹿大山賞楓。

△十二月，與台灣大學登山會到司馬庫斯神木群。

民國九〇年（二〇〇一）五十歲

△五月四到六日，偕妻及一群朋友登玉山主峰。

△六月十六、十七日，參加陸軍官校建校七十七週年校慶並到墾丁參加44期同學會。

△十月六日，與台大登山隊到睏牛山。

△十二月，《解開兩岸十大弔詭》出版（台北：黎明出版社）。

△十二月八到九日，登鎮西堡、李棟山。

△十二月二二到二三日，與台大登山隊走霞克羅古道。

民國九十一年（二〇〇二）五十一歲

△去年至今，我聽到三位軍校同學過逝，甚有感慨，我期至今才約五十歲。想到學生時代很要好的同學，畢業已數十年，怎都「老死不相往來」，我決定試試，召集住台大附近（半小時車程），竟有七人（含我）來會，解定國、高立興、陳鏡培、童榮南、袁國台、林鐵基。這個聚會一直持續下去，後來我定名「台大周邊

地區陸官44期微型同學會」（後均簡稱「44同學會」第幾次等。
△二月，《找尋一座山》現代詩集出版，台北，慧明出版社。
△二月十二到十四日，到小烏來過春節，並參訪赫威神木群。
△二月二三到二四日，與台大登山會到花蓮兆豐農場，沿途參拜大理仙公廟。
△四月七日，與山虎隊登夫婦山。
△四月十五日，在范揚松先生的公司第一次見到吳明興先生（當代兩岸重要詩人、作家），二十多年前我們曾一起在「腳印」詩刊發表詩作，未曾謀面。
△四月二十一日，與台大隊登大桐山。
△四月三十日，在台大鹿鳴堂辦第二次44同學會：我、解定國、袁國台、高立興、周念台、林鐵基、童榮南。
△五月三到五日，與台大隊登三叉山、向陽山、嘉明湖。（回來後在台大山訊發表紀行一篇）。
△六月二一到二三日，與苗栗三叉河登山隊上玉山主峰（我的第二次）。
△七月第一週，在政治大學參加「社會科學研究方法」研習營。（主任委員林碧炤）。
△七月十八到二一日，與台大登山會登雪山主峰、東峰、翠池。在「台大山訊」發表「雪山盟」長詩。

△八月二十日，與台大登山會會長張靜二教授及一行十餘人，勘察大溪打鐵寮古道、草嶺山，並到故總統經國先生靈前致敬。

△八月二九到九月一日，與山友十餘人登干卓萬山、牧山、卓社大山。（因氣候惡劣只到第一水源處紮營，三十一日晨撤退下山。）

△九月，《大陸政策與兩岸關係》出版（黎明出版社，九十一年九月）。

△九月二十四日，在台大鹿鳴堂辦第三次44同學會：我、高立興、童榮南、林鐵基、周念台、解定國、周立勇、周禮鶴。

△十月十八到二十日，隨台大登山隊登大霸尖山（大、小霸、伊澤山、加利山），在「台大山訊」發表「聖山傳奇錄」。

△十一月十六日，與台大登山隊登波露山（新店）。

民國九十二年（二〇〇三）五十二歲

△元月八日，第四次44同學會（在台大鹿鳴堂），到有：我、周禮鶴、高立興、解定國、袁國台、林鐵基、周立勇。

△元月八日，在台灣大學第一會議室演講「兩岸關係發展與變局」，併發表四本年度新書。（台大教授聯誼會主辦），除《解開兩岸十大弔詭》和《大陸政策與兩岸關係》兩書外尚有：《找尋一座山》（現代詩集，慧明出版）、《愛倫坡恐怖

小說選》。

△二月二十八日，應佛光人文社會學院董事會秘書林利國邀請，在宜蘭靈山寺向輔導義工演講「生命教育與四Q」。

△三月十五、十六日，與妻參加台大登山隊「榛山行」（在雪霸）。

△三月十八日，與曾復生博士在復興電台對談兩岸關係發展。

△三月十九日，到非政府組織（NGO）會館，參加「全球戰略新框架下的兩岸關係研討會」，由「歐洲文教基金會與黨外圓桌論壇」主辦。席間首次與前民進黨主席許信良先生閒談。晚間餐會與前立法委員朱高正先生和台大哲學系教授王曉波夫婦同桌，我和他們都是素昧平生。但兩杯酒一喝，大家就開始高談近代史事，朱委員酒量很好，可能有「千杯不醉」的境界。名片上印有「周易」文言：「夫大人者。與天地合其德。與日月合其明。與四時合其序。與鬼神合其吉凶。先天而天弗違。後天而奉天時。天且弗違。而況予人乎。況于鬼神乎。」，其境界更高。

△三月二十日，叢林一隻不長眼的「肥羊」闖進頂層掠食者的地盤，性命恐將不保；美伊大戰開打，海珊可能支持不了幾天。

△三月二十六日到三十日，隨長庚醫護人員及內弟到大陸，遊西湖、黃山。果然「上有天堂下有蘇杭」、「黃山歸來不看山」，我第一次出國竟是回國。歸程時SARS

開始流行，全球恐慌。

△四月三日到六日，同台大登山隊登雪白山，氣候不佳，前三天下雨。第一天宿司馬庫斯，第二天晨七時起程，沿途林相原始，許多千年神木，下午六時雪白山攻頂，晚上在山下紮營，第三天八點出發，神木如林，很多一葉蘭，下午過鴛鴦湖，五點到棲蘭。第四天參觀棲蘭神木，見「孔子」等歷代偉人，歸程。

△四月十二、十三日，偕妻與台大登山隊再到司馬庫斯，謁見「大老爺」神木群等。

△四月二十一日，第五次44同學會（在台大鹿鳴堂），到者：我、袁國台、解定國、林鐵基、周立勇。

△六月十四日，同台大登山隊縱走卡保逐鹿山，全程二十公里，山高、險惡、瀑布，螞蝗多。

△六月二十八日，參加中國文藝協會舉行「彭邦楨詩選」新書發表會。彭老已在今年三月病逝紐約，會中碰到幾位前輩作家，鍾鼎文、司馬中原、辛鬱、文曉村等人，還有年青一輩的賴益成、羅明河等。

△七月，《孫子實戰經驗研究》出版（黎明出版公司），本書是八十五年學術研究得將作品，獲總統領獎；今年又獲選為「國軍連隊書箱用書」，陸、海、空三軍各級，一次印量七千本。

△七月二十二日到八月二日，偕妻同一群朋友遊東歐三國（匈牙利、奧地利、捷克）。

△十月十日到十三日，登南湖大山、審馬陣山、南湖北峰和東峰。

△十一月，在復興電台鍾寧小姐主持的「兩岸下午茶」節目，主講「兵法・戰爭與人生」（孫子、孫臏、孔明三家）。

△十二月一日，第六次44同學會（台大鹿鳴堂），到有：我、林鐵基、童榮南、解定國、周念台、盧志德、高立興、劉昌明。

民國九十三年（二〇〇四）五十三歲

△二月二十五日，第七次44同學會（台大鹿鳴堂），到有：周立勇、高立興、童榮南、鍾聖賜、林鐵基、解定國、周念台、盧志德、劉昌明和我共10人。

△春季，參加許多政治活動，號召推翻台獨不法政權，三月陳水扁自導自演「三一九槍擊作弊案」。

△三月，《大陸政策與兩岸關係》出版，黎明出版社。

△五月二十八日，大哥張冬隆發生車禍，二週後的六月四日過逝。

△五月，《五十不惑》（前傳）出版，時英出版社。

△六月，第八次44同學會（台大鹿鳴堂），到有：我、周立勇、童榮南、林鐵基、解定國、袁國台、鍾聖賜、高立興。

△八月十一到十四日，參加佛光山第十二期全國教師生命教育研習營。

△十月十九日，第九次44同學會（台大鹿鳴堂），到有：我、童榮南、周立勇、高應興、解定國、盧志德、周小強、鍾聖賜、林鐵基。

△今年在空大講「政府與企業」，並受邀參與復興電台「兩岸下午茶」節目。

△今年完成龍騰出版公司《國防通識》（高中課本）計畫案合作伙伴有李文師（政大教官退）、李景素（文化教官退）、項台民（彰化高中退）、陳國慶（台大教官）。計有高中二年四冊及教師用書四冊，共八冊課本。

△十二月，《軍事研究概論》出版（全華科技），合著者九人：洪松輝、許競任、秦昱華、陳福成、陳慶霖、廖天威、廖德智、劉鐵軍、羅慶生，都是對國防軍事素有專精研究之學者。

民國九十四年（二〇〇五）五十四歲

△二月十七日，第十次44同學會（台大鹿鳴堂），到有：我、陳鏡培、鍾聖賜、金克強、解定國、林鐵基、高立興、袁國台、周小強、周念台、盧志德、劉昌明，共12人。

△六月十六日，第十一次44同學會（台大鹿鳴堂），到有：我、盧志德、周立勇、解定國、陳鏡培、童榮南、金克強、鍾聖賜、劉昌明、林鐵基、袁國台。

△八月，計畫中的《中國春秋》雜誌開始邀稿，除自己稿件外，有楊小川、路復國、廖德智、王國治、一飛、方飛白、郝艷蓮等多人。

△十月，創刊號《中國春秋》雜誌發行，第四期後改《華夏春秋》，實務行政全由鄭聯臺、鄭聯貞、陳淑雲、陳金蘭負責，妹妹鳳嬌當領導，我負責邀稿，每期印一千五百本，大陸寄出五百本。

△持續在台灣大學聯合辦公室當志工。

△今年仍在龍騰出版公司主編《國防通識》；上復興電台「兩岸關係」節目。

民國九十五年（二〇〇六）五十五歲

△元月《中國春秋》雜誌第二期發行，作者群有周興春、廖德智、李景素、王國治、路復國、一飛、范揚松、蔣湘蘭、楊小川等。

△二月十七日，第十二次44同學會（台大鹿鳴堂），到有：劉昌明、高立興、陳鏡培、盧志德、林鐵基、金克強和我共7人。

△四月，《中國春秋》雜誌第四期發行。

△六月，第十三次44同學會（台大鹿鳴堂），到有：我、周小強、解定國、高立興、袁國台、林鐵基、劉昌明、盧志德。

△七月到九月，由時英出版社出版中國學四部曲，四本約百萬字：《中國歷代戰爭

新詮》、《中國近代黨派發展研究新詮》、《中國政治思想新詮》、《中國四大兵法家新詮》。

△七月十二到十六日，參加佛光山第十六期全國教師生命教育研習營。

△七月，原《中國春秋》改名《華夏春秋》，照常發行。

△九月，《春秋記實》現代詩集出版，時英出版社。

△十月，第五期《華夏春秋》發行。

△十月二十六日，第十四次44同學會（台大鹿鳴堂），到有：我、金克強、周立勇、解立國、林鐵基、袁國台、高立興。

△十一月，當選中華民國新詩學會第二屆理事，任期到九十九年十一月十一日。

△《華夏春秋》第六期發行後，無限期停刊。

△高中用《國防通識》（學生課本四冊、教師用書四冊）逐一完成，可惜龍騰出版公司後來的行銷欠佳。

民國九十六年（二〇〇七）五十六歲

△元月三十一日，第十五次44同學會（中和天香回味鍋），到有：我、解定國、盧志德、高立興、林鐵基、周小強、金克強、劉昌明。

△二月，《國家安全論壇》出版，時英出版社。

△二月一日，到國防部資電作戰指揮部演講，主題「兩岸關係與未來發展：兼論台灣最後安全戰略的探索」。

△二月，《性情世界：陳福成情詩集》出版，時英出版社。

△三月十日，在「秋水詩屋」，與涂靜怡、莫云、琹川、風信子四位當代大詩人研究，幫我取筆名「古晟」。以後我常用這個筆名，有一本詩集就叫《古晟的誕生》。

△五月，當選中國文藝協會第三十屆理事，任期到一百年五月四日。

△五月十三日，母親節，與妻晚上聽鳳飛飛的演唱會，可惜二〇一二年初病逝，我為她寫一首詩「相約二十二世紀，鳳姐」。

△六月六日，第十六次44同學會（台大鹿鳴堂），到有：我、解定國、高立興、盧志德、周小強、金克強、林鐵基。

△六月十九日，榮獲中華民國新詩學會「詩運獎」，在文協九樓頒獎，由文壇大老鍾鼎文先生頒獎給我。

△十月，小說《迷情‧奇謀‧輪迴：被詛咒的島嶼》（第一集）出版，文史哲出版社。

△十月十六日，第十七次44同學會（台大鹿鳴堂），到有：我、周立勇、解定國、張安麟、林鐵基、盧志德。

△十月三十一日到十一月四日，參加由文協理事長綠蒂領軍，應北京中國文聯邀訪，

一行人有綠蒂、林靜助、廖俊穆、蘇憲法、李健儀、簡源忠、郭明福、廖繼英、許敏雄和我共10人。

△十一月七日，同范揚松、吳明興三人到慈濟醫院看老詩人文曉村先生。

△十二月中旬，大陸「中國文藝藝術聯合會」一行到文協訪問，綠蒂全程陪同，十六日由我陪同參觀故宮，按其名冊有白淑湘、李仕良等14人。

△十二月十九日，到台中拜訪詩人秦嶽，午餐時他聊到「海鷗」飛不起來了。

△十二月二十二日上午，在國父紀念館參加由星雲大師主持的皈依大典，成為大師座下臨濟宗第四十九代弟子，法名本肇。一起皈依的有吳元俊、吳信義、關麗蘇四兄姊弟，這是一個好因緣。

△十二月二十七日，《青溪論壇》成立，林靜助任理事長，我副之，雪飛任社長。

△十二月，有三本書由文史哲出版社出版：《頓悟學習》、《公主與王子的夢幻》、《春秋正義》。

民國九十七年（二〇〇八）五十七歲

△元月五日（星期六），第一次在醉紅小酌參加「三月詩會」，到民國一〇三年底退出。

△元月二十四到二十八日，與妻參加再興學校舉辦的海南省旅遊。

△二月十三日，到新店拜訪天帝教，做《天帝教研究》的準備。
△二月十九日，第十八次44同學會（新店富順樓），到有：我、高立興、解定國、林鐵基、盧志德、金克強、周小強。
△三月二日，參加「全國文化教育界新春聯歡會」，馬英九先生來祝賀，前台大校長孫震、陳維昭等數百人，文壇司馬中原、綠蒂、鍾鼎文均到場，盛況空前。這是大選的前奏曲。
△三月十二日，參加中國文藝協會理監事聯席會議。
△三月，《新領導與管理實務》出版，時英出版社。
△五月十三日下午二時，四川汶川大地震，電話問成都的雁翼，他說還好。
△六月十日，第十九次44同學會（在山東餃子館），到有：我、童榮南、高立興、解定國、袁國台、盧志德、金克強、張安祺。
△六月二十二日，參加青溪論壇社舉辦的「推展華人文化交流及落實做法」，我提報論文「閩台民間信仰文化所體現的中國政治思想初探」，其他重要提文報告人有林靜助、封德屏、陳信元、潘皓、台客、林芙容、王幻、周志剛、一信、徐天榮、漁夫、落蒂、雪飛、彭正雄。
△七月十八日，與林靜助等一行，到台南參加作家交流，拜訪本土詩人林宗源。

△七月二十三日到二十九日，參加佛光山短期出家。

△八月十五日到二一日，參加青溪新文藝學會理事長林靜助主辦「江西三清山龍虎山之旅」，並到九江參加文學交流會。同行者有我、林靜助、林精一、蔡雪娥、彭正雄、金筑、台客、林宗源、邱琳生，鍾順文、賴世南、羅玉葉、羅清標、吳元俊、蔡麗華、林智誠、共16人。

△十月十五日，第二十次44同學會（台大鹿鳴堂），到有：我、陳鏡培、解定國、盧志德、同小強、童榮南、袁國台、林鐵基、黃富陽。

△十一月三十日，參加「湯山聯誼會」，遇老師長陳廷寵將軍。

△今年有兩本書由文史哲出版社出版：《幻夢花開一江山》（傳統詩）、《一個軍校生的台大閒情》。

△整理這輩子所寫的作品手稿約一人高，贈台大圖書館典藏。

民國九十八年（二〇〇九）五十八歲

△二月十日，第二一次44同學會（台大鹿鳴堂），到有：我、袁國台、解定國、高立興、童榮南、盧志德、黃富陽。

△六月，小說《迷情・奇謀・輪迴：進出三界大滅絕》（第二集）出版，文史哲出版社。

△六月上旬，第二二次44同學會（台大鹿鳴堂），到有：我、林鐵基、童榮南、袁國台、高立興、解定國、金克強、盧志德。

△六月十七、十八日，參加台大「退聯會」阿里山兩日遊。

△十月，小說《迷情・奇謀・輪迴：我的中陰身經歷記》（第三集）出版，文史哲出版社。

△十月六日，第二三次44同學會（公館越南餐），到有：盧志德、解定國、林鐵基、金克強、周小強和我。

△十一月六到十三日八天，參加重慶西南大學主辦「第三屆華文詩學名家國際論壇」，後四天到成都（第一次回故鄉）。此行我提報一篇論文「中國新詩的精神重建」（約兩萬多字），同行者另有雪飛、林芙蓉、李再儀、台客、鍾順文、林于弘、林精一、吳元俊、林靜助。

△十一月二十八日，到國軍英雄館參加「湯山聯誼會」，老將郝伯村批判李傑失了軍人氣節。

△十二月，《赤縣行腳・神州心旅》（詩集）出版，秀威出版公司。

△今年有三本書由文史哲出版社出版：《愛倫坡恐怖推理小說》、《春秋詩選》、《神劍與屠刀》。

民國九十九年（二〇一〇）五十九歲

△元月二十三日，由藝文論壇社和紫丁香詩刊聯合舉辦，「陳福成小說《迷情・奇謀・輪迴》評論會」，在台北老田西餐廳舉行。提評論文有金劍、雪飛、許其正、狼跋、謝輝煌、胡其德、易水寒等七家，與會有文藝界數十人。會後好友詩人方飛白也提出一篇。

△三月一日，第二四次44同學會（台大鹿鳴堂），到有：我、周小強夫婦、解定國、袁國台、林鐵基、盧志德、曹茂林、金克強、黃富陽、童榮南共11人。

△三月三十一日，「藝文論壇」和「創世紀」詩人群聯誼，中午在國軍英雄館牡丹廳餐敘。創世紀有張默、辛牧、落蒂、丁文智、方明、管管、徐瑞、古月，八人與會；藝文論壇有林靜助、雪飛、林精一、彭正雄、鄭雅文、徐小翠和我共7人參加。

△四月二一到二二日，台大溪頭、集集兩日遊，「台大退聯會」主辦。

△六月，《八方風雨・性情世界》出版，秀威出版社。

△六月八日，第二五次44同學會（台大鹿鳴堂），到有：我、金克強、郭龍春、解定國、高立興、童榮南、袁國台、林鐵基、盧志德、周小強、曹茂林，共11人。

△八月十七到二十日，參加佛光山「全國教師佛學夏令營」，同行有吳信義師兄等

多人。

△十月五日，第二六次44同學會（今起升格在台大水源福利會館），到有：曹茂林、解定國、童榮南、林鐵基、盧志德、周小強和我共7人。

△十月二六日到十一月三日，約吳信義、吳元俊兩位師兄，到山西芮城拜訪尚未謀面的劉焦智先生，我們因看「鳳梅人」報結緣。

△十一月，《男人和女人的情話真話》（小品）出版，秀威出版社。

△今年有四本書由文史哲出版社出版：《洄游的鮭魚》、《古道・秋風・瘦筆》、《山西芮城劉焦智鳳梅人報研究》、《三月詩會研究》。

民國一〇〇年（二〇一一）六十歲

△元月，小說《迷情・奇謀・輪迴》合訂本出版，文史哲出版社。

△元月二日，當選中華民國新詩學會第十三屆理事、任期到一〇四年一月一日。

△元月十日，第二七次44同學會（台大水源福利會館），到有：我、黃富陽、高立興、林鐵基、周小強、解定國、童榮南、曹茂林、盧志德、郭龍春共10人。

△二月，《找尋理想國》出版，文史哲出版社。

△二月十九日，在天成飯店參加「中國全民民主統一會」會員代表大會，吳信義、吳元俊兩位師兄也到，會場由王化榛會長主持。會中遇到上官百成先生，會後我

寫一篇文章「遇見上官百成：想起上官志標和楊惠敏」，刊載《新文壇》雜誌（26期，一〇一年元月）。

△三月二二日，上午參加「台大退聯會」理監事聯席會議。

△三月二五日，晚上在台大校總區綜合體育館開「台大逸仙學會」，林奕華也來了，認識她很久了，每回碰到她都很高興。

△四月，《我所知道的孫大公》（黃埔28期）出版，文史哲出版社。

△四月，《在鳳梅人小橋上：中國山西芮城三人行》出版，文史哲出版社。

△五月五日，參加綠蒂在老爺酒店主的「中國文藝協會三十一屆理監事會」，同時當選理事，任期到一〇四年五月五日。與會者如以下這份「原始文件」：

△五月，《漸凍勇士陳宏傳》出版，文史哲出版社。
△六月，《大浩劫後》出版，文史哲出版社。
△六月三日，第二八次44同學會（台大水源福利會館），到有：我、郭龍春、解定國、高立興、童榮南、林鐵基、盧志德、周小強、黃富陽、曹茂林、桑鴻文共11人。
△六月十一日，到師大參加「黃錦鋐教授九秩嵩壽華誕聯誼茶會」，黃伯伯就住我家樓上，他已躺了十多年，師大仍為他祝壽，真很感人。
△七月，《台北公館地區開發史》出版，唐山出版社。
△七月七到八日，與妻參加台大退聯會的梅峰、清境兩日遊。
△七月，《第四波戰爭開山鼻視賓拉登》出版，文史哲出版社。
△八月，《台大逸仙學會》出版，文史哲出版社。
△八月十七到二十日，參加佛光山「全國教師佛學夏令營，主題「增上心」」。
△九月九日到二十日，台客、吳信義夫婦、吳元俊、江奎章和我共六人，組成「山西芮城六人行」，前兩天先參訪鄭州大學。
△十月十二日，第二九次44同學會（台大水源福利會館），到有：我、黃國彥、解定國、高立興、童榮南、袁國台、林鐵基、周小強、金克強、黃富陽、郭龍春、桑鴻文、盧志德、曹茂林，共14人。
△十月十四日，邀集十位佛光人中午在台大水源會館雅聚，這十人是范鴻英、刑筱

容、陸金竹、吳元俊、吳信義、江奎章、郭雪美、陳雪霞、關麗蘇。

△十一月十日，台大社團晚會表演，在台大小巨蛋（新體育館），由我吉他彈奏，吳普炎、吳信義、吳元俊、周羅通和關麗蘇合唱三首歌，「淚的小花」、「茉莉花」、「河邊春夢」。

民國一〇一年（二〇一二）六十一歲

△元月四日，第三十次44同學會（台大水源福利會館），到有：我、桑鴻文、高立興、林鐵基、解定國、童榮南、袁國台、盧志德、金克強、曹茂林、郭龍春、陳方烈。

△元月十四日，大選・藍營以689萬票對綠營609萬票，贏得有些辛苦。基本上「九二共識」、「一中各表」已是台灣共識。

△《中國神譜》出版（文史哲出版社，二〇一二年元月）。

△二月，寫一張「保證書」給好朋友彭正雄先生，把我這輩子所有著作全送給他，由他以任何形式、文字，在任何地方出版發行。這是我對好朋友的回報方式。

△二月，開始規畫、整理出版《陳福成文存彙編》，預計全套八十本（總字數近千萬），由彭正雄所經營的文史哲出版社出版。

△二月十九日中午，葡萄園詩刊同仁在國軍英雄館餐聚，到會有林靜助、曾美玲、

杜紫楓、李再儀、台客、賴益成、金筑和我八人。大家商討今年七月十五日是葡萄園的五十大壽，準備好好慶祝。

△三月二十二日，倪麟生事業有成宴請同學《公館自來水博物館內》，到有：我、倪麟生、解定國、高立興、盧志德、曹茂林、郭龍春、童榮南、桑鴻文、李台新，共十人。

△《金秋六人行：鄭州山西之旅》出版（文史哲出版社，二〇一二年三月）。

△《從皈依到短期出家》（唐山出版社，二〇一二年四月）。

△《中國當代平民詩人王學忠》出版（文史哲出版社，二〇一二年四月）。

△《三月詩會二十年紀念別集》（文史哲出版社，二〇一二年六月）。

△五月十五日，第三一次44同學會（台大水源福利會館），到有：我、陳方烈、桑鴻文、解定國、高立興、童榮南、林鐵基、盧志德、周小強、金克強、曹茂林、李台新、倪麟生，共十三人。

△九月有三本書出版：《政治學方法論概說》、《西洋政治思想史概述》、《最自在的是彩霞》，文史哲出版社。

△十月二十二日，第三二次44同學會（台大水源福利會館），到有：我、解定國、高立興、童榮南、林鐵基、盧志德、李台新、桑鴻文、郭龍春、倪麟生、曹茂林、

周小強，共十二人。

△《台中開發史：兼龍井陳家移台略考》出版，文史哲出版，二〇一二年十一月。

△十二月到明年元月，大愛電視台記者紀儀羚、吳怡旻、導演王永慶和另三位攝影師，一行六人，來拍「陳福成講公館文史」專集節目，在大愛台連播兩次。

民國一〇二年（二〇一三）六十二歲

△元月十一日，參加「台大秘書室志工講習」，並為志工講「台大·公館文史古蹟」（上午一小時課堂講解，下午三小時現場導覽）。

△元月十五日，「台大退休人員聯誼會」理監事在校本部第二會議室開會，並選舉第九屆理事長，我意外當選理事長，二二日完成交接，任期兩年。

△元月十七日，第三三次44同學會（台大水源福利會館），到有：我、倪麟生、林鐵基、桑鴻文、解定國、高立興、盧志德、周小強、曹茂林、郭龍春、陳方烈、余嘉生、童榮南，共十三人。

△二月，《嚴謹與浪漫之間：詩俠范揚松》出版，文史哲出版社。

△三月，當選「中國全民民主統一會」執行委員，任期到一〇三年三月二十八日。（會長王化榛）。

△三月，《讀詩稗記：蟾蜍山萬盛草齋文存》出版，文史哲出版社。

△五月，《與君賞玩天地寬：陳福成作品評論和迴響》、《古晟的誕生：陳福成60詩選》、《迷航記：黃埔情暨陸官44期一些閒話》三書出版，由文史哲出版社出版發行。

△五月十三日，第三四次44同學會（台大水源福利會館），到有：我、李台新、解定國、高立興、林鐵基、童榮南、盧志德、金克強、曹茂林、虞義輝、郭龍春、桑鴻文、陳方烈、倪麟生、余嘉生、共十五人。

△七月，《孫大公的思想主張書函手稿》、《日本問題終極處理》、《一信詩學研究》三書出版，均文史哲出版社。

△七月四日，鄭雅文、林錫嘉、彭正雄、曾美霞、落蒂和我共六個作家詩人，在「豆豆龍」餐廳開第一次籌備會，計畫辦詩刊雜誌，今天粗略交換意見，決定第二次籌備會提出草案。

△八月十三到十六日，參加佛光山「教師佛學夏令營」，同行尚有吳信義、關麗蘇。

△八月三十一日，為詩人朋友導覽公館古蹟，參加者有范揚松、藍清水夫婦、陳在和、吳明興、胡其德、吳家業、許文靜、鍾春蘭、封枚齡、傅明其。

△九月七日，上午在文協舉行《一信詩學研究》新書發表會及討論，由綠蒂主持。

△九月十日，假校總區第二會議室，主持「台大退休人員聯誼會」第九屆第四次理

監事聯席會議，會中由會員組組長陳志恆演講，題目「戲緣——京劇與我」。

△九月二七日，參加「台大文康會各分會負責人座談會暨85週年校慶籌備會議」，地點在台大巨蛋，由文康會主委江簡富教授（電機系）主持，各分會負責人數十人到場。

△十月七日，第三五次44同學會（改在北京樓），到有：我、余嘉生、解定國、虞義輝、童榮南、盧志德、郭龍春、桑鴻文、李台新、陳方烈、袁國台，共十一人。

△十月十二日，在天成飯店（火車站旁），參加「中國全民民主統一會」第七屆第二次執監委聯席會。討論會務發展及明春北京參訪事宜。

△十月十九日，由台大三個社團組織（教授聯誼會會長游若篍教授、職工聯誼會秘書楊華洲、退聯會理事長我本人）聯合舉辦「未婚聯誼」，在台大巨蛋熱鬧一天，到場有第二代子女近四十人參加。

△十一月九日，重慶西南大學文學系教授向天淵博士來台交流講學，中國詩歌藝術學會理事長林靜助先生，在錦華飯店繳請「兩岸比較文學論壇」，我和向教授在兩年前有一面之緣。

△十一月十二日，假校總區第二會議室，主持「台大退聯會」第十屆第五次理監事聯席會議。陳定中將軍蒞臨演講，題目「原子彈與曼哈頓計劃的秘密」，另討論十二月三日會員大會事宜。

△十一月十三日，小路（路復國同學）來台北開會，中午我和老袁（袁國台）與他相見，老袁請吃牛肉麵，我在「新光」高層請喝咖啡賞景。

△十一月二十四日，台大退聯會、教聯會和職工會合辦「兩性聯誼」活動，第三場在文山農場，場面熱鬧。

△十一月二十八日，晚上，台大校慶文康晚會在台大巨蛋舉行，退聯會臨時組合唱團由我吉他伴奏參加，也大受歡迎。

△十二月三日上午，台大退聯會在第一會議室舉行年度大會，近兩百教職員工參加，主秘林達德教授代表校長致詞，歷屆理事長（宣家驊將軍、方祖達教授、楊建澤教授、丁一倪教授）均參加，我自今年元月擔任理事長以來，各方反應似乎還算滿意。

△十二月十日，約黃昏時，岳父潘翔臯先生逝世，高壽九十四歲，福壽雙全，除老人退化病外，無任何重症，睡眠中無痛而去，真是福報。他們兒女決定簡約辦理，十七號舉行告別式。

△十二月十八日，中午，參加在「喜萊登」由鄭雅文小姐主持成立的「華文現代詩刊」，到會有主持鄭雅文、筆者及麥穗、莫渝、林錫嘉、范揚松帶秘書曾詩文、曾美霞、龔華、劉正偉、雪飛等。

△十二月二十二日，在「儷宴會館」（林森北路），參加44期北區同學會，改選理監事及會長，虞義輝當選會長，我當選監事。

△十二月三十日，這幾年，每年年終跨年，一群詩人、作家都在范揚松的大人物公司跨年，今年也是，這次有：范揚松、胡爾泰、方飛白、許文靜、傅明琪、劉坤靈、吳家業、梁錦鵬、吳明興、陳在和及筆者。

民國一〇三年（二〇一四）六十三歲

△元月五日，與妻隨台大登山會走樟山寺，到樟山寺後再單獨走到杏花林，中午在「龍門客棧」午餐，慶祝結婚第34年。

△元月九日，爆發「梁又平事件」（詳見《梁又平事件後：佛法對治風暴的沈思與學習》乙書）。

△元月十一日，在天成飯店參加「中國全民民主統一會」執監委員會，由會長王化榛主持，並確定三月北京行名單。

△元月十二日，與妻隨台大登山會走劍潭山，沿途風景優美。

△元月二十四日，參加台大志工講習會，會後參觀台大植博館。

△元月、二月，有三本書由文史哲出版，《把腳印典藏在雲端》、《台北的前世今生》、《奴婢妾匪到革命家之路：謝雪紅》。

△春節，那裡也沒去，每天照常在新店溪畔散步、寫作、讀書。
△二月九日，參加「台大登山會」新春開登，目的地是新莊牡丹心環山步道」，在泰山、林口接壤的牡丹山系，全天都下著不小的雨，考驗能耐。我和信義、俊歌兩位師兄，都走完全程，各領一百元紅包。
△二月十八日，中午與食科所游若篍教授共同主持兩個會，教授聯誼會邀請台北市教育局長林奕華演講，及「千歲宴」第二次籌備會。到會另有職工會秘書華洲兄、陳梅燕等十多人。
△二月廿一、廿二日，長青四家夫妻八人（虞、張、劉、我及內人們），在張哲豪的基隆「公館」度假，並討論四月花蓮行，決議四月十四、十五、十六共三天到花蓮玩。
△三月三日，中國文藝協會以掛號專函通知，榮獲第五十五屆中國文藝獎章文學創作獎，將於五月四日參加全國文藝節大會，接受頒獎表揚。
△三月八日，晚上在三軍軍官俱樂部文華廳，參加由中國文藝協會理事長王吉隆先生所主持的理監事聯席會，有理監事周玉山、蘭觀生、曾美霞、徐菊珍等十多人參加。
△三月十日，由台大教聯會主辦，退聯會和職工會協辦，邀請台北市教育局長林奕

華演講，主題關於十二年國教問題，中午十二時到下午一點三十圓滿完成（在台大第一會議室）。

△三月十六日，三月是台大的「杜鵑花節」，每年三月的假日，我們擔任台大秘書室的志工們，都輪值校門口「坐台」（服務台），招呼人山人海的參訪來賓。今天上午九時到下午一時我值班，下班立即前往第一殯儀館「鼎峰會館」，向陳宏大哥上香致敬，並以《漸凍勇士陳宏傳：他和劉學慧的傳奇故事》一書代香花素果，獻於陳大哥靈前。此因十八號他的追思會我在台大有兩個重要會議要開，向學慧師姊說了先來拈香，我也因寫了陳宏的回憶錄，和他有心靈感應，他也給我的人生有重大啟示，故向陳宏大哥獻書，願他一路好走，在西方極樂世界修行，別再重回六道，受人間諸苦。

△三月十八日，上午主持今年第一次「台大退休人員聯誼會」理監事會，並邀請吳信義學長會後演講，到有全體理監事各組長二十多人。下午參加校長楊泮池主持的「退休人員茶會」，按往例我參與茶會並在會中報告退聯會活動，陳志恆小姐隨同我參加，在現場「招兵買馬」，成效甚佳。

△三月二十日，上午到二殯參加海軍少將馬振崑將軍公祭（現役五十七歲），我以台大退聯會理事長身份主祭，信義和俊歌兩位師兄與祭。現場有高華柱、嚴明、葉昌桐等高級將領，至少有五十顆星星以上。

下午，到翔順旅行社（松江路）參加北京行會議，下週二共二十人參加這次訪問。

△三月二十一日，中餐，在「台大巨蛋」文康交誼廳，參加由台大文康委員會主委

江簡富教授（電機系）所主持，「一〇三年文康會預算會議」，到有台大教職員各社團負責人近三十人。

△三月廿五到三十日，應中國全民民主統一會會長王化棒先生及信義、俊歌兩位師兄之邀請，以特約記者的身份參加全統會北京、天津參訪團，全團二十人。我們拜會天津、北京的中國和平統一促進會、黃埔軍校同學會等。（詳見我所著《中國全民民主統一會北京天津行：兼略論全統會的過去現在和未來發展》，文史哲出版）

△四月十四、十五、十六，近半年來我積極推動的「長青家族花蓮行」，終於成真，內心感到安慰極了。回想五年多來，長青家族的聚會竟如同打烊，太氣人了。這件事能促成，比我在花蓮擁有一甲地更值得。這心聲在三天旅遊中我沒說出來，今只在此說給大家聽，義輝、阿妙、阿張、金燕、劉建、Linda 和我妻，「以心傳心」傳給你們聽！

△五月二日，由中國文藝協會主辦，行政院文建會贊助指導，第五十五屆文藝獎章得獎人，今天在部份平面媒體公告，下列是聯合報資料。後天就是「五四文藝節」，將在三軍軍官俱樂部盛大慶祝並頒獎。據聞，副總統吳敦義將親自主持。

联合報 103.5.2.

〈聯副文訊〉二則

中國文藝獎章名單揭曉

由中國文藝協會主辦的中國文藝獎章，本年度榮譽文藝獎章得主為：廖玉蕙（文學類）、崔小萍（影視類）、陳陽春（美術類）、張炳煌（書法類）。

第五十五屆文藝獎章獲獎人為：王盛弘（散文）、鯨向海（新詩）、田運良（詩歌評論）、梁欣榮（文學翻譯）、陳福成（專欄）、洪能仕（書法）、吳德和（雕塑）、張璐瑜（水彩）、劉家正（美術工藝）、林再生（攝影）、戴心怡（國劇表演）、李董峻（客家戲表演）、梁月嬰（戲曲推廣）、孫麗桃（民俗曲藝）、魏大為（音樂工作）、孫翠玲（舞蹈教學）、曾美霞、鄭雅文、鄔迅（文藝工作獎）楊寶華（文創及文化交流）、劉詠平（海外文藝工作獎）。（丹墀）

△五月四日，下午到晚上，參加全國文藝節及文藝獎章頒獎典禮，直到晚上的文藝晚會都在三軍軍官俱樂部。往年都是總統馬英九主持，今年他可能因母喪，改由副總統吳敦義主持。

△五月初的某晚，關雲的女兒打電話給我，媽媽走了！我很震驚，她是中國文藝協會會員、三月詩會詩友，六十五歲突然生病很快走了！怎不叫人感慨！

△五月二十日，籌備半年多的「台大退聯會千歲宴」，終於快到了，今天是退聯會上班日，大家做最後準備。中午到食科所午餐，三個分會（退聯會、教聯會、職工會），再開宴前會，確認全部參加名單和過程。

△五月廿二日，上午九點到下午兩點，千歲宴正式成功辦完，校長楊泮池教授也親臨致詞，和大家看表演、合照。今天到有八十歲以上長者近四十人，宣家驊將軍、方祖達教授等都到了。

△六月二日，今天端午節，中午在中華路典漾餐廳，由全統會會員（會長王化榛、秘書長吳信義、會員吳元俊，我等十多人），宴請天津來訪朋友，有些我們三月去天津已見過，他們到有：王平、劉正風、李偉宏、蔣金龍、錢鋼、商駿、吳曉琴、李衛新、賈群、陳朋，共十人。

△到六月止，近十個月來，完成出版的書有：《把腳印典藏在雲端：三月詩會詩人手稿詩》、《台北公館台大地區考古．導覽》、《我的革命檔案》、《中國全民民主統一會北京行》、《六十後詩雜記現代詩集》、《胡爾泰現代詩研究》、《從魯迅文學醫人魂救國魂說起》；另外，《臺大退聯會會務通訊》也正式出版，第

一版先給理監事會看，年底會員大會再印贈會員。

△六月十一日，《臺大會訊》報導「千歲宴」盛況如下：

《臺大校訊》·二〇一四年六月十一日·第四版·

退休人員 職工及教師聯誼分會舉辦千歲宴活動

爲關懷退休人員較年長者平常較少於校園活動，文康會退休人員、職工及教師三個聯誼分會5月24日假綜合體育館文康室舉辦80歲以上「千歲宴」活動。出席名單包括：教務處課務組主任郭輔義先生、軍訓室總教官宣家驊、軍訓室教官鍾鼎文、軍訓室教官鄭義峰、總務處保管組股長林 參、總務處蕭添壽先生、總務處翁仙啓先生、圖書館組員柯環月女士、圖書館閱覽組股長王鴻龍、文學院人類系組員周崇德、理學院動物系教授李學勇、法學院王忠先生、法學院工王本源先生、醫學院組員洪林寶祝、醫學院組員連興潮、工學院電機系教授楊維禎、農學院生工系教授徐玉標、農學院園藝系教授方祖達、農學院技正路統信、農學院園藝系教授康有德、附設醫院護士曾廖日妹、農業陳列館主任劉天賜、圖書館組員紀張素瑩、附設醫院組員宋麗音、理學院海洋所技正鄭展堂、理學院化學系技士林添丁、附設醫院組員葉秀琴、附設醫院技佐王瓊瑛、附設醫院技士劉人宏、農學院農化系教授楊建澤、農學院農經系教授許文富、園藝系教授洪 立、農學院森林系教授汪 淮、軍訓室教官茹道泰、電機系技正郡依俤。

楊泮池校長與出席人員合影留念

△六月十三日，上午率活動組長關麗蘇、會員組長陳志恆、文康組長許秀錦，拜會位於新店的天帝教總會，他們有劉曉蘋、李雪允、郝寶驥、陳啟豐、陳己人等多位接待我們。議決九月十七日，台大退聯會組團（40人）參訪天帝教的天極行宮（在台中清水）。會後，中午在總會吃齋飯。

△六月十七日，主持台大退聯會理監事會，我主要報告《會務通訊》出版事宜，經

費籌劃等。

△六到七月，我的《華夏春秋》雜誌打烊後，曾有大陸朋友要在大陸復刊，江蘇的高保國搞一期又打烊了。最近遼寧的金土先生復刊成功，希望他能長長久久辦下去。以下是創刊號的封面和內首頁。

本刊社長陳福成2009年於西南大學留影。

詩海耕濤放異彩
華夏春秋添祥光
甲午夏月建彪

葫蘆島市環保局局長、
本刊顧問羅建彪題。

△到八月止：在文史哲出版社完成出版的著作，七、八月有：《留住末代書寫的身影》、《我這輩子幹了什麼好事》、《「外公」和「外婆」的詩》、《中國全民民主統一會北京天津行》。

△八月一到五日，參加「二〇一四佛光山佛學夏令營」，今年主題是「戒定慧」。同行的好友尚有：吳信義、吳元俊、關麗蘇、彭正雄。

△八月二十六日，主持「台大退休人員回娘家」聯歡餐會，在「台大巨蛋」文康室熱鬧一天，近百會員參加。

△九月二日，主持「台大退聯會」第九屆第七次理監事會，我在會中發表〈不連任、不提名聲明書〉，但全體理監事堅持要我接受提名連任，只好從善如流，接受承擔。

△九月十六日，下午參加由校長楊泮池教授主持的「退休人員茶會」，我的任務是報告「台大退聯會」概況並積極「招兵買馬」。

△九月十七日，率台大退休人員一行40人，到台中清水參訪「天帝教天極行宮」。

△九月到十月間，退聯會、聯合服務中心，工作和值班都照常，多的時間寫作、運動，日子好過，天下已不可為，就別想太多了。

△十一月四日，主持「台大退聯會」第九屆第八次理監事會，也是為下月二日年度

會員大會的籌備會，圓滿完成。

十二月二日，主持「台灣大學退休人員聯誼會」第九屆2014會員大會，所提名十五位理事、五位監事全數投票通過，成為下屆理監事。

△十二月十三日，下午參加《陸官44期同學理監事會》，會後趕回台大參加社團幹部座談、餐會。

△十二月十四日，三軍軍官俱樂部參加「中華民國新詩學會」理監事會。

△台大秘書室志工午餐（在鹿鳴堂），到有：叢曼如、孫茂鈴、郭麗英、朱堂生、吳元俊、吳信義、孫洪法、鄭美娟、簡碧惠、王淑孟、楊長基、宋德才、陳蓓蒂、許詠婕、郭正鴻、陳美玉、王來伴、蘇克特、許文俊、林玟妤來賓和筆者共21人。

△關於民一〇二、一〇三年重要工作行誼記錄，另詳見《台灣大學退休人員聯誼會第九任理事長記實》一書，文史哲出版。

民國一〇四年（二〇一五）六十四歲

△元月六日，主持「台大退休人員聯誼會」第十屆理監事，在校本部第二會議室開會投票，我連任第十屆理事長。

△關於民一〇四、一〇五年重要工作行誼記錄，詳見《台灣大學退休人員聯誼會第十任理事長記實暨2015 2016事件簿》（計畫出版）為準。